湛庐CHEERS

与最聪明的人共同进化

HERE COMES EVERYBODY

CHEERS
湛庐

做难而正确的事

Fall in Love with the Problem, Not the Solution

[以] 尤里·莱文 Uri Levine 著
桂曙光 桂羽勤 译

浙江科学技术出版社·杭州

测一测

创业成功需要哪些条件?

扫码加入书架
领取阅读激励

扫码获取全部测试题及答案，
一起了解如何打造
独角兽公司。

- 如果你的本土市场太小，就必须在创业的哪个阶段开始考虑走向全球市场?（单选题）

  A. 筹备阶段

  B. 早期阶段

  C. 中期阶段

  D. 晚期阶段

- 哪种商业模式对于增长阶段的公司来说可能最具吸引力?

  A. 一次性付费

  B. 订阅模式

  C. 广告支持

  D. 数据销售

- 哪个指标是衡量产品市场契合点的关键?（单选题）

  A. 用户满意度调查

  B. 净推荐值

  C. 留存率

  D. 月活跃用户数

扫描左侧二维码查看本书更多测试题

URI LEVINE

尤里·莱文

1. 充满激情的企业家、两家“10 亿美元公司”的缔造者

所有创业者都渴望创立一家“独角兽公司”，而尤里·莱文却能接连创立两家。

尤里·莱文是 Waze 的联合创始人，这家科技公司开发的同名交通导航 App 在谷歌、Facebook 和微软三方拼抢下，最后以 11.3 亿美元的价格出售给了谷歌，成为当时最贵的 App。他也是 Moovit 的早期投资人和董事会成员，这家公司在 2020 年被英特尔斥资 10 亿美元收购。

在过去的 30 年里，他一直活跃在高科技领域，创立并投资了十多家初创公司，包括 FeeX、Zeek、Roomer、FairFly、Engie 等。虽然其中不乏失败案例，但在莱文看来：“如果你害怕失败，你已经失败了，因为你不想尝试新东西，沉溺于自己的舒适区。这种态度，无论对个人、对组织，甚至对国家都是致命的。”他正是怀抱着不怕失败的信念，从失败到小有收获，一步步地走向巨大的成功。

2. 改变以色列创业公司走向的神级人物，最不像富翁的富翁

尤里·莱文出生于以色列，他在这个面积仅 2 万多平方千米、人口不足一千万的小国，创造出了世界上最成功的导航应用程序 Waze。在将 Waze 出售给谷歌后，他不走寻常路，马不停蹄地投身于新公司的创建中，成为 Waze 里唯一一位没有到谷歌工作的高层。

URI

如今，尤里·莱文已经成为以色列举足轻重的天使投资巨头，他投资的公司大多是能够帮助用户节省开支的创新型公司。不难看出，他所追求的不是公司短期内的快速回报，而是与他的信仰和理念相契合的长远价值。

尤里·莱文无疑是一位富翁，但他也许是最不像富翁的富翁。他名下至今既无房产，也无私家车。他最奢侈的一次消费是花 3 000 美元购买了一辆碳合金山地自行车。当然，他也不是一位只知道工作的“孤家寡人”，他拥有一个温馨的家庭，育有 5 个孩子，其中最大的两个孩子已经开始了创业之旅。莱文说，“我不会在种子轮融资后继续为他们提供更多的帮助。他们必须靠自己的能力，独自筹集资金、寻找投资人，因为如果不能自立，他们迟早都会失败”。

3. 世界级创新创业导师，渴望与更多人一起创业

莱文不仅是一位成功的企业家，还是一位卓越的演讲者、创业导师。多年来，他积极参与各类演讲和研讨会，无私地分享着自己从成功和失败的经历中学到的商业奥秘，他渴望更多的人能和他一起创业、投资，让世界变得更好。

他参与的演讲和研讨会项目包括：Web Summit、Cebit、TechCrunch Disrupt、德勤、麦肯锡、YPO、福布斯、Startup Grind、法国巴黎银行、迈阿密美洲峰会、瑞赫曼大学、天才 100 基金会（Genius 100 Foundation）等。同时，他还是特拉维夫大学的董事会成员、年轻创业者的导师，领导着面向商学院学生的“如何建立初创公司”学术研讨会。

URI
LEVINE

2015 年，莱文与埃胡德·沙卜泰（Ehud Shabtai）和阿米尔·希纳尔（Amir Shinar）一起被“天才 100 基金会”评为全球 100 名远见者之一。

最近，莱文带着他的新书《做难而正确的事》来到公众面前。在这本书里，他讲述了自己在商业冒险中经历的每一步，分享了他来之不易的成功经验。通过阅读，你能更全面地理解莱文身上所展现的企业家精神。

打造 AI 时代的成功企业

朱啸虎

金沙江创投主管合伙人

在投资领域，有一句名言：“在别人恐惧的时候要贪婪，在别人贪婪的时候要恐惧。”但事实上，很多投资人往往随波逐流，在别人贪婪的时候更贪婪，在别人恐惧的时候更恐惧，这就是股权投资市场的现状。

虽然从统计数据上看，现在的一级市场处于历史低谷，但我认为，现在也是最好的投资时机，因为在这种时候，无论往哪个方向走，都预示着向上的可能性。这种特殊的时刻往往孕育着无限可能和机遇。

《做难而正确的事》正是在这样的背景下为创业者和投资人提供的指路明灯。作者尤里·莱文通过亲身经历，向我们展示了如何在创业的艰难旅程中找到正确的方向，并坚持前行。他坚信，做有价值的事，虽不容易，但有方法。这也与我长期以来的观察不谋而合。

因为工作的关系，我经常在创业的前沿跟创始人接触，我发现中国有很多未被发掘的投资机会，很多创业公司即使在没有外部资金支持的情况下，也能自力更生实现业绩每年两到三倍的增长。这一切的成就，离不开创始人的坚持和有效的做事方法。

尤里·莱文成功打造了两家独角兽公司，他在本书中毫无保留地分享了他的智慧。书中围绕打造一家成功企业所需的一切关键要素，提供了一套经过实践检验的方法论。他特别强调，真正的创新来自对市场需求的深刻洞察和对产品市场契合点（Product-Market Fit，PMF）的持续探索。在技术飞速发展的今天，这一点尤为重要。

当前的创业和投资领域，人工智能（AI）无疑是增长最快、最具潜力的领域之一。我们见证了 10 年的 PC 互联网时代与 10 年的移动互联网时代，未来的 10 年里生成式人工智能（AIGC）应用将是大势所趋。回顾过去 20 年的发展历程，从硬件和基础设施起步，随后应用层的崛起创造了超过 10 倍的价值。2000 年，思科（Cisco）股价一度飙升至历史新高，成为当时全球最有价值的公司，而后却被亚马逊、谷歌、Facebook 迅速反超。AIGC 的发展现状正与当年相似，尽管现在英伟达在硬件领域表现强劲，但长远来看，聚焦于 AIGC 应用层的公司必然会创造出更高的价值。

从创业者实际操作层面看，尽管美国一直在不断投入对通用人工智能（AGI）的研究，但目前 GPT-4 足以满足绝大部分文字类需求。进一步的技术推进可能不再具有成本效益。因此，在技术时代，公司成功的关键在于找到正确的产品市场契合点，打造出真正解决用户问题和市场痛点的产品。

结合当前的市场现状，我为投资人和创业者分析了目前 AI 领域存在的问题，相信这里蕴藏着巨大的机会。比如，尽管 GPT 助手和聊天机器人等 C 端应用在国内外市场上异常火爆，但目前 AI 的运用对用户的要求太高，只有提出好问题才能获得更有价值的答案。这意味着，AI 时代最正确的 C 端产品形态尚未出现。对于创业者而言，研究底层技术的风险高且产出低。而 C 端应用的稀缺正预示着市场的巨大潜力。

在 B 端，AI 创造价值的潜力是无穷的，尤其是在客户运营、销售、营销、产品研发和软件工程等领域表现得最为典型。如 Llama 2 这样的高水平大模型可以提高 20% 至 50% 的工作效率。然而，无论是中国还是美国，大模型公司的数量都将会急剧减少。未来大模型服务可能会像云服务一样，成为云厂商提供的基础设施服务的一部分。

因此，我对创业公司的建议是：明确自身优势，清楚自己在哪些垂直领域或是用户理解和数据处理上具有竞争力。通过精准定位和深耕细分市场，可以有效地构建自己的核心竞争力，从而在激烈的市场竞争中占据有利位置。

当然，一家创业公司要想成功，无论是在人工智能、新能源还是消费领域，都需要选好赛道和细分市场、了解客户问题、打造出符合市场需求的产品和解决方案、找到合适的营销手段。此外，设计合理的盈利模式、组建合适的团队、控制好合适的融资节奏、保持健康的现金流等，这些内容在《做难而正确的事》中都有详细涉及。

如果说失败是成功之母，那成功就是成功之父，从最成功的那些企业家身上，无论是投资人还是创业者，都能得到一些宝贵的经验和建议。这些“企业家思维”能帮助你正确地应对和处理创业中最难的一些事情，让你坚持做好这些难而正确的事。

因非同凡“想”而改变世界

史蒂夫·沃兹尼亚克（Steve Wozniak）
苹果公司联合创始人

如果你是一位创业者，这本书将会改变你的人生，并成为你的创业秘籍。

我做过很多的公开演讲，主要是与企业，特别是初创企业相关的话题。在一次会议上，我听到了尤里·莱文的演讲。他不仅是一位杰出的演讲者，而且演讲风格很特别。他的演讲使我耳目一新，那是一种漫谈的方式，就像一位朋友娓娓道来，这使得他的演讲内容很容易被大家理解和接受。莱文是 Waze① 交通导航 App 幕后的推手，虽然现在 App 已经遍地开花，成了人们生活中的重要组成部分，但像 Waze

① 网络中文版有的将其翻译成“位智”。——编者注

这样出类拔萃的产品还是不多见的。如果你关注的是产品的品质和卓越的性能，那 Waze 就是不错的选择。

作为苹果公司的联合创始人，人们经常向我寻求建议。但坦率地讲，苹果公司的案例对初创公司来说并不适用。我们的成功存在一些极其有利的因素，这些因素其他创业者是无法预计或控制的。在公司成立的前十年里，有一款产品是我们唯一成功的且能赚钱的产品，它甚至不是人们所想象的那样。我们的 Apple II 电脑是早期个人电脑中最好、最实用的一款，但是谁会只为进行库存及销售数据的统计而在家里买一台电脑办公呢？游戏在当时才是大行其道的。

雅达利（Atari）公司在美国加利福尼亚州的洛斯加托斯（Los Gatos）开创了街机行业。在硬件时代，一台游戏机有数千根电线，其中传送的各种信号只有工程师能理解，打造一台新的游戏街机原型可能需要一年的时间。我当时预见，这些游戏如果是彩色的则会更吸引人。Apple II 电脑让街机游戏第一次有了颜色，也是第一次以软件的形式出现。一个 9 岁的孩子可以通过一种简单的 BASIC 语言让颜色在电视屏幕上移动，并且可以在一天之内做成一款像样的街机游戏。这一产品为苹果带来了巨大的财富，并最终改变了我们的人生。

我没有足够的空闲时间去阅读太多的书。但这本书从第一页开始，就深深地吸引了我，我一个字一个字地认真阅读，并拿出纸笔做笔记，甚至在书稿中发现了很多拼写错误。我从一开始就看出，这本书对我来说意义非凡，作为一本商业书，它自然流畅。莱文用通俗易懂的语言来表达他对产品和商业的想法。对初创者来说，必须对产品和公司拥有巨大的热情，莱文称之为爱上问题，而不是对金钱或自我的迷恋。他通过我们能亲身体会到的方式，将这种热爱问题的态度与处理人际关系的方式联系起来。爱上问题意味着将最终用户的体验视为成功的关键，而不是仅仅关注自己的创意。我一直对此深信不疑。

如何打造一款能吸引用户的产品呢？莱文用初吻时那种刻骨铭心的感觉来对

比，这种感受是我们永远不会忘记的。从现在开始，我会以此作为我考虑问题的指导思想。通过这种方式与用户或投资人建立联系的所有努力都是值得的。最近在伯克利，我在距离自己初吻地点只有半个街区的地方，感觉这个比喻听起来比以往任何时候都更加真实。无论是投资人还是用户，第一次接触新产品时都应该有这种情感。

莱文并不是一位乏味的讲师，而是一位幽默风趣的教授，他可以营造一种氛围，让你有兴趣从这些实例中学习。他很好地展示了与产品及其功能相关的人的个性的重要性。贯穿全书，莱文遵循自己的这些指导原则以及很多准则，他利用这些准则来评估某样东西是否足够好，或者它的真正价值是什么，以及你应该怎样利用这种价值做出决定。莱文直截了当地表示，他希望将自己的成功经验传授给其他人，帮助他们获得成功。虽然我们认同创业者的重要性，但其中导师的价值也不容忽视。对我来说，这也是前行的强大动力，也是我投入大量时间去做的事情。

在这本书里，你会了解到如何通过不断迭代找到产品市场契合点（Product Market Fit，PMF）。这种成果来之不易，其中充满了失败和不断尝试。莱文将这种方式与他在 Waze 及其他初创公司的经历联系起来，找到适用一般人解决问题的方法。我很喜欢的一点是，莱文对普通人生活中遇到的问题充满热情。一旦一款产品对普通人来说足够好，资金参与进来就能发挥作用。莱文有很多模式可以将一款优秀的产品资本化，但不会让人们因为支付方式或金额而感到反感。我一生都想开发这种能够提高普通大众生活水平的产品，比如家用电器。在这本书里，我还发现了一些针对 B2B 交易的好方法和模式。

我觉得自己的想法在很多方面都很不寻常，但我逐渐意识到，我们所有人都有这种感觉。在我的一生之中，我提出了一些处理事情的原则，甚至用来作为一种模式。这些原则只在我的脑子里，除了我的妻子或最亲密的朋友之外，我很少跟其他人说起。我认为这些只是我自己得出的结论，还不足以让别人效仿，而真正的研究者应该有更好的想法。

在这本书里，我看到了一个又一个实例的总结，莱文在很多事情上与我有着相似的想法。这着实让我大吃一惊，这也是让我如此喜爱这本书的一个重要原因。对我来说，这是一本创业者的秘籍，我会把它放在手边，作为寻求创意的参考。我已经把这本书推荐给了无数向我寻求建议的创业者。我一直拥有一个被别人钦佩的品质，那就是能够识别出来哪些人的想法比自己的更好，比如莱文的想法。

我目前正在创办几家公司，已经开始在与其他创始人的交流中谈论如何根据这本书开展业务。我过去喜欢躲在幕后，但现在我有信心站出来，亲自与有潜质的员工和有合作意向的投资人进行讨论。我使用从这本书中学到的一些方法和原则，比如对产品有信心的人可以推动公司的发展。这本书认为投资人在一开始就决定了是否给予你资金支持，我也同意这样的观点。投资人的信任，从你给他讲述一个简单的故事开始，这个故事甚至可以是编造的，也可以是夸张的，但这个故事必须是你对你所爱上的问题的一种形象的比喻。讲述一个（或更多个）在情感上如同初吻一样能吸引他人的好故事是很重要的。莱文清楚地表明，使用标准幻灯片的枯燥演示，无法起到向投资人或用户推销的目的。

当我创立一家研发可追踪定位设备的初创公司“宙斯之轮”（Wheels of Zeus，WOZ）时，讲述了一个对自己来说非常重要的故事。如果我心爱的小狗因为大门的故障而跑了出去，我怎么知道这件事是什么时候发生的？我的小狗现在在哪里？在这个问题上的情绪促使我做出了产品决策。为什么叫“宙斯之轮”？我们从警车可以通过自身的无线电而进行位置跟踪的原理开始，并寻找可以作为网络域名的公司名称。我们很快发现，甚至像 modernpolicefinder.com[①] 这样的域名也被人注册了。

① 此域名大意：现代警察探测器。——编者注

我接触互联网的时间很早，拥有一个三字母的域名（woz.com）[①]，我可以授权给这家初创公司使用。在我们开会的时候，我默默地想着，并脱口而出“宙斯之轮”，其他创始人不知道我为什么建议取这样一个奇怪的名字。其中只有一个人认为这个名字很棒，直到我后来解释说我们可以用 woz.com 作为初创公司的网址。这件事告诉我：每个人在努力创业的过程中保持轻松真的很有帮助。

这本书中大量产品的功能设计都遵循着使产品的使用变得简单的原则。当我在使用科技产品时，都会思考这个问题，并意识到这一原则有多么重要。如果你因产品的复杂而不能正常使用且受到困扰时，这种体会尤为深刻。史蒂夫・乔布斯曾引用米开朗琪罗的话：简单是终极的复杂。在追求无限的功能时，太容易偏离轨道。多年来，在苹果公司，如果一项功能不能用简单易懂的语言描述，我们的宣传部门可以拒绝宣传这个功能。史蒂夫・乔布斯就是以这样的原则引导 iPhone 而不至于陷入迷茫。这本书介绍了长时间的摸索和多次的迭代，以找到简单与功能之间的最佳平衡，并不断发展变化。

快速放弃一项新的功能，或者解雇不适合的员工，甚至是创始人，在这本书里都是用真实的案例进行说明的。拖延只会伤害你、你的公司和你的用户。关于这一点，我在一些初创公司身上看到了自己曾经历的失败，这一原则使我明白：为什么在一款产品远离 PMF 曲线之后，非常重要的事情就是用真正的商业领袖取代很多创始人。

阅读这本书并做笔记，做好准备以后你就可以用最佳的方式为他人改进产品和公司。你就会像苹果公司的广告所说的那样：因非同凡“想”而改变世界。

---

① Woz（沃兹）是史蒂夫・沃兹尼亚克的简称。——译者注

对世界充满好奇

我带着极大的喜悦和深深的荣誉感向读者介绍我的这本书，因为它即将开始在中国的旅程，与中国的读者见面。

《做难而正确的事》一书在中国的出版，无疑是我人生中的一个重要里程碑。我撰写此书，是出于对创业和创新的深厚热爱，旨在为所有怀揣梦想、渴望实现自己想法的人提供价值。

中国充满活力的创业生态圈以其迅猛的发展速度，彰显了中国人民的精神风貌。最新的数据显示，中国在新技术领域的进步尤为显著，这让我更加兴奋地想要与你分享我的经验和洞见。

这本书不仅面向创业者，也面向所有对世界充满好奇、渴望在这个世上留下自己印记的人。无论是教育工作者、学生、政策制定者还是各行各业的专业人士，都能在书中找到属于自己的价值，因为它打破了传统商业书籍的界限。

许多书籍提供了成功的模板，但在这本书中，我邀请你踏上一段探索、学习和自我反思的旅程。 我期望这本书不仅能与你的愿景和挑战产生共鸣，更能激发你的创造力和勇气，激励你勇敢追求自己的梦想。

前 言

Fall in Love with
the Problem,
Not the Solution

“我打造了两家 10 亿美元的公司”

2013 年 5 月底，谷歌联系了我 6 年前联合创办的 Waze。他们发过来一页纸的收购条款清单，报价为 11.5 亿美元，采用现金支付方式。谷歌承诺，Waze 仍将是 Waze，履行其“帮助通勤者避开交通拥堵”的使命，可以继续在以色列之外的地方开展业务。谷歌还表示，这笔交易将在一周内完成。我们答应了这些条件。

虽然我们最终完成交割用了 10 天，但这个速度仍然是创纪录的。这笔交易是最后一份收购要约，我们与意向收购方的沟通已经持续了 6 个月。

2012 年年底至 2013 年年初的某个时刻，谷歌找到我们，表示他们有兴趣收购 Waze。之后没多久，他们邀请 Waze 的管理层进入谷歌的“密室”。通常，他们是在这个地方向标的公司提出收购要约，并说服他们接受。我们不满意他们在 2012 年 12 月给出的报价，并予以拒绝。6 个月之后，他们给出了第二次报价，金额完全不同了。

创建一家初创公司的过程是一段跌宕起伏的过山车之旅，融资阶段就是在黑暗中坐过山车，你甚至都不知道会发生什么。完成一笔交易，财富就会有一个数量级跃迁；同时谈判多笔交易，尤其是那些对你来说是改变人生的交易则是创业旅程中的极限。我将在本书第 13 章告诉你更多关于交易的情感起伏，但有一件事是肯定的：没有什么比第一次的感觉更好的。

我还参与了另一家独角兽公司 Moovit 的“退出”。这家公司是公共交通版的 Waze，在 2020 年以 10 亿美元的价格被英特尔收购。未来我还会有更多的机会参与独角兽退出，但第一次是如此的激动人心，也许是因为意识到这是一件改变人生的事情，也许是因为过山车的惊险体验，尤其在 Waze 案例中，也许是因为在交易之前舆论就炒得沸沸扬扬了，所以每个人都感觉自己置身其中。

我生活中最精彩的部分是在谷歌收购 Waze 之后。交易完成之后，我立即离开了 Waze，准备去打造更多的初创公司，这是我从那之后一直在做的事情。我创立的所有公司都是从“问题”开始，都是为了“做有意义的事情并把价值最大化”，所有初创企业都遵循着这样的原则。

当谷歌收购 Waze 的消息在 2013 年 6 月 9 日公开时，震惊了硅谷和以色列的创业投资圈。不仅仅是因为 11.5 亿美元是截至当时科技公司收购 App 开发商的最高价格，更重要的是这笔收购证实了一件事：这家成立仅 5 年 3 个月的以色列初创公司在驾驶和导航领域打造的产品，比苹果、谷歌、微软以及其他所有科技公司的产品都要好。

现在，当你看到 10 亿美元的估值时，感觉没什么大不了的。全球有大约

1 000 家独角兽公司，其中有 50 多家在以色列。我只想告诉大家，一开始是我在那里创造了纪录。

经常有人问我，在 2013 年出售 Waze 的决定是否正确，如果没有出售，Waze 如今的估值是否能超过 10 亿美元。在我看来，只有正确的决定或者不做决定两种选择。因为当你做决定时，你选择了一条道路，你不知道如果选择另一条不同的道路会是什么样的结果。**果断地做出决定是一位成功 CEO 最重要的行为方式之一，尤其是初创公司的 CEO。**

如果你问我，Waze 今天的价值是否比谷歌当年支付的价格更高，答案是肯定的，但我们不知道的是，如果没有那次收购，Waze 是否能走到这一步。说到底，这一切都取决于我们是否有能力产生更大的影响，并使世界变得更美好。Waze 是我第一起 10 亿美元级别的退出，7 年后又有了第二起 Moovit，我相信下一起出现的时间将会远远短于 7 年。

虽然好运气在创业投资领域很重要，但我把好运气定义为“机会遇到了充足的准备”。本书将会帮助你为那一刻做好准备。

勇于分享自己的经验

我既是一名创业者，也是一位创业导师。在过去的 20 年里，我创办及合作过几十家初创公司，经历过成功和失败。我喜欢打造那种让人们的生活变得更美好的公司，而且这些公司几乎总是从“问题”开始。如果问题很大，值得去解决，那么在我心目中这就是一家有吸引力的公司，就是一段值得踏上的旅程。

我的另一个身份是导师，这就是我写本书的原因：履行我的使命，指导创业者、高科技从业者以及商业人士成功打造他们的初创公司，与他们分享我打造独角兽公司的方法。

在这个过程中，如果你从本书里学到了使你的初创公司变得更好的经验，那么我希望你将自己的经验和见解分享出去，就如同传递接力棒一样，为其他有需要的创业者提供帮助或指引。

本书的内容是围绕着打造一家成功的初创公司所需的一些关键要素而组织的，在书中我将分享我的方法（或称为我的“食谱”）。大多数内容都来源于 Waze 和其他初创公司的真实故事和案例研究，尤其是每章结尾部分的总结。为了打造一家成功的初创公司，你需要搞清楚 PMF，这通常是创业旅程的第一阶段，之后你需要确定商业模式，还有，你必须锁定一条增长路径。所有这些都是初创公司生命周期中必须经历的阶段，本书在第 3、9、10 和 11 章有详细阐述。

有些章节的内容涉及初创公司繁复的运营阶段，比如人员、资金、投资人和用户。在初创公司的运营阶段，一旦你确定了增长路径，运营阶段就不再是主要关注点，但与人员、资金、投资人和用户相关的事情会永远存在。

归根结底，创业者正在改变世界，让世界变得更美好。世界上有很多优秀的公司在不久之前还是初创公司。对于特斯拉、Waze、WhatsApp、Facebook、优步、奈飞和众多其他的公司来说，创立的时间也不过 20 多年，苹果和微软的诞生比我出生的时间还要晚。下一代创业者将会产生更大的影响，因为他们有更多资源，还有更多经验丰富的创业者可以指导他们。

CEO 要敢于做艰难的决定

我在很多活动中都曾发表过演讲，尤其是在科技、移动互联和创业类的活动以及学术研讨会上。对我来说，我最有收获的经历之一就是我有了一个新的发现，然后分享给创业者，创业者的脑海中随之产生了火花，从而引起变化。

2016 年 12 月，我应邀在斯洛伐克的首都布拉迪斯拉发的一次创业活动上发表演讲，因为斯洛伐克是首批成功使用 Waze 的国家之一。

事实上，当我在各种演讲中通过视频展示如何创建 Waze 地图时，我总是以布拉迪斯拉发为例。第一天晚上我是主讲人，之后是鸡尾酒会，第二天有一场全体创业者的午餐会。在我的主题演讲中，我分享了下面这个故事。

我跟很多曾经有过失败体验的创业者交流，我经常询问他们为什么会失败，发生了什么事？虽然我认为主要原因是他们没有找到 PMF，但大约一半的创业者会告诉我，“团队不合适”。于是，我继续问：“你说团队不合适是什么意思？”对于这个问题，我听到了两个主要的答案。大多数人会说：“我们团队里这个人不够好，或者那个人不够好。”所以，“不够好”是一个主要原因。另一个原因是：“沟通上存在问题。”我称之为“自我管理”的问题，团队成员无法认同并接受 CEO 的领导。

然后我又问他们：“你是在什么时候觉得团队不合适的？”大多数人的回答都是“第一个月之内”，甚至有一位 CEO 告诉我，“在我们开始创业之前！”要注意，如果他们大多数人在第一个月之内就知道团队不合适，却任其发展，那么问题就不是团队不合适，而是 CEO 没有果断做出决定。如果 CEO 不做这个艰难的决定，就会出现大问题，其表现为：最优秀的人会离开公司。我会在第 7 章解释这个原因。

在鸡尾酒会上，一位初创公司的 CEO 找到我，对我说：“谢谢你，现在我彻底知道该做什么了，我应该解雇我的联合创始人。”活动持续到第二天，这位 CEO 又找到我，对我说：“搞定了。我解雇了我的联合创始人。这很痛苦，我一整晚都没有睡觉，但是当我向公司宣布这个决定时，每个人都过来对我说，‘谢谢，早该这样了！’所以，我知道我做了一件正确的事情。”他后来还给我发了一封电子邮件，说公司现在走上了正轨。就在那个时候，我决定写这本书。我认为我应该跟所有 CEO、经理，或者还有技术型商业人士分享我的知识和经验，以帮助他们变得更好。

对我来说，创业并不是一帆风顺，经历了很多次过山车般的旅程，成功路上充满了挑战和艰辛。我希望通过分享创业之旅中的各种观点，给创业者一些启发，以提高他们成功的可能性。

我认为自己是一位乐观主义者。作为一名狂热的滑雪爱好者，经常有人问我，我感受最好的一次滑雪假期是什么时候。我的答案很简单：“下一次。”说到底，这一切都是为了提高自身能力，扩大影响，促进世界变得更美好。

目 录

Fall in Love with the Problem, Not the Solution

Fall in **Love** with **the Problem,** Not the Solution

01

爱上问题，而不是解决方案

“

从思考一个问题开始，
一个如果得到解决将使
世界变得更美好的问题。

”

我只是成功地证明了700种方法行不通，而不是失败了700次。我从未失败过，当我排除了行不通的方法，就会找到可行的方法。

——爱迪生

2006年的犹太新年（Rosh Hashana），我和我的大家庭一起在梅图拉度过了一段时光，梅图拉是一座位于以色列最北部的小镇，距离我在特拉维夫的家大约190千米。随着这个短暂假期的结束，我们踏上了3小时的回家旅程。我们一大群人开了10辆车，每个人脑海里最关注的事情是："回家的最佳路线是什么？"

从梅图拉到特拉维夫有两条路线，就如同在硅谷和旧金山之间有280号州际公路和101号高速公路两条路线可供选择一样。在2006年，人们没有办法确切知道哪条路更通畅。

当时我和妻子带着4个年纪尚小的孩子，我们是最后离开的。我想如果有人提前告诉我们哪条路堵车或哪条路畅通无阻就好了。这次我们居然做到了。我有开车跑在前面的其他家人的电话号码。我开始给他们打电话。"你那条路线上交通怎么样？"我问，"堵车吗？"

我突然茅塞顿开，其实我需要的仅仅是有人在道路的前方告诉我交通状况。这就是后来Waze成功的关键所在。我创立的很多公司都与之类似，开始的时候，我因某一类问题而感到沮丧，然后意识到其他人也面临同样的沮丧，于是我试图找到改善的方法。

如果没有领导团队，我所有的初创公司都不会成功，但对我而言，创业的动机几乎总是一样的。我创立Waze是因为我讨厌堵车，创立FairFly是因为我讨厌多花冤枉钱，创立Pontera（以前名为FeeX）是因为我觉得养老金账户的管理费太高，而创立Engie是因为我觉得自己像个机械白痴。本章后面会介绍更多我的创业动机和我的初创公司在做的事情。我总是在受挫之后才发现其中存在的问题。然后，我试图弄清楚这是不是一个很多人都会遇到的大问题，一个值得解决的问题。如果这个问题很重要，你通过解决问题，就可以创造很多价值，同时也会获得成功。

这一章讲述我的很多公司成立之初发生的故事，它们都是从发现问题开始，然后一直专注于那个问题。归根结底，打造一家初创公司的过程是漫长的，且充满了艰难和痛苦。你必须深深爱上这份事业，才能有足够的激情度过旅途中的艰辛。因此，你最好爱上你试图解决的问题。

一个创意，一场恋爱

打造一家初创公司很像谈恋爱。一开始，你有很多可以去追逐的创意。最终，你会选择其中一个，说“这是我要努力去实现的创意”，这就像你可能要跟很多人约会，直到你最终选择了其中一个，并对自己说这个人就是“要找的那一个”。

一开始，你只在创意上花时间。这个时候你思考的是问题、用户、解决方案、商业模式的所有一切。就像你刚坠入爱河时，你只想和你新爱上的人在一起。当你最终感到足够自信时，就会将创意告诉你的朋友们，他们通常会跟你说：“那绝对行不通”，或者“这是我听过最愚蠢的创意”。

这种话我听过太多次，刚开始的时候，他们经常这么说。这就像你带着约会对象第一次去见你的朋友们，他们会说：“那个人不适合你。”这通常会导致你远离你的朋友们，因为你爱上了那个创意，你爱上了自己正在做的事情，你不想听任何人的反对意见。

好消息是你恋爱了，你不听他们的；坏消息是你恋爱了，你不听他们的。但此时，这件事情就与你生活的很多方面都息息相关了。如果你没有爱上正在做的事情，不要勉强，去做你喜欢的事情，否则你会备受煎熬。你应该高兴才对！

忽视别人的忠告可能是有害的。也许你的朋友、潜在的商业伙伴或投资人还有其他重要的事情要说，而你没有听进去！对于这个问题，你必须爱上对方才能开始这段旅程。这将是一次漫长、复杂、艰难的过山车之旅。如果你没有爱上对方，这个旅程对你来说就太难了。

在创立 Waze 之前，我一直在几家初创公司担任顾问，其中一家是当地的移动导航公司 Telmap，它为手机开发导航软件，并作为一项服务提供给移动运营商，移动运营商再以付费订阅的方式将其提供给用户。本质上这是一种 B2B2C（企业对企业再对消费者）的模式。Telmap 从以色列公司 Mapa 和国际地图巨头 Navteq 等第三方获得地图的授权。但是，Telmap 没有交通信息。

我找到该公司的 CEO，并分享了我的想法。Telmap 似乎是一个能实现我愿景的理想平台。“没人关心交通信息，”这位 CEO 粗暴地拒绝了我绝妙的创意，“人们关心导航，并认为交通信息永远不会有可操作性。”他说的“可操作性”是指“我们永远无法让人们频繁地使用它，使其为我们带来经济效益，也无法相应地改变他们的行车路线”。

那个时候，使用交通信息的唯一方式是在地图上进行彩色标识。绿色表示路上没有车辆通行，黄色表示路上有车辆通行，红色表示交通繁忙。但这种信息并不是特别有用：在繁忙的道路和十字路口，每天早上 8 点到 9 点之间和下午 4 点到 6 点之间总是有车辆通行，而在同一条道路上，午夜则是空荡荡的。

不过我很执着。任何了解我的人都知道，一旦我的脑子里有了一个创意，就几乎不可能劝阻我放弃它。Telmap 当时有 5 万名用户，他们都在以色列，并且都使用带有 GPS 的手机。我建立了一个理论统计模型，来展示这 5 万名随机驾驶员是如何足以创建出被 Telmap 的 CEO 认为不具备可操作性的交通信息。这实际上是一个非常简单的模型，后来在我们创立 Waze 时被证明是正确的。

数学原理如下：以色列大约有 250 万辆汽车（包括当时道路上的轿车和卡车数量），其中的 5 万名用户约占总车辆数的 2%。在高速公路的繁忙时段，每条车道每小时会通过 1 500 ～ 2 000 辆车，所以 2% 就是每条车道 30 ～ 40 辆车的样本。现在，如果一条高速公路有 3 条车道，那每小时[①]有 90 ～ 120 辆车。如果我们可以随时收集位置和速度，这将是一个足够大的样本，据此可了解该道路上的交通情况。我再次试图说服该公司的 CEO，但他依然不为所动。

虽然我不再试图说服他，但仍然在这个项目上琢磨了一段时间，直到大约一年后，这个时间比我想象的更长，由于我的背景和我作为初创公司顾问的声望，通过一位共同的朋友介绍，我认识了两位创业者：埃胡德·沙巴泰（Ehud Shabtai）和阿米尔·辛纳（Amir Shinar）。

他们一起在辛纳经营的一家软件公司工作。沙巴泰是公司的首席技术官（CTO），但他利用业余时间开发了一款名为 FreeMap Israel[②] 的产品。FreemMap

① 原书此处为“每分钟”。——译者注

② 中文大意：以色列免费地图。——编者注

Israel 的 App 由导航和地图创建两部分组成。这款 App 可以在你开车的时候创建地图，同时也可以用它来导航。它在掌上电脑（PDA）上运行，因为那时还没有 iPhone。顾名思义，FreeMap Israel 是完全免费的，包括 App 和地图。

沙巴泰有一个跟我相似的问题：他的 App 需要基于地图来运行，但是从第三方获得授权太贵了。对于我们两人的愿景来说，这都是一个至关重要的问题，因为如果没有地图，就不可能有足够数量的用户来生成具备可操作性的交通信息。但当时一家初创公司承担不起地图绘制公司收取的高额费用。

遇到沙巴泰和辛纳是我的第二个神奇时刻，因为就在那时，我知道我已经找到了自己想要的东西来实现我的愿景：打造一款日常使用的“避开交通拥堵”的 App。我有这个创意，但没有办法实施。沙巴泰从概念和技术上解决了地图的成本问题，并和我拥有同样的愿景。事实上，沙巴泰已经领先了我好几步。我的愿景还处在理论阶段，而他已经打造出很多必要的东西。沙巴泰自动绘制地图的神来之笔创造了一个“免费”地图，这是开发一款免费 App 的先决条件，而这个 App 将鼓励足够多的用户使用，以便生成准确的交通数据。

在 2007 年我们联手创立 Waze 之初，我们就明确要打造一款基于 GPS 的兼具地图、驾驶、交通信息的 App。我们当然意识到了，带有操作系统（能够运行 App）和内置 GPS 芯片组的智能手机会越来越受欢迎。但当时我们不知道的是，苹果公司在 2008 年推出的应用商店将会彻底改变这个行业。这反过来给 Waze 带来了最大的推动力。更为神奇的是，收集数据的 App 同时也在使用自己收集的数据，这就是众包一切！

找到一个值得解决的大问题

从思考一个问题开始，一个如果得到解决将使世界变得更美好的问题。这时候就要问问自己，谁会面临这个问题？如果答案是只有你一个人，那就不用麻烦了，不值得。如果你是这个星球上唯一面临这种问题的人，最好去咨询心理医生，这比创办一家初创公司要容易得多，而且可能更快解决问题。但是，如果很多人都面临这个问题，那就去跟他们谈谈，了解他们对这个问题的看法。只有在此之后，才能构建解决方案。

如果你沿着这条路走下去，并且你的解决方案最终能奏效，你将会创造价值，这是你创业之旅的精髓。但是，如果先从解决方案开始，你可能正在构建一些没有人在乎的东西，尤其当你已经投入了许多的精力、时间和金钱的时候，这是令人沮丧的。事实上，大多数初创公司会因为无法找到PMF而倒闭，出现这种局面，通常是由于创业者专注的是解决方案而不是要解决的问题本身。

之所以从问题入手有很多原因，不仅仅是因为这样可以提高你创造价值的可能性。还有一个关键的原因是：你的故事会简单得多，也更能吸引人。人们才能更容易理解这种沮丧，并且能感同身受（见图 1-1）。

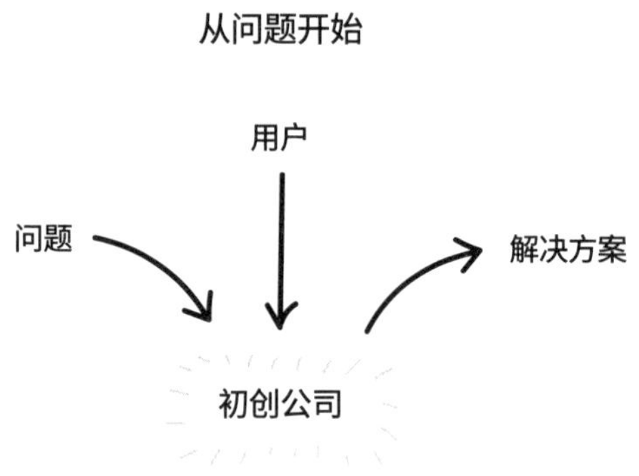

图 1-1　为很多用户遇到的同一问题寻找解决方案

那些以问题为中心的公司，每天都会问自己：在消除这个问题的道路上，我们取得进展了吗？他们讲述的故事是“这是我们要解决的问题”，或者更好的做法是将故事缩小成“我们帮助你解决问题”。而那些专注于解决方案的公司，他们的故事是以“我们的公司做……”或者“我们”开始。如果关注点是你自己，那就很难引人注目。**如果故事是关于你的用户，关注点是针对问题，那就更容易吸引别人。**

你是否准备好牺牲现有的东西

人们通常害怕改变。虽然你在脑海中已经为这个创意酝酿了很长的时间，并且有时间接受或适应这个愿景，但对其他人来说，这是全新的。尤其如果你是一位没有知名度的首次创业者，你提出的改变可能令人非常吃惊，以至于引发了负面反应。人们需要时间来适应一个新的创意。

创立公司需要有一种信仰。如果你不愿意放弃目前的薪水、职位和头衔，那么你爱得还不够深。如果你不想放弃一项运动或一项爱好，你就没有足够的注意力踏上创业之旅。你怎么知道自己是否准备好了去创立一家公司？当你愿意牺牲现有的东西的时候。这是唯一的衡量标准。如果你说：“我会继续在目前的工作岗位上工作，一旦我融到资金，就会立即辞职并创办自己的公司。”那么这种事情是不会发生的。这会给投资人透露这样的信息：你没有表现出足够的投入。如果你没有投入，那他们为什么要投入呢？

你想要解决的问题是什么

本书的一个核心主题是“爱上问题，而不是解决方案”。定义一个问题很容易。当你把这个问题告诉别人时，那个人应该说：“是的，我也有这个问题！”在大多数情况下，人们会告诉你他们对这个问题的看法，以及当这个问题发生在他们身上时他们有多痛苦。**你听到人们对这个问题的描述越多，就越确定这个问题是真实存在的、你的价值主张是正确的。**

如果他们描述了对这个问题的看法，并且也说到解决这个问题对他们来说是有价值的，那么我们就能确定这是一个令人非常痛苦的问题。但是，在你匆忙去制订一个解决方案之前，仍然需要问问自己，并向有同样困扰的人反复确认，这个问题到底给他们带来多少痛苦，解决这个问题有多大价值，或者问题出现的频率有多高。

如果你解决的是人们每天都会遇到的问题，比如往返办公室的途中每天都可能会遇到几次，那这种问题就是一个值得解决的大问题。当我们 2013 年与谷歌就收购 Waze 进行交流时，谷歌的时任 CEO 拉里·佩奇（Larry Page）表示，谷歌对"牙刷模式"（toothbrush model）感兴趣，这是你每天会使用两次的东西，也正是 Waze 所关注的。所有的问题都可以放入以下矩阵中，矩阵的两个轴分别代表总体目标市场和痛苦程度（见图 1-2）。

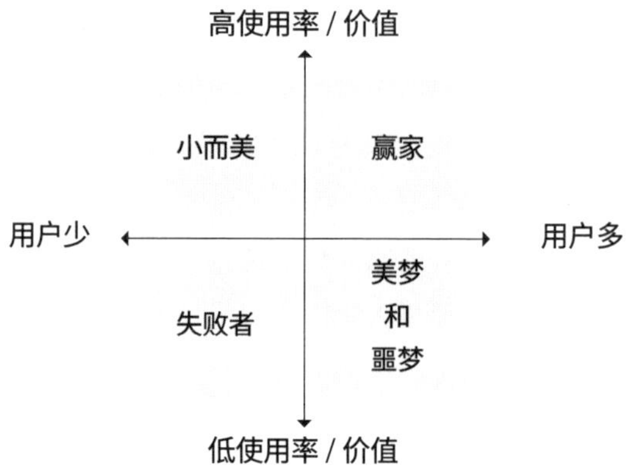

图 1-2　特征矩阵

在思考问题时，你可以利用这个 2×2 矩阵，问自己两个问题：

- 问题 1：目标市场有多大？即有多少人面临这个问题？或者说有多少企业受这个问题的影响？

- 问题 2：问自己这个问题有多痛苦？痛苦程度可以用一个或两个要素来衡量，比如程度（非常非常痛）或频率（多久遭受一次）。一旦你明确了你的问题，就回到矩阵，看看它的位置在哪里。

我们来看看矩阵的四个象限。“赢家”很容易理解，但很难找到。它们位于矩阵的右上角，处于那个象限的产品有很多用户和很高的使用频率（价值），想想 Facebook、谷歌、WhatsApp 和 Waze。如果你问别人他们是怎么听说 Waze 的，大多数人的答案可能是通过朋友的口口相传。消费领域所有成功的公司都是基于“朋友告诉朋友”的方式成长起来的。如果你的产品使用频率很高，这种朋友间互相推荐的概率会大大增加，因为大家有很多机会使用这款产品，也有很多机会告诉别人。

“小而美”公司可能非常成功，可能会对极少数人产生巨大影响（比如一种罕见医学综合征的治疗方法）。或者想象一下，你给那些未被充分利用的私人飞机开发了一个市场。这种模式可以节省很多成本，但它只针对一个非常小（且富有）的潜在市场。小而美公司的潜在市场规模很小，其产品使用的频率很高或者价值很高。这些都是相当不错的公司。“失败者”位于矩阵中“用户少、使用率 / 价值低的区域。“美梦和噩梦”的目标市场针对的是“每个人”，但产品的价值很低或者使用频率很低，比如更新驾照的服务。虽然很多人认为去车管所是浪费时间，但这种事情每 5 年或 10 年才发生一次。人们往往相信这是美梦，但事实上，这些都是噩梦，因为无法在目标市场中获得足够的价值。

对问题进行衡量，可以通过它出现的频率、痛苦程度、替代的成本或节省的时间等。无论是哪种方式，在寻找 PMF 过程中，解决方案都可能会发生多次变化。这很简单，意味着你已经知道如何为用户创造价值了。我们将在第 9 章中详细探讨 PMF。

创业的关键动机几乎总是针对问题。当然，有些公司在没有针对某个问题的情况下也取得了成功，比如第一批社交媒体初创企业或在线游戏公司，但我始终认为，创业应该从问题出发，而不是从解决方案开始。

每天都会遇到的问题就是大问题

你如何判断某个问题是否值得去解决？我总是从寻找“痛苦”开始。对我来说，这主要是由挫败感所驱动。是的，这种痛苦可能还有其他构成部分，但挫败感是让人们采取行动的关键。如果我遇到了不喜欢的或让我生气的事情，我就会思考如何予以解决。

我遇到的最令人沮丧的事情，一是浪费时间，比如在超市排队结账、遇到交通拥堵、机场排队安检、在滑雪场等缆车等；二是浪费钱，有时我会觉得被人敲了竹杠，这让我很讨厌。Waze 着手解决的问题就是如何为驾驶员避开日常的交通拥堵。简单、直接、易理解。我创立的其他公司也有类似的情况。以下是它们解决的一些痛点：

- Moovit 应对等公交车时的挫败感。它回答了如何以最佳的方式（指通过乘坐公共交通工具）到达目的地的问题。
- Engie 应对去找机械维修工时因为价格不明确而产生的无助感。在修理店，大多数人都会怀疑自己被敲了竹杠。
- Pontera 针对的问题是大多数人不知道他们支付了多少养老金账户管理费，也不知道里面预期金额是多少。事实证明，透明度以及根据这些信息所采取的应对方法，将有助于人们在退休后更富有。
- FairFly 针对的问题涉及旅游行业最大的秘密：在你预订机票后，没有人知道票价将会如何变化，因为没有人事后对比价格。实际上机票价格一直在变化，在你预订机票前后都是如此，所以如果在预订机票之后价格下降，你就可以按更低的价格重新预订同一航班。
- Refundit 解决在欧洲购物的退税问题。这些税款并非微不足道：平均超过购买价格的 20%。但当你试图退税时，实际操作起来并不顺畅。结果就是 90% 的游客无法拿回退税款。

- Fibo 针对纳税申报问题。在美国以外的大多数地方，纳税申报是一件既复杂又昂贵的事情，人们为此花了许多冤枉钱。

下面我们来更详细地了解其中的几家公司。

Pontera：退休后更富有

2008 年是资本市场表现糟糕的一年，由于经济危机，当我在年底拿到养老金账户的年度报表时，发现自己损失了大约 20% 的长期储蓄。更糟糕的是，我发现我因为损失这笔钱而被收取了 1.5% 的管理费。

我很沮丧，倒不是因为我所支付的管理费，而是因为我根本不知道自己需要支付这种管理费。我问了一些朋友，他们也不知道。如果没有人知道，那这就是一个秘密。一个存在秘密和单向信息的市场，需要呼吁通过增加透明度来打破这种局面。然后我开始深入挖掘，并意识到没有人知道养老金账户的储蓄是如何运作的，没有人知道他们退休时账户里储蓄的预期金额是多少。

我想出了 Pontera 的创意，用它来帮助人们应对退休计划及其费用透明度的问题。显然，收益比费用重要得多，但从更宏观的角度看，纯收益等于总收益减去费用，再加上从现在到退休期间的纯收益。那管理费用则会占养老金账户储蓄金额的很大一部分。

我们从以色列的养老金账户管理费开始研发，当公司搬到美国时，我们对这款产品进行了几轮修改，直到我们了解了市场及其需求。当公司在以色列启动时，我们很快就吸引了许多用户，他们现在可以看到自己支付了多少钱（以及与自己情况类似的人相比有何不同，这成为用户获取信息和采取应对措施的重要“启动事件”）。

我们在以色列一开始关注的是管理费而不是收益，因为当时没有办法对比收益，我们认为这会更容易营销，并呼吁我们的用户采取应对措施。我们以为可以将同样的理念带到美国，但我们发现，401K[①] 和 529[②] 计划等“托管账户”涉及的费用仅仅是冰山一角。接下来的几年里，我们再次找到了 PMF，并意识到美国问题的性质完全不同。当你在美国入职一家新企业时，你的福利通常包括一份 401K 计划。你可以决定自己的 401K 缴款额，并选择在哪里投资。在 80% 以上的情况下，大家会选择默认的投资，而且这个决定多年来都不会改变。这种默认投资通常是低风险、低回报的，更糟糕的是，没有人对最重要的养老金长期储蓄进行管理甚或监督。事实上，采取默认方式的 401K 账户实现的收益远低于管理的账户，再加上多年的复合效应，这种差异可能决定了退休时的富有程度。

如今，Pontera 是一个面向财务顾问的平台，他们通过这个平台为其用户管理 401K 和其他账户。Pontera 是通向更好、更富裕退休生活的桥梁。

FairFly：预订之后帮你省钱

在我的一个儿子 13 岁时，我带他去奥兰多参加成人礼[③]。毕竟，哪个 13 岁的

① 401K 退休计划是美国在 20 世纪 80 年代对私人企业退休金制度改革的产物，由雇主与雇员共同负担退休福利。因 401K 退休计划涉及退休投资延税的问题，税务局专门制定了条例，相关内容在 401K 部分，因此这一计划也被称为 401K 退休计划。——译者注

② 529 教育基金计划是一种可以享受税收优惠政策的存储工具，该计划是根据 1996 年颁布的《美国国内收入法典》的第 529 条规定命名的，如今美国每个州都至少有一种 529 计划。这些计划基本上都是由大型的管理公司运营和管理。——译者注

③ 按照犹太人的习俗，女孩从 12 岁，男孩从 13 岁那天起就算成人，他们一般会为男孩举办成人礼。——编者注

男孩会拒绝去迪士尼乐园呢？我在奥兰多的一个度假胜地以每晚 120 美元的价格预订了一套公寓，这似乎非常划算。但在启程的前一周，我非常惊讶地发现，整个度假村几乎空无一人，而且现在的价格是整整一周 120 美元。我马上取消了之前的预订，重新下了一个订单。我提醒自己在出发前两天再查看一次，照这样下去，他们甚至会付费让我过去。没错，在出发前两天，含早餐一周的住宿价格是 120 美元。

我意识到，这种经历也适用于另一个更为常见的、预订后价格会发生变化的例子：机票。如何将令人沮丧的问题转变成一家公司，FairFly 是另一个很好的例子。预订机票后，机票价格会有变化吗？一般人们不太注意这个问题，因为预订后很少有人会去比较价格。但其实机票价格仍然处在忽高忽低的变化中。只要价格下降的幅度大于取消订单的费用，重新预订同一航班更便宜的机票就是值得的。

当我还在 Waze 工作的时候，有一次需要去纽约出差，在我预订机票几天后，另一名 Waze 的员工询问我能否一起出差。我告诉他“当然可以”，然后我再到 Expedia 网站给他订票。令我惊讶的是，我发现他的机票比我支付的价格便宜 30% 以上！那时我在 Waze 出差很多，其他的一些 Waze 员工出差也很多，所以这并不是一个无关紧要的问题。对大多数大型企业来说也是如此。事实证明，在美国，从你预订机票的那一刻到起飞的那天，机票的平均价格大约会变化 90 次。

我儿子的成人礼之旅可能是创立 FairFly 的诱因，但是当我去纽约出差时，才意识到这是一个问题，姑且称之为机会吧！这是一个真正系统性的问题，而不仅仅是偶然性的事件或巧合。

Refundit：欧洲免税购物

几年前，我和妻子去西班牙的马德里旅游。在那里的最后一天，我们想去体育用品商店买一些东西。我已经有了在欧洲购物时申请退税的经验，并且知道这是一个值得解决的问题。我要找一位没有这方面经验的用户——我的妻子来验证，因此我让她在我的观察之下去完成这个流程。

虽然看起来我是在给她找一些额外的麻烦，但是要理解用户的挫败感，没有什么比看着用户的沮丧情绪一步步加重更重要的了。当你看到一位新用户第一次尝试做这件事情时，那就更为关键了。

我的妻子询问店主是否有她需要的退税申报单。店主说没有合适的表格，也许只是他懒得去找。当我看着周围排队购物的顾客时，我觉得这个店主只是不想跟我的妻子浪费时间，他想卖出更多的商品或者服务更多的顾客。这时我的妻子就准备放弃退税，就像大多数人在这种情况下会做的那样，但我坚持去这个品牌商店的另一家有合适表格的分店。

我们只花了 10 分钟左右的时间就找到了那家分店，但是等了一个多小时才拿到表格。大约有 10 个人在排队，只有一名员工处理表格填写工作，为了节省 15 欧元而等一小时，这显然不值得，但这种经历非常重要，可以了解实际情况究竟有多糟糕。最终她拿到了她想要的东西。

当抵达机场时，我们经历了申请退税的第二个流程，就是获得海关的批准。令人惊讶的是，这个过程相当顺利，但随后我们还必须去另外一个地方，即发放退税的环球蓝联公司（Global Blue）的办公室。那里排队等候的队伍特别长，我们的时间不够，无法在航班起飞前拿到退税款。

这就是 Refundit 要解决的问题，每年估计有 260 亿欧元没有被涌入欧洲的数百万游客拿走。很多人对我说："你应该听听在我身上发生了什么……"，"你不会相信我的故事……"相信我，我相信你们所说的都是真实情况。现在，你已经明白，我确实是不喜欢平白无故丢掉我该拿到的钱，也不喜欢排队。

Fibo：便捷纳税申报流程

当我跟世界各地的人们交流时，我经常问他们：“在你们国家，报税麻烦吗？”在美国没什么大不了的，你可以带着你的文件去最近的H&R布洛克（H&R Block）报税公司或者通过TurboTax报税软件进行在线申报，但在很多国家，报税是一件非常痛苦的事情。我总是听到这样的话：要么填报复杂，要么收费高昂，或者两者兼而有之。对于世界各地的很多人来说，这无疑是一个大问题。

在美国，每个人每年都必须报税，这是强制性的。其他国家与此不同，大多数人不需要根据每月的扣除额提交个人所得税申报表。例如，在以色列只有5%的成年人需要纳税申报，英国的这一比例约为25%。

如果纳税申报不是强制性的，人们根本不会去申报，因此，即使你有权获得退税，因为没有申报，你也拿不到退税款。而在以色列，80%的员工都有权获得退税，但他们没有去申报。结果，令人震惊的100亿美元从未得到退还。就像Refundit要解决的问题一样，这个问题也很让我恼火。我不仅不喜欢平白无故丢掉钱，而且尤其不喜欢的是，原本很多人是可以享有这些钱的！

在上述案例中，我爱上了这些问题，这虽然是一些很容易被发现的问题，但我却花了好几年时间才找到合适的团队成员。Pontera的约夫·祖雷尔（Yoav Zurel）、埃亚尔·哈拉米（Eyal Halahmi）和大卫（David），FairFly的阿维尔·西曼-托夫（Aviel Siman-Tov）和埃米，Refundit的齐夫·蒂罗什（Ziv Tirosh），还有Fibo的罗伊（Roi）和达纳（Dana）。然后创业旅程开始了，我们经历了过山车和穿越沙漠般的挑战，但从未放弃。

问题通常不会自行消失，但是人们对这个问题的不满情绪很可能会消失。Mego就是这种情况，我创办这家公司的目的，是解决收取邮政包裹时遇到的一些不愉快。Mego的诞生，源于我收到邮局的一张包裹单所造成的沮丧，上面写着我有一个包裹需要自取。

在美国的大部分地区，这都不是问题，即使你不在家，邮递员也会把你的包裹放在你的前门。如果你居住在住宅楼里，包裹通常会交给门卫。可以这么说，美国的包裹基本上是寄给一扇门，而不是寄给一个人。然而，在以色列和欧洲，包裹不是跟地址联系在一起，而是跟一个特定的人联系在一起。所以，如果邮递员来送包裹的时候你不在家，你会收到一张红色的纸条，通知你去邮局领取包裹。然而邮局的营业时间通常每天只有几小时，并且关门很早，跟你的工作时间冲突，领取包裹很不方便。更令人沮丧的是，那里总是排长队，从来没有停车的地方。所以，在以色列几乎 100% 的包裹在第一次投递时都不会成功。英国的情况也好不到哪里去，第一次投递成功的包裹只占三分之一。Mego 给了红色纸条接收者另一种选择：你只需要支付很少的费用，扫描红色纸条和你的身份证，就会有人去帮你拿包裹。每次支付大约 5 美元，包裹由皮卡送达。

我们在 2016 年创办了这家公司，并开始在以色列测试这项服务。用户很喜欢。但在 2017 年，邮局做了一些改革，解决了这方面的问题。人们现在可以在当地的 7-11 商店或者遍布全国的根据需要设置的储物柜取包裹。对于邮局本身，你现在可以通过邮政服务的 App 或短信预约领取包裹，这也消除了用户的不满。另外，现在邮局的营业时间也延长了，一般关门时间是晚上 8 点，有时甚至到午夜。Mego 的服务仍然有价值，但是由于邮局的改革，人们对这个问题的不满情绪消失了。如果你在 2016 年看到这个问题，就会像我一样创办公司。但到 2017 年，你就不会再这样做了，有时候这只是时间问题。后来，我们把这家公司关闭了。

此外，我还投资了一些初创公司，虽然我不是创始人，但我喜欢这些创意和 CEO。在这种情况下，我通常的策略是加入董事会，这样就可以贡献我的时间和专业知识。这些初创公司包括 SeeTree、Weski、Dynamo、Pumba 和 Kahun。除了基于自己爱上问题而创立的公司，我还加入了 6 家初创公司，其中大多数是在它们还没有启动之前就已经加入了。大多数情况下，我帮助创始团队或者 CEO 起步，然后投资，全程为他们提供指导，并成为公司董事会的一员。

SeeTree 就是其中之一。我认识这家公司的 CEO 已经 40 年了，在经历了漫长而成功的职业生涯之后，他开始考虑创业，我在他开始创业之前就帮助他。我给公司投了第一笔钱，我现在是其董事会成员。SeeTree 的神奇之处在农业领域，顾名思义，其主要应用在树木种植市场，公司帮助种植者大幅提高产量。那些拥有数百万棵树的种植者几乎没有关于农场方面的任何信息，当然也没有可操作的数据。SeeTree 的解决方案是通过空中飞行的无人机将地面上的每棵树与级别分析结合起来，以确定每棵树是否存在问题，如果有问题，则制订一个可行性的计划来恢复这棵树的正常生长。最终，他们的努力使林场的产量同比增长了 15% ～ 20%。

WeSki 是我参与的另一家初创公司。我在“Zell 创业计划”中指导过这个团队，从那以后我一直参与其中。这家公司有过一段过山车般的经历，其间一度近乎关闭，之后两年因疫情而中断服务。WeSki 项目与我最大的爱好——滑雪相关。现在，当你在假期安排滑雪时，你有两个选择：购买现成的套餐或自己动手规划。自己规划经常需要花几小时在互联网上制定适合自己的出行计划。WeSki 是一种类似乐高积木的自助服务，在很短的时间内提供灵活的定制。如果你生活在美国的东海岸，想去落基山脉滑雪，度过为期一周的假期。我会建议你去法国，使用 WeSki 来计划，你的旅行会更精彩，也更便宜。

Kahun 的 CEO 从高中起就是我的朋友，而 CTO 是我初中、高中和服兵役期间的朋友，并且曾在 Waze 与我共事。他们两人在科技初创公司领域都拥有相当丰富的经验，曾作为初创公司的创始人实现过一次成功的“退出”，将公司出售给了 Liveperson。大约在开始创业之前的两年，他们带着这个创意来找我，我告诉他们，他们想要解决的问题是真实存在的，而且体量还很大，无论他们什么时候准备去实施，我都会支持。又过了一年半，甚或两年，他们才正式开始。我给公司投资了第一笔资金（通过我的投资工具），同时我也是董事会成员，随时为他们服务。他们要解决的问题是医疗领域最大的问题之一：数据。现实情况是，医学领域里的大部分数据都是以文本形式存在的，比如书籍、文章、研究资料等。Kahun 将这些文本转换成数据，并创建了一套人工智能系统来进行诊断，对患者进行预筛选，并帮助医务人员将准备工作做得更好。

找到面对问题的激情

做出改变的激情必须大于对失败和替代成本的恐惧。这就是我所说的“创业区”，因为并不是每个拥有好创意的人都具备创业的特质。每位创业者身上的特质可能不会都一样，但他们却有共同点，都会说：“我不会继续做现在正在做的事情。我愿意做出牺牲，为信仰而努力。”这就是我所说的“替代成本”，这是你踏上创业之旅要付出的代价，你要么放弃自己的创意，要么放弃目前的职位。强烈的信念会产生情感投入，进而产生激情。尽管对我而言，挫败感或者浪费可以引发激情，但对于其他人来说，激情的来源可能是爱、恨或报复。

尼尔·祖克（Nir Zuk）是 Palo Alto Networks 的创始人，他曾是以色列网络安全巨头 Check Point 的首批员工之一，但他却跟管理层闹翻了，创立了自己的新公司来与 Check Point 竞争。如果说我的激情源于不惜一切代价避免沮丧，那么他的激情来自复仇。他甚至有一个在美国加利福尼亚州定制的车牌：CHKP KLR，意思是“Check Point 杀手”。祖克可能会笑到最后：2021 年 Palo Alto Networks 的市值（公司价值）为 520 亿美元，2020 年的收入超过 40 亿美元，而 Check Point 2021 年的市值只有 150 亿美元，2020 年的收入为 20 多亿美元。2021 年 12 月，Check Point 被从纳斯达克 100 指数中除名，并由 Palo Alto Networks 取而代之。

最强烈的激情不是为了赚更多的钱。相反，激情是源于如何改变世界且让世界变得更美好。我们认为，Waze 的价值主张是找到最佳的交通路线并节省时间。

但事实并非如此，其价值主张是安心。正如我之前提到的，人们从库比蒂诺开车到旧金山时，他们最想知道的是预计到达的时间。他们不太关心走 280 号州际公路还是 101 号高速公路会更快。**为了最终获得成功，你需要知道，是什么让人们心动。**在大多数情况下，是他们对问题的情感投入，很可能你实际感知的与你从故事中感知的价值不同。现在，你需要找到一个让你心动的问题，一个你会爱上的问题。

爱上问题通常是从个人角度开始的。这是非常有道理的：没有人会试图解决一个他们自己不关心的问题。但重要的是，要从你思考的问题想到其他人是否有这样的体验，也就是大众的体验上。

作为个体，我们是非常好的样本，但仅仅是一个人。我们往往意识不到还有其他人与我们的想法不同。你以一种特定的方式做某事，并认为这是唯一的方式，或者你变得执着于你对问题的看法，并想象这是所有人的问题。其实并非如此。人与人是不一样的，正确的方式通常不止一种。如果你听到很多人从不同的角度描述同一个问题时，那么你就知道，这是一个真正的问题。

情绪是做出改变的强大动力。我们创立 Engie，是因为不断听到同一个问题：我们感到很无助，或者我们觉得自己被人敲了竹杠，或者我们觉得自己在维修店像个白痴。除非你是火花塞、机油级别等方面的专家，否则你站在那里毫无头绪，而且没有明确的标价。你的修理费可能要 200 美元或者 2 000 美元，直到你的车被架起来之后，你才知道价格。你想要报价吗？“等我打开引擎盖，只有这样我才能告诉你。”事实上，他们大多数情况下只是简单地将汽车电脑连接到诊断电脑上，你甚至都不需要去维修店。

你不情愿地付了账单，总是觉得自己被敲了竹杠。通常，你其实并没有被敲竹杠。大多数维修工是诚实的专业人士，但你的这种感觉是存在的。具体来说，我们为 Engie 进行的研究表明，大约四分之三的人认为他们被敲了竹杠，而事实上，大约四分之三的维修工是专业和诚实的。困难之处在于如何在所有可以选择的维修工之中找出谁是那个人，这种不确定性加剧了用户的无助感。

下面是我在演讲中喜欢引用的一个故事。你去维修店，维修工说你必须更换化油器。你同意了。但这里有一个问题：你的车上并没有化油器。制造商已经几十年没有生产带化油器的汽车了！这就是我们的无助之处！

另一个问题是没有办法对比不同维修工之间的报价。当你的车需要一个新的交流发电机并且当时正处于无法启动的状态时，你无法把它开到附近的另一家维修店。如果没有办法比较价格，就说明市场失效了。

我们创立了 Engie 来应对这个失效的市场和修理汽车时的挫败感。我们设计了一种插入汽车数据端口（过去 20 年制造的所有新车都有）的装置，即 Engie 加密狗，其设计目的就是与你的智能手机相连，并以简单的语言给你实时描述汽车存在的问题。你的轮胎气压低吗？你的刹车片需要更换吗？然后，它会列出你所在地区可选择的维修工名单，并给出维修报价。

汽车维修市场的规模，即车主每年支付的修理费，接近 1 万亿美元。这显然是一个值得关注的市场！我们认为 Engie 不会被频繁使用，因为汽车非常耐用，但我们发现用户会定期在 App 上运行“检查汽车”的功能，以便让自己安心。

Engie 的用户端做得很棒，用户留存率非常高，使用频率也很高。事实上，比我们预期的要高得多，每个月 5 ～ 6 次。最初在尝试寻找商业模式时，我们的目标是做一个交易市场。一旦驾驶员知道自己的车存在问题，我们会向驾驶员所在社区的维修工寻求维修报价。该 App 的优势在于能够准确了解需要修理的内容，但事实证明这还不够。对于消费者来说，与附近的维修工重新协商报价是一种负担，但该 App 又无法帮助他更换另一名维修工。进一步的挖掘揭示了这是一个非常复杂的市场，消费者、维修工和经销商对市场存在不同的看法，任何一方都有自己的关注点。我们后来尝试了远程诊断这个不一样的商业模式，一旦你的汽车出现问题，你的专属维修工就会主动打电话给你。但为时已晚，而且收效甚微。

经历了 6 年的创业之旅，Engie 关闭了。一个大的问题和一个强有力的故事是很好的起点，但这些不足以保证获得成功。我们能够为消费者找到 PMF，但我们无法为一个交易市场或一款留存工具找到 PMF。

在公司的资金快要耗尽时，我们与一些来自亚洲的新投资人进行了交流。然而随着疫情暴发，投资人消失了。我们没有足够的资金来继续运营或找到另一位投资人。就像迈克尔·乔丹曾经说过的："我从来没有输过一场比赛，我只是没有时间了。"显然，Engie 的创业过程跟所有其他初创公司一样，是一段漫长且失败的过山车般的旅程。有起有落，包括更换 CEO，现在我认为这是一个错误，但被投资人抛弃使我们无法从低谷走出，他告诉我们他打算投资，然后就消失了。再加上在疫情期间缺乏公司当前投资人的支持，导致了 Engie 的终结。

无论你做什么，打造一家初创公司的过程都将是一段极具挑战性的旅程，或许还是你经历过的最具挑战性的旅程。有时候你会问自己，"我到底为什么要踏上这趟旅程？"如果你不是真的充满激情，如果不是真的爱上这个问题，你就不会有足够的内在能量来度过其中艰难的阶段。但是一旦你爱上了，你就不会去想别的了。

将创业作为第二职业，或者在创业的时候你还会顾及其他重大的事情，这样的情形会怎么样呢？答案很简单。要想让创业获得成功，你必须将 200% 的时间、精力、注意力和一切都投入其中，任何其他的处理方式都不管用。你即将踏上一段过山车般的噩梦之旅，其中充满挑战，如果没有足够的激情，你将无法获得成功。如果你没有爱上这个问题，一旦你感觉到做什么都不管用，并打算放弃的时候，你就无法熬过那个点。

- 如果你没有爱上正在做的事情，不要勉强，做你喜欢的事情，否则你会备受煎熬。
- 专注于你试图解决的问题，避免掉进解决方案的陷阱。
- 以问题为中心的故事以“我们解决了某某问题”开始；以用户为中心的故事以“我们帮助你解决某某问题”开始。
- 判断某个问题是否值得去解决，主要通过其出现的频率、沮丧的程度、替代的成本或节省的时间等。
- 衡量你是否准备好创办一家公司的唯一标准是：当你愿意牺牲，即在可预见的未来放弃目前的薪水、职位和头衔。

Fall in Love with the Problem, Not the Solution

02

勇于面对失败，而且快速失败

拥抱失败，

你就增加了成功的可能性。

如果你从来没有失败过，那说明你从来就没有尝试过新生事物。

——爱因斯坦

本·霍罗威茨（Ben Horowitz）是世界上最成功的风险投资人之一，他是硅谷的投资机构安德烈森霍罗威茨（Andreessen Horowitz）的合伙人。在成为风险投资人之前，霍罗威茨是软件初创公司 Opsware 的 CEO。

有一次有人问他："作为一家初创公司的 CEO，你晚上的睡眠好吗？"

"还好，"他回答道，"我睡得像个婴儿。我每两小时就会醒来哭一次。"

霍罗威茨亲身体验了所有初创公司都会经历的过山车般的旅程。其中有太多的起起落落，虽然世界上所有的企业都有起起落落，但初创公司的频率要高得多，甚至一天好几次。

我想说，如果你不喜欢极限运动，那么创业并不适合你。这是因为创建一家初创公司本质上是一次失败之旅。你正在尝试做一些以前没有人做过的事情，尽管你可能非常确定地知道自己在做什么，但实际上你并不知道（见图 2-1）。

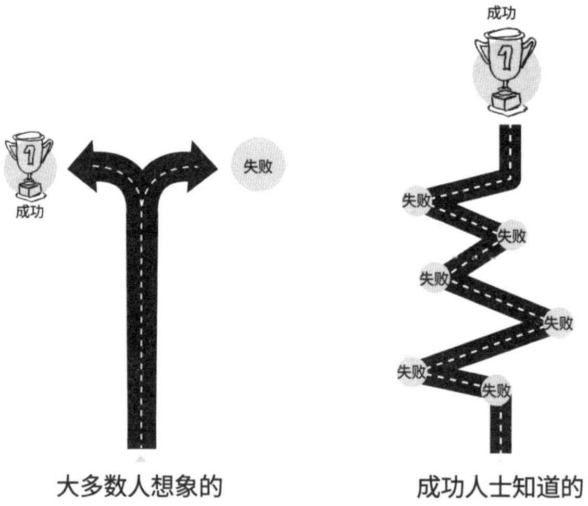

图 2-1 失败之旅

在这一章中，我将就建立一家初创公司提出一些基本假设。

- 这是一段旅程（有多个子旅程）。
- 这是一段过山车般的旅程。
- 这是一段失败之旅，每一阶段都需要不断地试错。
- 有很长一段时间没有进展，这就是你在旅途中需要穿越的沙漠。

一旦意识到建立一家初创公司是一段失败之旅，你会立刻得出两个结论。一个是如果你害怕失败，事实上，你已经失败了，因为你不会再去尝试。如果你去尝试新生事物，就会面临失败。另一个是为了增加成功的可能性，你必须快速失败！

如果我们认同创业是一段失败之旅，那么要提高你找到可行路径的速度，最好的方法就是尝试更多的事情，而要尝试更多事情，最好的方法就是快速尝试、快速失败，这样你就有足够的时间（和速度）来尝试下一件事情。举个例子，假设你相信某个特定的功能会很有效，你打造了这个功能，发布了新的版本，然而它不起作用，或者没有带来你希望的结果。在这种情况下，你应该立即考虑下一个有价值的功能，并努力专注于新功能，而不是试图优化当前的功能。

这就为一家公司打造了非常独特的 DNA，即一种企业文化或一套企业价值观，其中每一条潜在的假设都只是一项设想，值得一试，且越快越好。如果有效，就这样实施。如果不管用，那就尝试下一项设想。即使你沿着这条路走下去，每一次新的尝试或企图都带着这一次会成功的信念，但这仍将是一段非常漫长的旅程。

其中最长的一段时期就是怎么尝试都没有进展。刚开始，会有很多令人兴奋的事情，毕竟你在创造新的东西。你有了第一位用户或第一个版本的产品，也许有人在报纸上报道了你，看起来你正在朝着正确的方向前进。但是接下来，你会意识到自己打造的东西根本不起作用。你尝试了一些不同的事情，但是仍然不起作用。

想象你正在穿越一片无尽的沙漠，你周围只有沙子。你走了一整天，周围仍然只有沙子。你睡了一觉，醒来后还是只有沙子。你日复一日地这样做，感觉不到自己取得了任何进展，但实际上你确实在前进，一次迈出一小步，直到最终，你走出了沙漠，如果你在此之前还没有死的话（见图 2-2）。

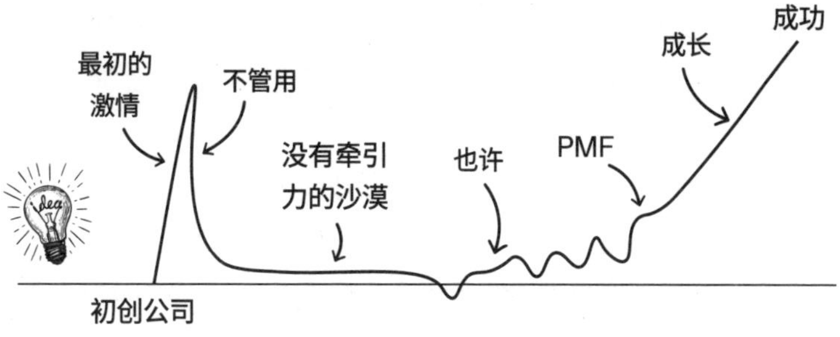

图 2-2　漫长之旅

“没有牵引力的沙漠”是旅程中最漫长的部分，在这个阶段你尝试了所有的设想，但都无济于事。你打造了一款产品，但是不管用；或者你打造了产品，它确实管用，但是没有用户；或者你打造了产品，它也确实管用，用户也来了……但他们没有留存下来。大部分失败的初创公司都会在这段沙漠之旅中再也爬不起来。

当你在穿越沙漠时，无论是真实的还是对初创公司经历的隐喻，有两件事你不能做：

- 不能改变方向，否则你可能会在原地打转。在沙漠中迷路不是“改变方向”的时候。
- 不能耗尽资金。事实证明，沙漠深处的燃料非常昂贵。

失败之旅的第一阶段就是要寻找 PMF，本质上是为你的用户创造价值。一旦你找到了 PMF，就是给自己购买了一张通往下一段旅程的车票，不过这本身将是又一段失败之旅，无论这段旅程是打造商业模式、全球化发展，还是学习如何扩大规模。好消息是，如果你找到了 PMF，你就走上了成功之路。找不到，你就死定了。

在旅程的每一个阶段，最重要的是你恢复的速度，为了快速恢复，你必须从快速失败开始。你能多快重新站起来尝试下一个创意、概念或方向呢？采用这种快速失败方法的创业者会增加成功的机会。

什么时候调整方向？希望永远不会。但是如果什么都不起作用，你无法找到 PMF，并且用户告诉你问题不是真的，或者你试图创造的价值无关紧要，那就是改变的时候。调整方向不是你旅途中的另一项试验，这需要重新考虑基本假设。归根结底，PMF 意味着你正在为你的用户创造价值，他们会回来的。寻找 PMF 就是试图去实现这个价值，这样他们就会回来。调整方向就是更换用户或价值主张。

失败之旅中要做 3 件事

Fall in Love with the Problem,
Not the Solution

- 寻找 PMF，为用户创造价值。
- 快速失败，快速恢复。
- 调整方向，重新考虑基本假设。

我们可以更深入地了解 Waze，这家公司如今看起来可能获得了巨大的成功，但在实现之前，它经历了一段试错之旅，涉及多个方面。首先是寻找 PMF，接着是增长过程，然后是找出商业模式。

谁才是你的第一批用户

Waze 是当今世界上最成功的交通导航类 App，在很多国家，人们开车之前首先会打开 Waze，其次才是启动他们的汽车。大多数人没有意识到的是，Waze 使用的所有内容都是由其他驾驶员生成的。我们众包一切，不仅仅包括显而易见的交通信息或超速监测点，还有地图本身。这就是 Waze 的魔法所在。

当我们创立 Waze 的时候，地图上面什么也没有，甚至道路都没有，就是一张空白页（见图 2-3）。

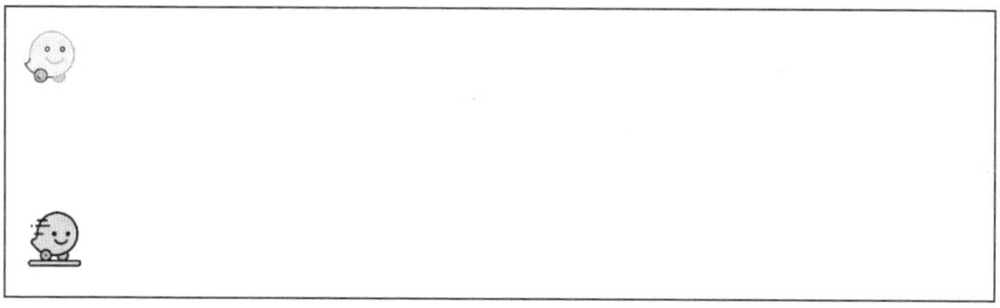

图 2-3　空白页

当第一位用户在开车时使用这款 App 时，我们就收集驾驶员设备的 GPS 数据。如果我们将收集到的数据绘制在空白页上，通常就可以看到他的行驶轨迹（见图 2-4）。

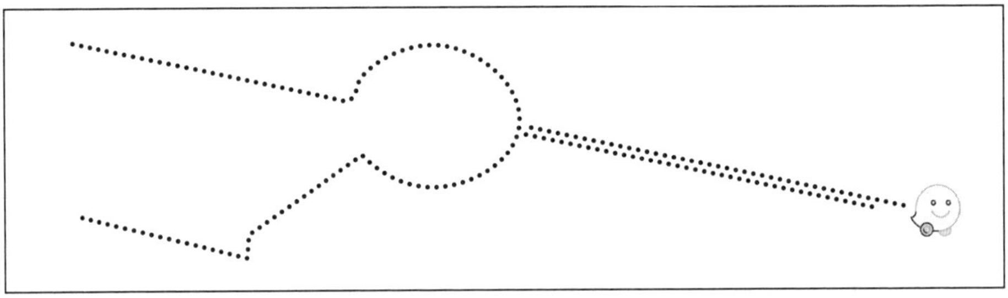

图 2-4 第一位驾驶员的轨迹

一旦有很多驾驶员在路上开车，来自驾驶员设备的 GPS 数据就会产生看起来像地图的东西（见图 2-5）。

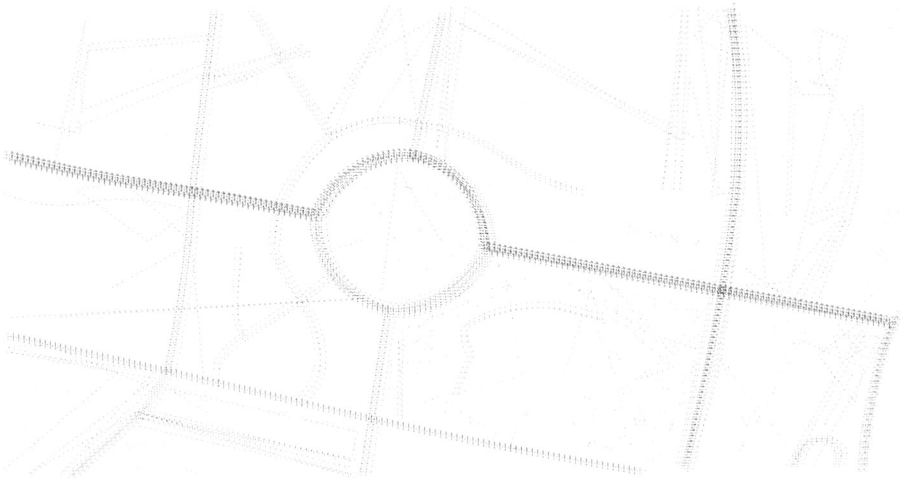

图 2-5 很多驾驶员的轨迹

当看图 2-5 时[①]，你可以很容易发现中间有一个看起来像交通环岛一样的东西，事实上它就是一个环岛。你可以观察这些 GPS 轨迹的密度，并区分出主路和辅路。如果有一个十字路口没有人左转，那么此处就不允许左转。如果在一条车道上有 100 辆车朝一个方向行驶，而没有人朝相反方向行驶，那它就是一条单行道。而在特拉维夫，如果有 100 辆车朝一个方向行驶，两辆车朝另一个方向行驶，那就是单行道！

当 Waze 在全球推出时，我们发现与其他一些地方相比，特拉维夫 2% 的使用率实际上是相当不错的！通过众包一切，我们可以提供实时的重要信息，供人们每天通勤时使用。

我们已经开发了一套软件，它可以从所有用户那里获取这些 GPS 轨迹信息，并根据这些信息创建地图（见图 2-6）。

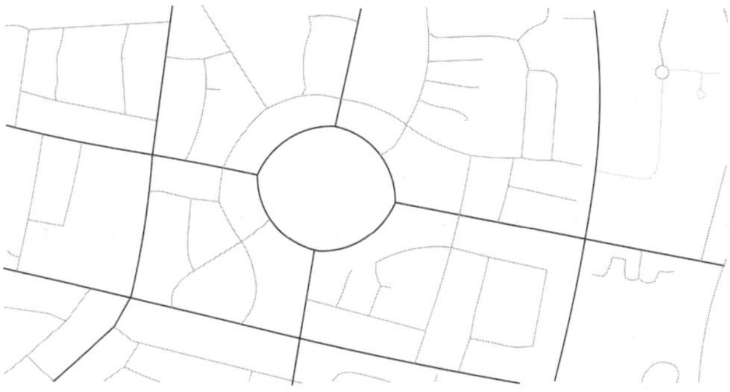

图 2-6　将众多轨迹变成一张地图

然后我们启用了一个地图编辑工具，这样用户可以给我们提供街道名称、兴趣点和门牌号（见图 2-7）。

① 这张图片来自 2007 年特拉维夫的实际 GPS 轨迹

图 2-7　用地图编辑工具编辑后

当我们跟踪 GPS 时，如果有人行驶很慢，我们可以判断那里出现了交通拥堵（见图 2-8）。

图 2-8　行驶缓慢的轨迹图

一旦我们有了大量的驾驶员，就可以确定所有的交通拥堵的位置，并给用户规划出避开拥堵且行驶最快的路线（见图 2-9）。从这个意义上讲，Waze 是驾驶员的社交网络，其中的所有内容都是由驾驶员创建的。

图 2-9　交通拥堵的轨迹图

除此之外，驾驶员会报告交通测速点、事故、道路危险和驾驶员关心的其他实时信息（见图 2-10）。

当我讲述这个魔法般的概念时，人们经常问我："所以，你的意思是，这款 App 上没有为第一批用户提供地图？"对此我回答是："正是如此！那里面什么也没有。"接下来是一个更有趣的问题："那么，第一批用户为什么要使用它呢？这种空白图对他们有什么价值？"

关键问题不是对第一批用户的价值是什么，而是谁是第一批用户。他们是充满激情的业余爱好者，他们喜欢 GPS、地理信息系统、地图和导航。这些爱好者更关心众包的参与和创新方法，以及如何掌控自己的命运，而不是地图的当前状态。想一想维基百科的第一批用户，那时还没有任何有意义的内容。

图 2-10　交通测速点和驾驶员报告

从“不够好”到“足够好”

我们经过两年的努力，才让 Waze 在以色列表现得足够好。2007 年，我们把它作为一个项目来做，而不是一家公司。2008 年 3 月，在我们获得资金后，立刻就以 Linqmap 的名字成立了公司，并在 2009 年更名为 Waze。我们在一部诺基亚手机上开发了这款实时 App。

我们经历了多次迭代，直到它变得“足够好”。要实现“足够好”，最好的方法之一是从“不够好”的东西开始，通过从用户那里获得的反馈反复迭代，直到“足够好”。

想象一下：两家孪生公司在同一天启动，做着完全相同的事情。经过 3 个月的开发后，其中一家认为他们的产品还没有准备好，因此继续开发，计划在 3 个月后进入市场。另一家公司也认为他们的产品还没有准备好，但选择将产品推向真正的用户。3 个月之后，哪家公司的处境会更好？很简单。如果你不拿出产品，你就不会有进步。如果你没有新的信息，你就不会取得真正的进展。但是，什么是“足够好”呢？如果我们对 PMF 的衡量有且仅有一个标准：留存率，那么“足够好”就是你的留存率是可持续、有效的。

回到 Waze，以色列是一个人口稠密的国家。另外，在开发阶段，我们已经花了两年时间收集数据和制作地图。此外，我们与当地的一家车队管理公司签署了一份协议，为我们提供实时 GPS 数据，这使得我们在 2009 年 1 月正式发布时，展示的交通信息相当准确。这一切使得 Waze 在以色列表现得“足够好”。我们看到了魔法的作用。地图是由用户创建的，口碑促进了增长，数据准确性也足够好。我们准备在全球范围内推出这款 App。

我们利用 2009 年剩余的时间来做准备（语言、服务器、支持），并于年底在全球推出该产品。但是，不同国家的情况差别很大。我们原以为 Waze 在其他国家的效果会跟在以色列一样。但情况并非如此。

我们在全球范围内同时打开这款 App，那简直就是一场灾难。除了厄瓜多尔、斯洛伐克、捷克和拉脱维亚这四个国家之外，这款 App 不仅仅是不够好，简直是糟透了。在其他任何地方，人们在下载 App 之后，尝试一下后就卸载了。

当我们刚刚在北美开始运行时，如果你想要从家开车去办公室，在我们提供的有限地图数据和用户很少的情况下，Waze 提供的线路非常糟糕。它提供的不是一条显而易见的路线，比如从帕洛阿尔托到旧金山，它没有提供 101 号高速公路，而提供的是经过东湾和奥克兰的路线，这显然没有道理。

由于 Waze 是通过众包的方式收集信息，如果你所在的街道上没有人开车，它就无法将你带到那个街区的尽头，因为它不知道那里是否允许开车！我们的地图使用了美国地质调查局（US Geological Survey）的基本数据集，但是该数据集已经过时了。此外，该地图是不可导航的，这意味着地图上没有标识哪些是单行道或者哪里有转弯限制。

因为只有在其他驾驶员已经在某处转弯之后，Waze 才知道这里是否允许转弯，所以地图数据在这一点上非常不完整。驾驶员变得很沮丧，这是可以理解的。使用该 App 的人可以看到他们前面的道路，也可以在地图上看到这条道路，但该 App 不会带他们走一条显而易见的路线，因为对应的数据还不存在。结果很不爽。实际上，比不爽还要糟糕。令我们感到震惊和不安的是，我们的用户流失率超过 90%，他们尝试之后就放弃了。

在消费者服务领域，用户留存率是评估 PMF 的唯一指标。如果用户还会回来，你就在创造价值。如果留存率很糟糕，你就无法创立一家公司。

Waze 尝试了多种形式的错误信息鉴别手段。公司授权了一些美国的社区地图编辑，就像我们在以色列所做的那样。我们甚至招募了自己的地图编辑人员，他们每天晚上手动复查人们行驶的路线并予以纠正，为社区地图编辑提供支持。我们还一次又一次地修改了 Waze 的算法。

曾经有一段时间，我们想颠覆这样一句话："你永远不会有第二次机会留下第一印象。"因此，一旦社区或我们的地图团队修复了一个问题，我们就会向所有遇到该问题的用户发送一条 App 消息，内容大意为："我们知道你昨天走了一条糟糕的路线，但系统一直在学习，当你开车用 App 导航时，它知道可以走那条路了，所以你值得再试一次。"我们希望重新赢得用户的信任，我们认为，由于 Waze 的目标是通勤人员，如果上班和回家的地图现在可以使用，我们就有时间让它变得足够好。我们知道"足够好"是存在个体视角差异的：你的足够好和我的足够好可能不一样。我们的目标是重新吸引用户，让他们再给我们一次机会。想想看：你尝试过 Waze，它给出了一条糟糕的路线，因此你按常规路线行驶。第二天，我们已经知道了你的常规路线，这就让人感觉 App 在不断改进。如果用户不知道 App 在改进，他们就不会给我们第二次机会，而这种机会是我们迫切需要的。

每隔 2 ～ 3 周，我们会发布一个新版本，试图让它变得更好。偶尔，我们也会实现真正的突破。在一些新版本中，我们向前迈出了一小步。而在有些版本中，实际上又往回倒退了一步。但是无论采取什么行动，我们都会跟驾驶员保持交流。

这是你成功最重要的关键点之一，怎么强调都不为过：倾听用户的声音，尤其是在寻找 PMF 阶段，要理解哪些东西对他们不起作用。**用户反馈是唯一能让你改变更快的事情，也是唯一重要的事情。**即使我们可以从系统中收集到非常好的衡量指标，你如果不跟用户交流，虽然可以很容易地搞清楚“是什么”，但很难搞清楚“为什么”。为了达到“足够好”，你需要理解“为什么”。

这正是我们所做的。当我们意识到哪里不正常时，就立即想办法跟驾驶员沟通。他们会指出哪里有问题，这样我们下一个版本就要解决这些问题。只要我们每一次都 100% 确信这个版本将会实现飞跃……然而并没有。因此，我们又回到了下一个倾听驾驶员的声音的过程，带着同样的信念和决心进行下一次迭代……然后再来一次。

如果我们知道哪一次改进会促使该 App 像青蛙一样跳到更高的层次，我们在一开始就会做出这些改进，但是我们并不知道。每次我们以为自己知道，结果却并非如此。随着时间的推移，系统不断完善，更多新驾驶员注册，系统越来越好。经过漫长的失败之旅，经过一次又一次的迭代，Waze 终于起飞了。

建立一家初创公司是一段“失败之旅”。你尝试了一种方法，无论是新产品的功能还是测试你的定价模式，或者决定在一个新的地域扩大规模，然后失败了，接着你继续实施下一个创意，直到你做对为止。最后你就不再改变了。

我们花了将近一整年的时间进行迭代，整个 2010 年，直到 Waze 在美国和欧洲都达到“足够好”的水平。魔法每次只发生在一个大都市，首先是洛杉矶，然后是旧金山、华盛顿特区、亚特兰大、纽约、芝加哥。在欧洲，每次只有一个国家：先是意大利，然后是荷兰、法国、瑞典和西班牙。

当我们在 2007 年开始打造 Waze 时，这款 App 的第一个版本是在 PDA 上运行的。你应该知道 PDA 吧？这是一款很多年以前的产品了，先有恐龙，然后是 PDA、诺基亚手机，如今我们都有 iPhone 和安卓设备了。现在，这个“很多年以前”不过是过去的 10 年多一点。想象有一台时间机器可以带你回到 2007 年，这意味着我将不得不拿走你的 iPhone、Facebook、Messenger、WhatsApp、优步、奈飞，当然还有 Waze。不清楚在这种情况下你能不能活下来！仔细想想，这真是令人难以置信：我们日常使用的所有东西都只有一二十年的历史。

如果你用这台时间机器回到“史前”时代，回到 Waze 之前的日子，如果我告诉你我要打造什么，你很可能会说：“这绝对不会成功。”这还是客气的说法。还有一些更极端的话，比如：“这是我听过的最愚蠢的创意！”戏剧性的变化确实是戏剧性的，就连第一反应也是一样的。事实上，这些说法正是我在推动 Waze 筹集资金时听到的。

想想当今世界上的顶级公司，如谷歌、亚马逊、特斯拉、Facebook、奈飞和很多其他的公司。10 年或 20 年前，它们大多数还是初创公司。过去 10 年发生了如此多的变化，下一个 10 年将会更加激动人心。

在前 Waze 时代，导航和地图这两个领域是分开的。一边是制作地图的公司，如美国的Navteq和总部位于荷兰、主要关注欧洲的Tele Atlas。当时制作地图的过程涉及使用专用勘测车和一支由专业制图师组成的队伍，他们用专业地图制作工具绘制数字版地图。然后，出现了像TomTom和佳明（Garmin）这样的导航设备，实现了可以提示转弯的导航（使用前述的地图）。也有像雅虎、谷歌和MapQuest这样提供地图的公司，用户能够在地图上查看、搜索位置和寻找方向，但不能实时导航。还有一些提供交通信息的公司，比如Traffic.com和Inrix，这些公司从车队收集数据，并对地图进行颜色标注（通常是红色、黄色和绿色），以反映实时的交通情况。

最后，有一些移动App，包括Telmap、Telenav和Networks in Motion，可以通过移动运营商向用户提供收费导航功能。美国电话电报公司（AT&T）使用Telenav，威瑞森通信公司（Verizon）使用Networks in Motion，以色列的Pelephone与Telmap合作。

Waze率先将所有这些功能整合到一个产品之中。我们有一个关键优势：使用相同的App和服务器收集数据、处理数据、部署数据，并呈现给用户。由于反馈周期是实时的，所以我们改进和成长的速度比竞争对手要快得多。当我在2007年联系上埃胡德·沙巴泰和阿米尔·辛纳时，他们正在开发导航和地图制作的App：FreeMap。

故事开始于沙巴泰在他生日那天收到的一个PDA，里面安装的导航软件来自一家名为导世通科技（Destinator Technologies）的公司，这个软件可以帮助他前往一些他不知道如何到达的地方。沙巴泰是一位创新者，所以毫不奇怪，他很快就迷上了这款新玩具。导世通提供了一个软件开发工具包，允许程序员在基础应用程度之上轻松添加功能。沙巴泰是一名天才的软件工程师，他决定给该应用程序增加一个报告测速摄像头位置的功能。

他在PDA用户常用的一个名为“掌上电脑怪胎”的热门网络论坛上发布了

一条信息。“如果你有一台装有导世通的 PDA，请下载我的插件，只要报告你看到的任何超速点，我就会给你发送一份更新的文件，显示用户报告的所有其他超速点的位置。”沙巴泰在论坛上写道。

数百人下载了这款 App 插件并开始使用。只用了几周时间，以色列的所有测速摄像头都被录入了数据库。这证明了众包在创建导航数据方面确实可行，这是 Waze 最终将采用众包概念的开端。

演变的下一个阶段是他意识到地图内容是王道，拥有地图内容的人将会掌控他们的命运。大约在同一时间，他还意识到，就像在论坛将测速摄像头数据进行众包一样，也许他们可以将地图本身的制作进行众包。说起来容易做起来难，但是沙巴泰很聪明，善于跳出框框去思考。

沙巴泰创建了 FreeMap，将一些功能进行了神奇的组合。有驾驶 App、地图 App（实际上是同一款 App），还有一个后端服务器来编辑更新地图（起初是每天晚上）。他自己编写了大部分的代码，偶尔采用现成的软件包。

从非常抽象和简化的角度来看，FreeMap 是几个主要功能的组合：

- 驾驶和 GPS 采集应用程序（在 PDA 上运行）。
- 数据同步和地图绘制（服务器端）。
- 地图编辑工具（网络和 App 端）。

一旦你的数据被同步到服务器，系统会进行编译并与所有其他驾驶员共享，而他们也在同步自己的驾驶数据。

通过众包方式生成的地图还远远不够好，但它们确实令人印象深刻，证明了众包地图可能行得通。与传统地图相比，它的主要优势为：用户最关注的区域处于最新状态。一个新的十字路口会出现在第二天的地图上。后来当我们在创立Waze的时候，众包地图的运行已经达到了足够好的水平。

辛纳、沙巴泰和我在2007年5月见面了，他们解释了自己正在做的事情，我立即想到，“天啊！这就是我心目中打造实时通勤工具所缺少的那个环节”。然后我给他们解释了我对于实时交通的想法。事实证明，沙巴泰的模型比我的领先两步，因为他已经在证明模型有效方面取得了一些飞跃。从仅仅几百名用户的小基数，我们就能够证明这个理念，这与Waze后来运用的方式相同，实际上可以完全通过众包的方式创建地图和交通信息。Waze并不完美。正如我上面所描述的，在接下来的3年里，它甚至都不够好。但是这个设想是可行的，我们可以想象，有了更多的用户和更多的工具，我们实际上可以让它变得足够好。

我们3人开始工作。沙巴泰和辛纳当时还在一家名为XLNet的软件公司工作，辛纳是CEO，沙巴泰是CTO。我们都意识到，应该从筹措资金开始，因为有很多开发工作需要资金，我们需要一个超级强大的团队来支撑。从2007年5月的那一天起，我们决定，由辛纳和沙巴泰来负责产品研发，而我来负责公司运营、融资、战略、团队招募等事务。这需要我们所有人信念坚定，共同承诺走完这段旅程。我辞职了，在融资到位后，他们也会相继离职加入。这对Waze的创立至关重要，公司本质上是从那天开始的。

几周后，我们决定开始融资之旅，由我担任CEO。我们在2008年3月才完成融资，正式启动了创业之旅，当时公司的名字还不叫Waze。在最初的时间里，直到完成融资，我们的进展相对缓慢。我在尽力融资，编写故事和商业计划书，四处见投资人，而沙巴泰仍然在运营FreeMap，并根据需要进行一些改进。

我们经常见面，有时是在XLNet的办公室，但更多的时候是在我妈妈家的客厅。我父亲几个月前去世了，一方面是她很孤独，另一方面房子也很空。所以，我们将她的客厅当作我们的会议室。事实证明，这是一个创业的好地方。这期间的客厅对我们来说不仅是完美的，而且也成了妈妈的一个依靠，她整天都在为我们准备食物和好吃的东西，暂时忘记了悲伤。我们在 2007 年夏天开启的融资之旅，到 2008 年春天就完成了 1 200 万美元的融资。当然，也经历过失败。这笔钱在今天听起来并不多，但在 2008 年的以色列，这是一轮非常成功的巨大融资。

别让害怕失败限制自己

失败不仅可以接受，而且是必要的，这可能是创建一家初创公司最重要的事情。拥抱失败，你就增加了成功的可能性。最重要的是你失败后恢复的速度，你能多快重新站起来。如果你在运营中害怕失败，你就会崩溃。

篮球巨星迈克尔·乔丹曾打趣道："在我的一生中，失败了一次又一次。这就是我成功的原因所在。"加拿大冰球运动员韦恩·格雷茨基（Wayne Gretzky）也表达了类似的观点，他开玩笑说："如果我不射门，那我就百分之百射不进去。"你正试图进行一种前无古人的创造，尽管你认为自己很清楚在做什么，但你实际上并不清楚。所以你必须尝试，一次又一次，直到找到唯一有效的方法。

认识到这是一次失败之旅或许是最重要的事情，这会有助于你为创业做好准备。如果你认为自己可以很容易地做出一款产品，并且它还能起作用，那就大错特错了！在你的产品变得足够好之前，将需要大量的修改。你需要不断试验，直到做对了，然后你才能继续下一阶段的旅程。

如果有时候你告诉自己，"我应该用不同的方式做这件事"，那么那一刻就是换一种方式做事的最佳时机。如果你告诉自己"下次……"，实际上，下次就是现在！今天是你余生的第一天。这可能是老生常谈，但对你的私人生活来说确实如此，对你的创业之旅来说更是如此。

我发现自己指导的很多人，大多数是我的 CEO 或我的孩子，偶尔还有其他人。这么做的充分理由是：我喜欢这种方式。或许我身上最重要的一个特征与创业者一样。而第二个特征与第一个特征非常接近，就像老师一样。我喜欢讲课，也喜欢指导别人。这种组合相当独特，但无论是自己创建公司还是指导别人去创建，我都有一种获得回报的满足感。

顺便说一句，这就是我写这本书的主要原因之一：我在试图帮助更多的创业者获得成功，当为他人创造价值时，我感到获得了回报。虽然我的大部分指导都是围绕职业生涯，但我希望你也考虑一下自己的个人生活。为了你的个人生活，做一些自己喜欢的事情，这会让你开心。如果你没有做自己喜欢的事情，那现在应该是改变的时候了！你不应该是痛苦的，如果你继续做你不喜欢的事情，你才会痛苦。

如果你告诉自己，“下一次，我会做得不一样”，那么现在就做“下一次”。不管这是关于你的人际关系、你抚养孩子的方式、你的工作、你的学习，还是一种爱好。如果你知道有些事情需要改变，今天就做出改变。我们不能改变过去，但我们今天可以做出影响你未来的改变。

对失败的容忍不仅对于初创公司很重要，如果你有孩子，对他们来说也一样，鼓励他们尝试不同的事情，这将有助于他们建立自信。失败和迅速恢复，这是你为人父母教授给孩子最重要的一课。

一次失败之旅

这是一个关于快速失败并从头开始重新启动一家新公司的故事。我创立了 Refundit，这家公司两次帮助去欧洲旅行的游客通过电子方式申报了退税。下面我谈一谈这次创业中遇到的失败。

我曾跟一群创业者在以色列中部一所著名的私立大学赫兹利亚跨学科研究中心（IDC Herzliya）的 Zell 创业项目中一起工作。对我来说，Zell 创业项目是一家名副其实的孵化初创公司的工厂。Pontera、FairFly、Engie、Fibo 都来自这个项目。这个项目要求学生与学习标准课程一样持续整个学年。大约 20 名特别优秀的学生被挑选出来学习如何创建一家初创公司，并且在此期间合作创办一家公司。到了年底，这是认真的同学愿意做出的承诺。在这里我们会确定他们在这个创业过程中舍弃了什么，以及他们解决问题的热情是否超过替代成本。

对于 Refundit，第一次尝试是在 Zell 项目期间，当时我们意识到这段旅程将比通常更漫长，因为我们依赖于欧洲政府批准一种新方式来处理完全数字化的退税，这个过程需要比较长的时间，于是替代成本突然变得非常大，因此团队当时决定不再继续实施这个创意。我把这个问题搁置了两年，当这个项目引起我的朋友齐夫·蒂罗什（Ziv Tirosh）的兴趣后，我决定再试一次。

蒂罗什当时经营着一家生物农业公司，这家公司不久前被一家中国公司收购，该公司生产环保型的杀虫剂。蒂罗什对退税一无所知，事实上，他以前从未尝试过申报增值税退税。“我甚至不知道还有这种事。”他告诉我。我建议道:“跟一些去欧洲的旅行者聊聊，了解一下他们的经历。他简单做了一个调查。一周后他回复了我。“我跟几十个人聊过，”他说，“你难以相信他们经历的恐怖故事。”“我其实全都相信！”我说。蒂罗什随后飞到比利时，在一家小商店里买了一台自行车训练器，并试图申请退税。在这一过程中，他和我一样陷入了困境，蒂罗什就是这样对退税 App 上瘾的。不久之后，我们重新启动了 Refundit，由他担任 CEO。

为什么我会毫不犹豫地再次启动 Refundit？因为这是一个需要解决的大问题。90% 的人拿不到他们的退税款，每年仅在欧洲就有近 300 亿欧元被白白地舍弃，更不用说大量游客经历的沮丧和无助。在蒂罗什的领导下，Refundit 的影响力越来越大，逐步走上了正轨。

多夫·莫兰（Dov Moran）是伟大的以色列企业家之一。他发明了 USB 驱动器，之后他创办、资助并参与了很多初创公司，其中有一家名为 Big-time 的公司以失败告终。有一次与他会面时，我问他："你怎么知道什么时候应该放弃？"他想了一会儿，然后告诉我："从来没有。创业者永远不会放弃。"我认为他是对的，但我想补充另一个观点。如果针对的问题消失了，那就放弃吧。如果团队不合适，而你又无力改变，那就放弃并重新开始。Refundit 着手解决的问题一直存在，而且是一个大问题，蒂罗什的团队是合适的。

失败不是耻辱的标志

我先讲一个故事。有一位非常成功的 CEO，他不喜欢被媒体报道，因为他讨厌聚光灯。有一天，他答应坐下来接受采访，聊了一会儿后，记者问他："你是如何成为一位如此成功的 CEO 的？"这位 CEO 回答道："正确的决策。"这立即引出了下一个问题。"好吧，但是你怎么知道如何做出正确的决策呢？"这位 CEO 接下来的回答更简短："一个词，经验。"这引出了最后一个问题。"那么，你是如何获得这种经验的？"这位 CEO 对此也有现成的答案："错误的决策。"

为什么失败如此重要？因为害怕失败通常会限制我们做决策的能力。这就是为什么不害怕失败是如此重要。在科技领域，失败并不是耻辱的标志。事实上，无论第一次创业发生了什么，第二次创业成功的概率都要大得多。因此，从这种意义上说，这些经验在提高成功率上是有价值的。

经验是令人印象深刻的，这是关键。所以我不太在乎你的失败，我在乎的是你从中学到了什么！经验和失败会促进整个公司发展。Waze 的算法之所以有效，是因为它们将两年的失败打包到了每一行代码之中。我这么说是什么意思呢？ Waze 如此成功的原因之一是我们比任何人都能更快地发现交通堵塞。我经常告诉人们，因为我们实时收集 GPS 轨迹数据，可以区分交通堵塞的车辆和停在 7-11 便利店的车辆。

因此，我们可以根据单独的一辆车来检测交通堵塞。但实际上，基于单独的一辆车检测交通堵塞的功能开发极其复杂。我们试了很多方法，但都不管用。我们尝试过观察开进加油站和堵车轨迹的差异，但没有成功。我们希望它能够确定有堵塞的地方，但是行不通。我们尝试过平均分配几辆车，但也没有用，这样我们还失去了“单独一辆车”的决定因素。我们尝试过询问驾驶员他们是否堵车了。这种做法确实有帮助，但帮助不够大。我们尝试过将数据进行标准化，但不起作用。我们尝试过用其他数据来支持这个判断，但也没有用。最终，所有这些不起作用的东西组合在一起，我们却成功了。

经历一段失败之旅，让你认识到什么是行不通的，尤其是为什么行不通，这样你就可以决定应该做什么。对于初创公司来说，经历过失败之旅，并在很长时间内实施很多试验，就会真正理解他们为什么采取现在的方式。

快速失败，增加成功的可能性

你从来没有听说过一家初创公司不找 PMF 的，除非它们在不知不觉中倒闭了。有一些初创公司可能认为自己找到了 PMF，但事实并非如此。记住，只有一个衡量指标可以确定你是否锁定了 PMF：留存率。其他一切指标，比如用户愿意付费、与第三方建立合作关系等，所有这些指标都很好，但如果你的用户离你而去，不继续使用你的产品，那就意味着你没有为他们创造价值，你的公司就会倒闭。

具备强大实力的公司会不断推出新产品，然后不断停产一些产品。谷歌在这方面非常擅长：Google+、Hire by Google、Google Hangouts、Picasa、Google TV、Google Reader 和 Google Wave。他们不断进行试验，并根据数据做出决策。

找到 PMF 很难。但对于谷歌这样的知名公司来说，可能要容易一些。他们有更多的时间、资源和进入市场的条件，可以让他们的旅程持续更长时间。此外，对于在一家大型知名公司尝试新事物的团队来说，失败的代价是极小的。“嘿，我还在谷歌（或者他们当前的公司）上班”是一个常见的回答。

但是，没找到 PMF 的初创公司，只会走向死亡。一旦找到了 PMF，你就在跑道上准备起飞了。在此之前，你主要是在地面滑行。

增加找到 PMF 可能性的 4 个因素

Fall in Love with the Problem, Not the Solution

- 快速失败，以便有更多的时间进行更多试验。
- 倾听用户的心声。
- 专注于要解决的问题。
- 如果需要，做出艰难的决定。

产品发布的最佳时机

我总是遇到一些正在开发产品的人。通常，他们会告诉我，他们的 App 或软件将在 6 个月之内准备好。我告诉他们：“你完全想错了。你应该今天就发布你的产品，即使你还没有准备好，因为这样你会学得更快。”只有当你有真正的用户和真正的反馈时，你才能认识到错误。

当你在早期就能听取用户的反馈，你就会开发出一种完全不同的产品。这比预先打造出令你满意的产品，然后再去获取用户反馈要有效得多。如果产品“完成了”，你就不愿意再做出修改了。也有一种可能，如果你在产品开发时投入了大量精力，就会爱上自己的解决方案。你确实不应该如此！**一旦你爱上解决方案**

就意味着放弃了倾听用户的意见，而倾听用户声音才是你找到 PMF 的唯一途径。

事实上，发布产品的最佳时机，是你对它的质量感到不安的时候，没错，就是产品必须糟糕到你会被反馈羞辱的程度。这样你会学得更快，你的迭代周期会更短，即便是在一开始就发布。你可能会担心："如果我发布一款糟糕的产品，我会失去用户的！"我对此的回应是："哪些用户？你还没有用户呢！"所以，让那些不存在的用户失望是没有问题的。

经过多次试验，当你最终找到 PMF 时，用户就来了。如果你找不到，那也没关系。第一批用户的作用就是为你指明道路，他们会告诉你产品应该去往哪里以及不去哪里。如果他们失望、尖叫或厌恶，这不是问题。他们在这时的作用只是给你指出正确的方向。当你的产品最终变得足够好的时候，他们会忘记自己曾经的不满意。

有一天，一位创业者找到我，他想创建一个邻里之间交换物品的网站，用于共享割草机、电钻之类的工具。"我们将使用人工智能来构建整个系统。"这位创业者滔滔不绝。"打住，"我回应道，"你最好从小处着手，快速推进。目前，只需创建一个 WhatsApp 群组来交换物品就可以了，然后听听你获得的反馈。这个时候，你不需要一套完整的后端服务器，也不必自己开发所有的人工智能。只有在你获得反馈后，才可以开始构建产品。"

创始人确实听取了我的建议，设立了一个 Facebook 群组和一个 WhatsApp 群组，在他们的家乡交换物品。事实证明，这个创意是不成功的，因为有一个潜在的假设被证明是不真实的：创始人原来以为，他们有非常多、足够多的距离很近的人愿意分享。事实上并非如此。相反，人们不愿意分享他们经常使用的物品，对那些不常使用的物品，又没有足够的需求，或者因为工具太贵而不愿分享。有人需要一艘 Sea-Doo 摩托艇，但没有人愿意跟他分享。结果，即使没有建立一套人工智能系统来演示任何东西，他们也能清楚自己需要什么……而且速度更快

（几周时间而不是几年）。取得进展的唯一途径是倾听用户的反馈。

我曾经听说过戴尔公司的一个故事，讲它如何像大多数计算机公司一样起步。在公司早期阶段的一次会议上，CEO 迈克尔·戴尔（Michael Dell）问他的团队，“我们在这家公司要做什么？”其中一个人在白板上写道，“我们要做两件事：制造电脑和销售电脑”。迈克尔·戴尔走到白板前看了一会儿，然后简单地更改了顺序。“我们仍然要做这两件事，”他说，“我们先卖电脑，然后再制造电脑。”

当你有快速失败的心态时，你的每个创意都是需要验证的假设。事实上，当你想到一个你愿意去解决的问题时，第一步是验证这个问题是否普遍存在，以及你是否能从其他人，比如你的潜在用户或用户那里获悉对这个问题的看法，而不仅仅是你自己“一个样本”的看法。因此，与其一开始就预先开发，不如模拟你的软件。可以先手动做一个后端，这样你就可以在投入大量资金之前测试产品定位和用户的反馈。

当我们创立 Mego 时，这款 App 是为了帮助人们在邮局领取包裹时避免排队，我们做到了极致：没有开发任何东西，没有编写一行代码，没有 App，没有后端服务器，根本没有基础构建。

我们没有建立一款 App 来扫描邮局留下的包裹领取通知单和用户的身份证，而是创建了一个 WhatsApp 群组，并在 Facebook 上进行推广。如果你需要领取包裹，可以通过 WhatsApp 联系我们。一切都是手动完成的，这让我们可以尽快评估市场需求。

事实上，用户甚至永远不会知道，有人正在后台阅读详情信息并手动安排取件，而不是软件自动处理。坦率地说：用户不在乎。当我们创立 Pontera 时，原本的计划是让用户上传一份文档，然后通过光学字符识别软件（OCR），将图像转换成文本。但是，为了测试这个想法，我们迅速创建了一个网站，并且手动完成了所有的 OCR 工作。收到一份文件后，我们办公室里真的有人会阅读它，并将图片中的信息写下来。我们创立 Refundit 时，在考虑开发最终的 OCR 功能之前，我们也做了同样的事情：人工读取和输入数据。这种方法在你的创业旅程的每个阶段都是完全相同的，无论是市场进入（GTM）阶段、增长阶段、寻找商业模式阶段还是业务拓展阶段。虽然我在本章分享的大多数案例都与 PMF 有关，但实际上适用于你创业旅程的任何阶段。

当创业者制订市场进入计划或者吸引用户计划时，经常会见到一行文字，类似于“我们会做公关宣传”，“我们会采用谷歌广告”，或者“我们会通过 Facebook 来瞄准我们的受众，因为我们知道她们是拥有某些学位的 30 ～ 40 岁的女性”。在我看来，所有这些做法都是非常好的想法，都是进行一些有价值的试验，但是一旦发现它们行不通，你就需要用其他更多的想法继续尝试。业务拓展也是如此，如果你认为通过业务拓展，可以带来很多用户，那么你需要尝试很多想法，直到找到一个可行的。

对于 Moovit，我们找了一位业务拓展合作伙伴来推广这款 App，我们认为最好的合作伙伴应该是公交运营商。我们看到了口碑传播和付费用户获取的有效性，但是还在寻找其他增长引擎。我们与以色列的 Metropoline 公交运营商达成协议，在他们所有公交车的每个座位背后贴上贴纸。上午 9 点，应该是贴纸开始“活跃”的时候，我打电话给我们的运营经理。“现在你看到了什么？用户数量增加了吗？”他回答道:“到目前为止，什么也没有，我们再观察几个星期。”“不，”我反驳道，“如果我们今天什么也没看到，那就什么也没有了。如果会发生什么变化，我们会立即看到，不需要等待。如果这种方式不管用，不管我们多么努力或者实施起来多么复杂，是时候将它搁置了。”

这似乎与 PMF 试验大不相同，但真的是这样吗？本质上这仍然属于快速失败，这个结果是显而易见的，即使你已经付出了大量的精力。因此，无论是你最新版本的 App，还是一场新的活动，最重要的是随时准备好进入下一场试验。不断试验意味着你尝试失败之旅的每一阶段，你要测试你的基本假设是否正确。在开始编写代码之前，收集输入信息可以减少你一整年的开发时间。无论你已经完成筹资还是仍在寻找之中，这可不是一个微不足道的优势。

绘制路线图

一旦你接受了这种观念，认为失败是正常的，是不可避免的，并且实际上是需要寻找的东西，最大化这一现实情况的最佳方法就是快速失败。这样的话，你就可以从头再来，再试一次。这是增加迭代次数的唯一手段，从而增加成功的可能性。你的路线图本质上是你要做的一系列试验，直到你找到一个可行的方法。你的 GTM、吸引用户计划和走向全球的愿景都只是试验，直到你把每一项都做对。

如果你设计了 20 项不同的功能，那就意味着你需要进行 20 种不同的试验。你猜会出现什么情况：一旦一项功能有效了，你就会停下来。大多数创业者认为，他们的产品或 App 需要很多功能。恰恰相反：你添加的功能越多，你创造起来就越复杂。

“完美”是“足够好”最大的敌人

你应该给你的失败之旅分配多少时间？很多年！不是因为你做错了什么，而是因为创业成功有两个因素：纯粹的运气和所有的试验都做对了。如果所有的事情你第一次尝试就做对了，你的进展就会更快。另外，运气总是有帮助的。

伏尔泰曾写道：“完美是美好的敌人。”对于初创公司，我会稍微修改一下：“‘完美’是‘足够好’最大的敌人。”足够好通常就足以赢得市场。假设市场上有一款足够好的产品，这是根据留存率来衡量的，所以人们实际上正在使用它，并且还会再次使用。现在，你在打造一款更好的产品，一款完美的产品。你最大的挑战，是说服人们转变。大多数人不会，因为他们目前拥有的已经足够好了。

公司的所有人都必须保持灵活的心态，这种心态不仅限于研发或产品开发团队。我们总是需要尝试新事物，同时也要做好失败的准备。对个人是如此，对组织也是如此。**创业者最重要的特征是：我想试一试，看看是否行得通。**

为什么大多数人害怕失败

害怕失败可能是一种文化现象。在有些国家，失败是不可接受的，因此，人均创业者数量比其他国家少。例如，在对失败很宽容的以色列，大约每 1 400 人就有一家初创公司，而欧洲的数字是每 2 万人有一家初创公司。硅谷也不害怕失败，那里的人均创业者数量更多。

在一个害怕失败的文化中，很少有人愿意尝试。但是，在一个不同的、对失败的恐惧程度更低的地方，更多的人愿意尝试。等式相当简单：如果一个人的创业激情大于对失败的恐惧和替代成本之和，他就会选择创业这条路。

在我成长的家庭中，当我带着一个想法，甚至是一个疯狂的想法去找我父亲时，他会说："你为什么不试一试？"如果这个想法不起作用，他也不会给出评判，只会简单地说："我们学到了什么？"在这样的环境中长大，减少了我对失败的恐惧，但事情远不止如此。想象一下，你尝试了更多的方法，如果它们不管用，你就尝试其他不同的方法。这无疑使我树立了很大的信心，也增强了我相信自己的能力。为了正确应对失败，永远记住一点：不要评判。

显然，这本身并不能造就一位创业者，因为还需要更多的其他要素：好奇心、聪明才智，以及不将任何事情视为理所当然的态度，很可能还包括一点麻烦制造者的特征。我在高中的时候就已显现了这方面的特征，老师们都很讨厌我，我被赶出课堂的次数仅次于我逃课的次数。请记住，如果你害怕失败，那么事实上你已经失败了，因为你不打算继续这段旅程。不管是创业还是做一些你害怕做的事情，都是如此。

我曾在很多会议和活动中发言，其中一些是面向创业者的。在拉丁美洲的三四个不同的案例中，有人问我："我们的国家如何才能变得像以色列那样，人均拥有如此多的初创公司？"

"该做什么"的问题相当简单，但要意识到这个过程可能需要一二十年的时间，并且需要在决策和行动上持之以恒。毕竟，你需要的是一场系统性的文化变革来减少对失败的恐惧。这需要一场涉及公共和监管的社会运动来鼓励创业者。这一场运动应该包括以下内容：

- 制定创业者所需的法规。如果一个美国人投资我在特拉维夫的初创公司，他在以色列可以免税。但是，如果投资人把他的钱投给一家巴西的初创公司，投资人需要在巴西纳税。甚至可能更糟，如果公司失败，投资人可能还需要承担责任。
- 媒体必须鼓励创业精神。创业者是真正的英雄，这是媒体应该宣传的，因为他们试图改变世界。要宣传的不是哪些人成功了，而是谁在努力尝试。
- 制订导师计划来指导创业者。
- 设立一支国家或政府层面的公共基金来支持创业者，例如为新设立的公司匹配一比一的美元投资，如果它们能够完成筹资，政府将提供相应资金，从而使创业的生态系统对投资人更加有利。
- 鼓励更多人成为工程师。鼓励年轻人学习工程类专业，同时，允许工程类的国外移民在当地的科技公司工作。

回想一下前面提到的等式：如果一个人的创业激情大于对失败的恐惧和替代成本之和，他就会选择创业这条路。当谈到失败时，初创公司是一种与老牌企业或政府机构完全不同的组织。在政府机构，如果你不做出改变，没有人会解雇你。相反，如果你尝试了新生事物而失败了，还有可能会被解雇。

相比之下，创业者的每一项新尝试都怀揣着同样的热情，储备充足"知识"并相信这一次会成功。不管尝试过多少次，创业者总是坚信这一次会成功。推动失败之旅的燃料就是激情、热忱以及相信这一次能成功的所谓"知识"。这种信念是初创公司的基本特征。你怎么知道在什么时候去做哪些试验？正如我们将在下一章看到的，最先开始的试验总是找到 PMF。然后，试验如何增长、如何规模化发展以及如何确定商业模式。

做好失败的准备，并快速失败，这是你创业时最重要的内在理念。假设你的设想只有 10% 会实现，最终成功的那次，这就是你所需要的。这需要心态的改变。

失败是一件事，而不是一个人

假设出现一种情况，你的某个创意最终没有成功。如果你问："谁该负责？"那么你就是在找一个人来作为责备的对象。这种做法不会鼓励你走上成功之旅，也不会激励你进行更多的试验。相反，如果你问："发生了什么，我们能从中学到什么？"你会给公司打造一种非常不同的 DNA。

质问谁该为失败负责，会在公司的 DNA 中植入对失败的恐惧。这种做法向周围的每个人发出了一个信号，如果你尝试新事物失败了，你将被追究责任。现实的情况应该反过来：敢于尝试的人才会赢！如果你在公司的 DNA 中植入了一种理念，认识到失败是必经之路，那么总会有人说："嘿，我有一个新的想法，我们试试这个吧。"这就是你想要的结果。你要鼓励人们倾听，并最终实施新的设想，即使他们失败了，甚至是在他们失败之后仍然被积极对待。公司最需要的是，有人愿意尝试新事物。

每次小小的成功却值得庆祝

在漫长的失败之旅中，庆祝是很重要的。每当获得了一次小小的成功，我们都要庆祝！你可以庆祝第一名员工、第一位用户、第一个版本、第一间办公室，所有事情的第一次。你还可以庆祝第十名员工、第十位用户、第一百位用户、第一千位用户，等等。

更为重要的是，要庆祝一个看似负面的重大事件。比如，有人告你专利侵权。这实际上意味着有人在关注你，你开始产生影响力了。这不仅仅是“负面”的专利诉讼，而且意味着有人认为你在做正确的事情，或者有人认为需要阻止你。另一项庆祝：如果你的系统超负荷，出现运行故障，而你的用户在尖叫，这意味着你真的有用户，你所做的事情对他们来说很重要。最好的情况是人们来感谢你为他们所做的一切。当他们意识到你给他们带来好处时，你就知道自己创造了价值，并且已经创造了一些正在发挥作用的东西。

只要跑得比竞争对手快

要了解如何在你的初创公司中打造快速失败的正确 DNA，这一点非常重要。也许下面的故事会对你有所帮助。

有一次，两个以色列人去非洲旅行。如果你曾经参加过野外狩猎，你就知道游客通常应该在小屋里过夜，以避免野生动物的伤害。但是这两个人自信满满。他们在军队的作战部待过 3 年，小屋对他们来说似乎太乏味了。睡在舒适的、受保护的床上，肾上腺素不会激增。因此，他们决定在离小屋几百米的地方搭个帐篷，在那里过夜。

果然，半夜时分，他们被狮子的吼声惊醒，感觉狮子离自己很近，他们这才意识到睡在户外可能是一个巨大的错误。“我们跑吧。”其中一个家伙说。另一个以色列人回答道：“好的，这是最好的办法。”说着他开始穿运动鞋。“你在干什么，疯了吗？”第一个人说，“你认为自己能跑得过那只狮子吗？”第二个人回答道：“不，不，不，我只要跑得比你快就行了。”**快速失败，意味着你要比市场更快，比竞争对手更快，不管是谁，不管做什么事。**

快速失败的方法不在于哪个方向或哪次试验有效。它只是简单地进行更多的试验，从而增加成功的可能性，也就是说，失败的次数越多，你就离成功越近。记住爱因斯坦曾经说过的话：“如果你从来没有失败过，那说明你从来就没有尝试过新生事物。”反过来说：如果你尝试了新生事物，你就会失败。但那又怎么样，没有关系的！

如何做好难而正确的事
Fall in Love with the Problem, Not the Solution

- 失败是正常的、不可避免的，每一阶段都需要不断地试错。
- 快速失败是你提高成功可能性的方法。你失败得越快，在同样的预算和时间下，可以进行的试验次数就越多。
- 要让产品实现足够好，最好的方法是从“不够好”的东西开始，通过从用户那里获得的反馈反复迭代，直到“足够好”。
- 可以通过路线图、GTM、吸引用户计划和走向全球的愿景等一系列试验，找到唯一行之有效的方法。
- 失败是一个事件，而不是一个人。这是一个组织接受失败并快速恢复走向下一次试验的唯一方法。
- 第二次创业比第一次创业成功的概率更大。找一位有创业经验的人做你的向导。

Fall in **Love** with **the Problem,** Not the Solution

03

拥抱颠覆，拥抱对颠覆的颠覆

“

颠覆的美妙之处在于
机会远大于威胁。

”

iPhone 不可能获得任何可观的市场份额。

——史蒂夫·鲍尔默（Steve Ballmer）

2007 年，微软 CEO 史蒂夫·鲍尔默拿到了他的第一部 iPhone 手机。鲍尔默以其典型的咆哮风格抨击了苹果的新产品，尤其是在与微软的产品对比时。鲍尔默说："iPhone 手机没有机会。这是一个 500 美元的捆绑销售产品。他们可能会赚很多钱。但如果你看看售出的 13 亿部手机，我宁愿其中的 60%、70% 或 80% 装有（微软的）软件，而不是苹果可能得到的 2% 或 3%。"

鲍尔默的虚张声势就是当真正具有颠覆性的东西出现时的典型表现。新产品一开始被认为无关紧要而被摈弃，直到这款产品蚕食了摈弃者的市场份额。

引用另一位微软高管、前 CEO 比尔·盖茨的话："我们低估了遥远的未来，高估了不远的未来。"原因非常简单。从现在到遥远的未来，会出现一些我们很难想象的革命。如果我们可以想象出来，我们自己就会去创造它们。颠覆者的旅程总是一样的：当你创造一种全新的东西时，起初别人嘲笑你，然后他们忽视你，直到最后你赢了。但是你并不总是会赢，如果你不尝试，那么你肯定不会赢！

这一章的内容是对于颠覆的认识。如果你成功了，市场会如何变化，你的影响力会有多大。我们研究了颠覆对创新者、现有行业的影响，以及颠覆的意义。**颠覆与技术无关，而是与改变行为模式、改变市场供需平衡相关。**

下面可能是一起最著名的因误判而拒绝创新者的案例。2000年，一家名为奈飞的初创公司找到当时价值60亿美元的视频巨头百视达（Blockbuster）。在大街上，每隔一个街角就有一家百视达的影碟租赁店，比如今的星巴克还要多。与此同时，成立仅两年的奈飞仅在那一年就亏损了5 700万美元。

奈飞的CEO里德·黑斯廷斯（Reed Hastings）拿出了一个他确信百视达的掌门人约翰·安蒂奥科（John Antioco）无法拒绝的提议：以5 000万美元收购奈飞。然后，奈飞的团队将开发并运营百视达的网站，将它作为百视达公司的在线视频租赁部门。安蒂奥科拒绝了黑斯廷斯，“奈飞关注的是一个非常小的细分市场。”他自负地断言。在百视达的一次内部管理会议上，公司的团队在讨论后一致认为：“无论奈飞做什么，我们都能做得更好。”正如他们所说，其余的都是历史。

奈飞于2002年上市。到2010年，百视达宣布破产。在接下来的10年里，奈飞不仅是流媒体视频的代名词，而且已经发展成为一家成熟的电影公司，2021年市值达到2 500亿美元，比百视达鼎盛时期的价值高出约40倍。

奈飞的故事有一点不同寻常，因为他们颠覆了自己已有的市场。在创业初期，奈飞会通过美国邮政服务寄送DVD。他们基本上已经入侵了邮局可以在24小时内投递包裹的系统，而费用只是一张普通邮票的价格。但采用流媒体的形式，费用更合适！

然后是柯达的故事。早在1973年，24岁的柯达工程师史蒂夫·萨森（Steve Sasson）就提出了数码相机的概念。当他向管理层展示创意时，CEO沃尔特·法伦（Walter Fallon）告诉他的员工："这很好，但不要告诉任何人。"法伦认识到了萨森的无胶片技术有可能颠覆柯达的主营业务吗？似乎是这样。只不过柯达的管理层已经进入了反对变革的模式，主要关注的是萨森的发明缺陷。这款设备太重了，分辨率很低，处理每张照片的时间太长。但是你不能通过杀死信使的方式来阻止一场革命！柯达拥有这项数码相机技术的专利，但该专利于2007年到期，柯达将这项专利搁置了多年。"我们所处的行业是造纸和化工行业"，该公司一再强调，数码相机与他们的核心业务完全无关。更机敏的竞争对手抢占了柯达的市场份额。然后，智能手机又颠覆了这些竞争对手。柯达于2012年申请破产。

当谷歌刚刚起步时，融资很困难。该公司的联合创始人谢尔盖·布林（Sergey Brin）和拉里·佩奇想回斯坦福大学继续他们的学业。因此，他们在1998年接触了雅虎。更准确地说，他们接触了雅虎的Excite@Home部门，并请求对方收购他们的公司，谷歌当时因一套名为PageRank的核心算法而闻名。报价仅仅200万美元，不是20亿美元，更不是2万亿美元，而是200万美元。雅虎拒绝了。而且拒绝了两次。第二次是在2002年，那个时候，谷歌的价格已经跃升到了50亿美元。

雅虎的理由是：他们不想让搜索引擎像PageRank那样把流量送到第三方网站，他们希望用户留在雅虎。等到雅虎意识到第三方付费广告收入的重要性时，一切已经太晚了。

雅虎收购了另一家搜索引擎Inktomi，想借此推翻谷歌，但公司的执行力非常糟糕，雅虎最终被出售给威瑞森的美国在线（AOL）互联网业务，价格为44.8亿美元。

看如今的结果，你可能会说这是一个巨大的失误（见表3-1）。但是你不知道，如果他们答应了会发生什么。我们假设一切都会保持不变，但事实未必如此。

表 3-1　巨大的失误

公司	失误判断
百视达，奈飞	奈飞关注的是一个非常小的细分市场（百视达 CEO，2000 年）
微软，iPhone	iPhone 不可能获得任何可观的市场份额（微软 CEO，2007 年）
柯达	这很好，但不要告诉任何人（柯达 CEO）
雅虎，谷歌	拒绝了 200 万美元的收购

2013 年谷歌以 11.5 亿美元收购 Waze 后，我也听到了同样的话。人们经常问我这是不是一个正确的决定。如果我们保留它并在几年之后出售，它的价值是不是会高出很多？我的回答总是很简单：只有正确的决定或者没有决定。因为没有人知道如果你选择了一条不同的道路会是什么样子。

如今营收超过 3 亿美元、在全球拥有约 10 亿用户的 Waze，会比 2013 年营收只有 100 万美元、用户约 5 500 万的时候更值钱吗？当然会，但是我们不知道，如果没有那个决定，Waze 会不会变成今天这个样子。因此，不要去想如果雅虎同意以 200 万美元（或几年后以 50 亿美元）收购了谷歌，会发生什么，而是问问自己："在雅虎的领导和愿景下，谷歌会成为今天的样子吗？"另外的结果我们不知道，因此任何关于这个决定是对还是错的说法都是无关紧要的。

颠覆与技术无关

人们一直在谈论颠覆性技术。他们倾向于认为这是一种技术，通过创造一些前所未有的东西来取代当前的市场领导者。但颠覆与技术没有太大关系，而是与改变行为方式和市场供需平衡有关，也就是我们的商业模式（见图 3-1）。

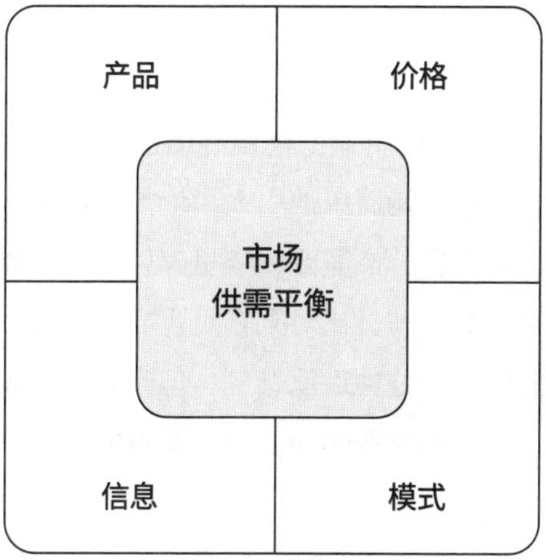

图 3-1　颠覆

让我们想想 Gmail。在谷歌推出电子邮件服务之前，我们曾经为拥有一个在线邮箱而付费。我们每月会向互联网服务提供商支付一笔费用来接入互联网，并额外订购一个邮箱来收发电子邮件。谷歌推出了 Gmail，一开始还不够好，但经过几次迭代之后就变得足够好了，而且是免费的。没有什么能与足够好且免费的产品竞争。我的第一个电子邮件账户在雅虎。然后，谷歌推出了 Gmail，我注册了名称相同的电子邮件地址，这次是在 Gmail。

我为什么要告诉你这些？

我的雅虎电子邮件地址可以追溯到 1995 年左右。几年之前，有人问我要电子邮件地址，于是我把雅虎邮箱给了他，这个人看着我说："我只认识两个人还在使用雅虎邮箱，一个是你，另一个是我奶奶。"

谷歌在电子邮件方面颠覆了雅虎。这种颠覆也可能出现在其他方面，比如提供新产品，可能是新技术的衍生品。提供新的商业模式，有了 Wind、Bird 或 Lime 这样的共享电动滑板车平台，你就不需要自己购买滑板车了。或者像 Gmail

这样提供了更有竞争力的价格。

Gmail 并不是唯一这样做的企业。优步颠覆了出租车行业。优步背后有什么伟大的科技吗？并没有。它只是简单地引入了以前无法获取的信息，对于优步来说，是关于供给和需求的信息：谁需要去哪里，以及你的周边现在有哪些驾驶员可以带你去。这种透明度对驾驶员比对乘客更重要，乘客不需要知道他们的车在哪里，只需要知道他们的车 5 分钟后就会到。但是对于驾驶员来说，定位到下单的用户，而不是绕圈、等待和浪费时间，是至关重要的。

爱彼迎（Airbnb）也同样颠覆了酒店行业。随着爱彼迎网站上成千上万套房产涌入市场，酒店不得不通过降低价格、提供更多便利设施和重视自助早餐来展开竞争。像优步一样，爱彼迎也没有尖端的技术。只不过使供给与需求之间变得透明，就创造了一个比原来简单得多的市场。

iPhone 的颠覆性不是设备本身，尽管它本身也很神奇，其真正的颠覆是生态系统：应用商店、开发者社区，以及商店的准入。这种模式始于 iPhone 之前的 iPod，你可以付费下载一首歌曲。

到目前为止，我们已经提到了三类主要的颠覆性案例：免费（Gmail）、市场（优步、爱彼迎）和生态系统（苹果）。还有几个类别，每个类别最终都创造了一个比以前更大的市场。

颠覆者都是麻烦制造者

颠覆者永远是新进入者。他们是一些没有什么东西可以失去的人，所以他们会冒更大的风险。当前的行业从业者不会去颠覆，尤其是市场领导者，因为他们可能会失去太多。

但这不是真正的原因。为了颠覆某件事，我们需要告诉自己，目前正在做的事情是错误的。对个人来说，这样做是很困难的。因此，想象一下，对组织来说会有多困难。这通常是不可能的，没有人愿意承认自己错了。如果有人提出一个颠覆性的想法，管理层会本能地说："这绝对行不通。"限制创新是一种对颠覆的"DNA 制约"，而不是组织因为担心失去太多。组织想要颠覆，根本无法从内部做到，他们只有通过投资那些会颠覆其市场的新组织或初创公司才能做到这一点。

在大多数情况下，创业者都是麻烦制造者，他们不认为任何事情是理所当然的。他们不是优秀的企业员工。正如柯达公司的工程师史蒂夫·萨森在负责第一台数码相机的项目时所说："做这个项目，只是让我不至于陷入去做其他事情的困扰。"麻烦制造者通常不符合大企业的 DNA，在很多情况下，他们只会离开。也许是因为他们想做别的事情，或者只是因为有人想摆脱他们。

在所有曾工作过的地方，我都被解雇了。最终，我总有自己想要的做事方式，而组织总是有组织的做事方式。因此，在某些情况下，组织会以"事情就是这样做"结束，而我会说这没有意义，应该反过来做才对。通常这就离结束不远了。我最长的职业经历是在康维科技公司（Comverse Technology），待了 11 年之后，以我被解雇而告终。最后，公司的一位高管找到了我。"我们不知道怎么就让我们最有创造力的员工离开了。"对此我回答道："你不是让我离开。你是解雇了我！"只要公司在发展，我就能在那里找到自己的位置，公司也能对付麻烦制造者。但是，一旦康维科技停止发展，像我这样的麻烦制造者就没有空间了。

我的祖父一生只有一份工作。而如今，我们的工作流动性很大。在康维科技的 11 年是我过往职业生涯中最长的一段，也很可能会是我整个职业生涯最长的一段。大多数组织会想着如何摆脱麻烦制造者，一般来说，我认为大多数组织应该摆脱三种类型的人：受害者①、戏剧女王②和不墨守成规者。但是要记住一点，大多数初创公司的诞生都是因为不墨守成规者。

颠覆创造更大的市场

好消息是，我们可以将颠覆定义为“市场供需平衡的改变”。根据定义，新市场比之前的市场大得多、好得多，否则供需平衡不会改变。颠覆的美妙之处在于机会远大于威胁。

在优步开始颠覆出租车业务后，这个市场增长了10倍。在这个10倍大的市场中，优步、Lyft、滴滴出行（中国）、Grab（东南亚）、Cabify（欧洲）和99Taxi（拉丁美洲）都有一席之地。如今，乘坐有牌照出租车（常规出租车服务）的人数是优步出现之前的3倍。因此，尽管世界上所有的出租车公司都在试图阻止优步进入他们的市场，但现实是，常规出租车获得的机会大于面临的威胁。

在线旅游票务也经历了类似的转变，它颠覆了旅行社，以前，他们可以简单地说一句“这是你的票”就结束了。没有价格比较，在互联网出现之前，怎么可能有？现在有了。

透明度比其他任何东西都更能制造颠覆。每个人都可以获得信息。最初，有人可能会担心公司的盈利能力会下降，但透明度往往会创造一个比以前更大的市场，一个需求更旺盛的市场。

有一些市场只是在简单地呼吁颠覆，这些市场往往是信息缺失的市场，是信

① 受害者是能力不足的员工，需要领导者拯救而不仅仅是指导。——译者注

② 戏剧女王是指那些可能会对某些情况做出夸张或过度情绪化反应的员工。——译者注

息不对称的市场，充斥着无用的法规。想一想那些你不知道付了多少钱或者你不知道自己要为哪些事情付钱的市场。

美国的医疗服务费用大概是德国的 5 倍，这并不是说美国的医疗服务质量更好，仅仅是更贵而已。显然，这是一个呼吁颠覆的行业。

TomTom 的 CEO 哈罗德·古迪恩（Harold Goddijn）曾经告诉我："如果你的市场可能会被颠覆，那它就会被颠覆。"关键问题是你是否会随之被打扰，或者你是否能受益于这个新扩展的市场。

我听到古迪恩的观点是在 Waze 创业的早期，当时我正试图跟这家地图和导航公司的 CEO 进行一笔易货交易。他想要我们在拉丁美洲的地图，而我在 2010 年向他提出的条件非常简单。"太好了，"我说，"如果你把美国或欧洲的地图给我们，我们就可以把拉丁美洲的地图给你，因为我们在美国和欧洲的地图还不够好。"这位 CEO 考虑了一下，但最终说："不，我们美国和欧洲的地图比你们拉丁美洲的地图更有价值。"对此我说："是的，你说得对。欧洲和美国对我们来说更重要，但你呢？如果我们不交换，你将会失去整个拉丁美洲。"

Waze 与 TomTom 的第二次对话是在 2012 年。当时，我们在美国和欧洲已经有了很大的影响力，而 TomTom 失去了他们在美国最大的用户：谷歌。TomTom 想要交通信息。

"好吧，把你们的地图给我们，我们会把交通信息给你们，"我说，我甚至扩充了提议内容，"我们还可以为你们提供地图更新服务，从而让你们与地图领域保持相关，如果你们愿意为我们提供实时的 GPS 轨迹，就可以改善我们的交通信息。"TomTom 再次考虑了一下，并再次拒绝了。"如果我们把地图给你们，而你们是一个免费的 App，我们这是在扰乱自己的市场。"这位 CEO 说。"你的消费者市场已经不存在了，"我回答，"现在有了 Waze 和谷歌地图，都是免费的。

你不免费，因此你的消费 App 无论如何都会死。”“是的，”这位 CEO 不情愿地说，他同意我的判断，“但我们不会扼杀它。”

他们并不孤单。一旦我们意识到 Waze 如何有效，就很清楚更多的用户会创造更好的数据，更好的数据会留住更多的用户，这是一个良性循环。关键的问题是，如何通过引入更多、更好的数据来加速“飞轮”的旋转。

虽然 Waze 可以创建自己的地图，但这需要时间。如果可以依靠现有的地图，只要更新它们并使它们保持最新状态，我们就可以发展得更快。这是我们与全球很多小型的或本地化的地图制作者进行关键业务拓展交流的内容之一。我们在拉丁美洲与 Location World 的合作伙伴关系就是其中之一。

所有的交流都是一样的。我会告诉他们 Waze 在做什么，如何通过众包信息创建地图，然后我会抛出一个提议。“为什么不把你们的地图给我们，我们会给你不断提供地图更新服务，出售地图和交通信息的收入我们分账。”通常，在我们自己的地图还不够好的地方，我们会采用这种策略。毕竟，如果我们已经足够好，就不再需要他们的地图了。最初的反馈几乎都是一样的。他们会拒绝。因为他们有资产，而我们没有，而且我们的系统还没有得到验证。“你说得对，”我会说，“我们的地图在厄瓜多尔、拉脱维亚、智利、哥伦比亚、以色列、意大利、马来西亚和一长串其他国家曾经不够好，但现在已经足够好了。在这里它也会变得足够好的，到那个时候这份提议就过时了。”双方还有更多的争论。“随着时间的推移，你将无法跟大企业竞争（诺基亚和 TomTom），当然也无法跟谷歌竞争，谷歌可以比你投入更多的资源在这个项目上。就保持地图更新而言，我们才是你们的未来。”

当这个论点也不起作用时，我就尝试最后一个。“你看，”我说，“这里有两个选择。第一，我的方案有效，并且 Waze 将在这里取得成功。如果是这样，你生存的唯一方法就是合作。或者第二，我的方案无效，Waze 没有成功，那这种合作也没有关系。你真的想让自己在市场中处于无关紧要的境地吗？而你原本是有机会做点儿什么的。”

最终，我们找到了很多数据合作伙伴，包括印度、巴西、拉丁美洲的其他国家和欧洲。此外，无数的车队管理公司跟我们签署了协议，跟他们的交易是“给我们 GPS 数据，以获得交通信息数据作为回报。”偶尔，这种易货交易不起作用，但他们愿意将原始数据卖给我们，我们将这些数据转换成非常有价值的交通信息。这些原始数据的成本实际上是很低的，一辆车的有效 GPS 数据每月成本在五美分到十美分之间。

现有的地图和导航公司最初对 Waze 不屑一顾。他们对我们说：“你们的产品根本不够好。”为什么？“你们没有跟我们一样的验证机制。”TomTom 的一名业务拓展人员告诉我。我从诺基亚那里听到了同样的说法。

他们的意思是，因为 Waze 的地图是通过众包方式创建的，所以没有办法知道是否有人在地图上插入了错误的数据。我给出了回应。“如果对很多人来说，这是一个存在问题的区域，他们会找到问题并解决它，”我说，“相反，如果这是一片农村区域，而且大部分未被使用，没有人会关心这个错误。”“这就是你们的产品永远都不够好的原因！”对方回应道。

颠覆促进业务的可持续发展

甚至 Waze 也可能有一天被颠覆。Waze 是一款面向驾驶员的 App。如果自动驾驶汽车成为常态，不再有驾驶员，那么我们就不再需要 Waze 了！

TomTom 如今对 Waze 有什么感觉？几年前我有机会见到 TomTom 的 CEO。他很开心地称呼我是“捣乱鬼”。“你为什么不是更生气了？”我问他。“如果颠覆将要发生，那它就会发生，我很高兴做这件事的人是你，”他回答道，“现在的市场更大了。事实上，你帮助我们不再专注于跟手机 App 竞争，甚至不去跟其他导航设备竞争。”

的确，当我们审视今天的市场时，导航领域的每家公司都比以前更赚钱了。比如 Waze 的手机 App，虽然运行完美，但还存在不足，很多人希望 Waze 在他们的车载大屏幕上运行。这为每家公司创造了一个更大的市场，拥有车载导航系统的汽车比以往任何时候都多。

对于那些可能面临市场颠覆的现有公司来说，如果它们的管理者能够接受变化并为之做好准备，那么公司就能更好地应对潜在的颠覆。换句话说，管理者认识到颠覆是不可避免的，能提高公司在未来市场中生存和成功的可能性。

打造可持续发展的业务需要考虑的问题有两个。第一个问题是 5 年后，什么事情会让我的公司变得过时？如果你能回答这个问题，那么其他人也能，而现在他们正在打造一家初创公司，这实际上会让你变得过时。如果你明白这个现状，就需要从今天开始朝着新的、颠覆性的方向努力。

第二个问题是你拥有的资产中，如果换一种方式，哪些资产可以变得比现在更庞大？如果你的资产中有一些能够以不同的方式应用于一个更大规模的业务，你今天就应该启动，但是要将它剥离出去，或者放在你的核心组织之外去做。你可以用以下两种方法：分拆出一家独立的公司；投资一家能够解决这些问题的外部初创公司。

我给你举一个例子。假设你开了一家咖啡店，就在本地，那个区域还有一些其他的咖啡店。你认为自己的浓缩咖啡更好，你靠卖咖啡赚钱，但是你周围的其他咖啡店却给他们的顾客提供礼品卡或 10+1 积分卡。

如果你完全改变自己的商业模式，卖一项预订服务会怎么样，比如一款“喝遍全世界所有想喝的咖啡”套餐？这是一种商业模式的颠覆。每天喝咖啡的人都会来找你，尽管他们可能会、也可能不会买你提供的其他东西。你也注意到，有很多人在你的咖啡店里办公，他们在那里待上几小时，只点一杯饮料，占用一把椅子和一张桌子半天时间，甚至更久。你的想法很明确：“我需要把这个地方留给其他顾客，我需要这些人多消费一些，所以我会把他们停留的时间限制在一小时之内。”

我建议用一种完全不同的方式来看待这种情况。你的顾客是为了特定目的而来的。你希望他们消失，而不是把这个目的变成你新的商业模式。但是，如果你增加更好的桌子、更好的椅子，再提供一个私密“电话亭”用来打电话，还有一台打印机，基本上是“共享办公室”所需要的一切，那会怎么样呢？你可以尝试不同的商业模式。例如，每日或每月固定费用。为你的用户提供一个电源插座和快速联网设施，你就找到了一种不同的方式来利用你的资产赚钱。

敢于颠覆，持续颠覆

为什么当前的公司不去颠覆自己的市场呢？我们可能认为，他们也许担心会失去太多的东西，但还是来分析一下吧。我们设想，他们在思考自己的公司，不是从业务上，而是从组织上去分析。组织会面临三大挑战：

- DNA：大公司的 DNA 中缺乏冒险精神。没有人会因为做一些容易的选择而被解雇。
- 缺乏创业者：记住，创业者往往是麻烦制造者，他们在大型组织中不会坚持很久，要么组织将他们解雇，要么他们自己主动离开。
- 自我：比如，你有一家价值 10 亿美元的公司，横跨 3 个地理区域和两条产品线，公司的最高领导团队由 5 位领导者构成（负责 5 张损益表）。

> 你想要告诉他们什么？你将在公司创建另一个部门来打造你的未来，而这个未来业务比公司的主要业务更重要吗？或者你正在打造另一张未来5年将会持续亏损的损益表？这其实是领导的一个困境：如果你认为这个新部门更重要，组织的现有其他部门就会出现问题。但是，如果它不重要，新的部门的资金将会被榨干，直到在未来的某个时候被扼杀掉。

我记得与某家公司CEO对话时，他告诉我，他认为自己的市场将被颠覆，他目前的产品在5年后将会被淘汰。“你终于明白了，”我说，“那你现在就可以开始改变了。”当他说“我做不到，我无法让管理层采取措施来解决这个问题”的时候，我很惊讶。我主动提出帮忙，我甚至准备去见他的管理层，但他却说：“你疯了！你会告诉他们，如果不改变他们就会死，那他们会抓狂的。他们都是非常受尊敬的领导者，你会告诉他们，如果不改变方向他们就没有未来。我绝不允许这样。”然后，他问我是否有其他建议。“是的，”我说，“去跟你的董事长辞职。”

当我们第一次为Waze融资的时候（种子轮），我联系了Telmap团队。不是因为Telmap本身，而是因为它的主要投资人。我们想，既然他喜欢这个领域，就有可能成为我们的投资人。

该投资人是Telmap的大股东，也是以色列本地地图制作商Mapa的大股东。因此，我们跟Telmap的团队碰面，包括该投资人和Mapa的CEO。我们以为他会对投资感兴趣，但事实证明他主要是想弄清楚我们之间是否存在竞争。

我们后来听说，Telmap考虑过为这个概念和我们3位创始人提供100万美元的支持。那是在2007年，在公司成立之前。有趣的是，在那个时候，如果这个出价能让我们实现自己的梦想，我们可能会答应。这是我第二次向Telmap做融资推介。第一次是在2006年，当时我向CEO提供了将众包交通信息植入他们地图的机会，他说交通信息是不可操作的，因此没有人关心交通信息，并拒绝了我们。

我们的第三次见面是在 2009 年，此时我们已经在以色列推出了 Waze，并拥有数万名用户。当时，Telmap 通过当地移动运营商拥有了超过 15 万名的用户。我们向他们提出了一个提议，“你们为什么不与我们分享用户的 GPS 数据，我们可以给你们提供交通信息”，并借鉴了我们跟 TomTom 的讨论。不过，Waze 还很年轻，Telmap 看不到即将到来的革命，并再次予以拒绝。

Telmap 没有将我们视为竞争对手的一个原因是，尽管我们在以色列的地图在很大程度上已经足够好并且是最新的，但在其他很多地方，它们还不够好，而且在 Telmap 办公室的所在地存在一个小故障。在靠近 Telmap 的赫兹利亚的办公室，有一个 T 形交叉路口，Telmap 所在的建筑在 T 形路口左边的第一个大门里。由于我们还没有添加该街道的所有门牌号，因此，当人们使用 Waze 前往 Telmap 时，Waze 会告诉他们“向右转”，而不是“向左转”。CEO 告诉我们:“这还不够好，需要完美才行。”他以此证明 Telmap 的决定是正确的。

2010 年，我们进行了最后一次交流。我们开始着眼于国际市场，Telmap 在墨西哥有一些用户。我们打算利用 Telmap 的装机基础在那里扩展业务，所以我们与 Telmap 接触并探讨可能的合作。这一次他们感兴趣，但提出了一个条件:在以色列不要与他们竞争。也就是说，不允许我们在自己的后院玩耍。而此时，我们在以色列的用户比 Telmap 多，我们增长很快，我们肯定“足够好”，而 Telmap 的用户却在流失。我们当然不能同意这个条件，于是拒绝了他们。

对世界上几乎所有科技颠覆者的第一条反驳总是:“这绝对行不通。”不管是宝马对特斯拉，还是微软批评早期的 iPhone，或者是百视达认为“无论奈飞能做什么，他们都可以做得更好”。在任者根本不认为创新者正在做的事情会成功，直到他们看出端倪，但为时已晚。

关于颠覆和 Waze 的最后一点说明。我们启动 Waze 是为了解决交通问题，帮助驾驶员避开交通拥堵，那是在 2007 年。但是，我们如今仍然会被堵在路上，堵塞情况甚至比 2007 年还严重。所以，在某种程度上，我的使命失败了。也许更好的说法是，我还没有完成使命。

最近，我收到一项指控，说 Waze 实际上制造了更多的交通拥堵，因为它赋予了驾驶员开车的权利，即使是那些害怕开车的人。如果这是真的，我甚至对 Waze 的创建感到更高兴了。给人们赋能肯定比节省时间的回报更大！

这是否意味着现有的公司注定要失败？当然不是，它们也在不断发展。以微软为例，他们一开始的赚钱工具是 DOS，之后是 Windows、Office，现在已经完全不同了。他们能驾驭颠覆的浪潮吗？困难会更大，但如果他们对业务进行剥离或者投资那些颠覆者，这就有可能了。

如何做好难而正确的事
Fall in Love with the Problem, Not the Solution

- 颠覆与技术无关，而是与改变行为模式、改变市场供需平衡相关。
- 颠覆的三大手段：免费、创造新市场和建立生态系统。
- 颠覆者几乎总是创新者，他们的特质是质疑任何理所当然的事情。
- 透明度比其他任何东西都更能制造颠覆。因此，信息缺失的市场呼吁颠覆。
- 颠覆者需要习惯这样的反馈："这绝对行不通。"

Fall in **Love** with **the Problem,** Not the Solution

04

每个阶段只专注做一件事

在每一个阶段做对一件事，
而且只能做对一件事。

最重要的事情是处理好重中之重的事情。

——斯蒂芬·科维（Stephen Covey）

如果你找不到PMF，公司就会死。但是稍等。如果你不融资，甚至无法生存；如果你没有商业模式，没有人会投资；如果你不能带来用户，那么找到PMF有什么用？本章试图理清初创公司的不同阶段，尤其是如何以及何时从一个阶段进入另一个阶段。对于每一个阶段，关键词都是专注：你必须只做本阶段该做的事情，而不要处理其他任何事情。

总体阶段，警惕注意力被分散

当你启动“坠入爱河”的创业周期时，会从多个角度考虑你的新公司：问题、解决方案、市场、商业模式、资金和GTM。当你已经在脑海里组织好了这一切，那就可以制订计划了。

然后你开始跟不同的人见面。一开始，这些人是朋友，也许是同事或商业人士。我们所说的“总体阶段”可能是这种情景：在启动的早期，你试图抓住脑海中出现的一切（公司、团队、产品），结果，你的注意力被分散在各个不同的地方。

我们已经确立了一个潜在的假设，而你在这个时候遇到的很多人都会说你的创意是行不通的，他们可能有各自的理由。听起来就像这样：

- “我没有这个问题”，听起来就像是“没有人有这个问题”或者“我认识的人里没有任何一个面临这个问题”。
- “这个解决方案不能解决问题，它需要有……”或者“事情没那么简单”。
- “是这种商业模式的话，我不会为它付费”，或者抽象概括为“没人会为它付费”。
- “我已经见过一些做这件事的初创公司了”。
- “谷歌马上就能做这个”，或者“我的朋友是某某公司的总工程师，他们已经在做这个了”。

那么，你的下一步是为自己的主张寻找更多的支持，解决每一条异议，并验证问题、解决方案、市场、商业模式和竞争。这个时候，你认为自己已经准备好了创业故事，打算去见投资人。

我参与创办了很多初创公司，可以说这些现象通常都会有。你验证了一部分，得到一些主要答案，然后接着验证下一部分。现在，所有这些问题都是理论上的，我们知道“理论”和“现实”的差别在：现实中的问题比想象的要大得多。

因此，在你看来，你已经对 PMF、GTM、商业模式、规模化、增长路径、全球化等诸多挑战有了很好的答案，但是你还没有验证任何一项。然后，你跟投资人见面，他们真的会给你带来困惑。他们会对你说一些这样的话：“我们认为这种商业模式行不通，所以我们放弃这个机会。”他们可能是对的，也可能是错的。这都没关系，主要是你实际听到的跟他们的真实意思完全不同。比如，你听说“一旦你找到了商业模式，我们就会投资”，但他们并没有这么说。他们只是简单地拒绝了，或者“你还没有用户，我们等等看”。你也许还听说“如果能实现 1 000 名用户，我们就会投资”等。

困难之处在于，不要误读他们的观点。他们在拒绝，你听到的是“如果你给我们展示用户，或付费用户，或在这个市场和那个市场运行的版本，我们会投资”。问题是，你的计划不再那么确定了。如果他们说商业模式可能行不通，你现在需要证明吗？或者你应该坚持寻找 PMF 是排第一位的计划吗？或者，如果他们说在以色列没有市场，你应该在美国加州启动业务吗？你应该改变自己的计划吗？

这就是你困惑的地方。那么，你需要做些什么呢？产品？获取用户？验证商业模式？揭示竞争没有那么恐怖？你深入研究过其中某个领域吗？还是并行处理所有的问题？如果你只能做一项，该是哪一项呢？

这里有一个更糟糕的场景：你已经完成了前种子轮或种子轮融资（第一次早期融资），并且你正在寻找 PMF。你还没有找到，但是你认为已经很接近了。你跟投资人会面，以推动种子轮融资，他们提出了与商业模式、竞争、增长路径和全球化相关的各种建议，你认为自己需要去解决他们关注的事情吗？并不需要！你的工作是交付结果：一款产生价值的产品或服务而不是博取投资人高兴。但是稍等。如果你交付了，他们会不高兴吗？你应该告诉他们：“这是我的计划、PMF、商业模式、增长路径以及 5 年后我们将走向全球。”你必须让他们相信，你知道自己在做什么，如果你实现了自己的计划，他们会很高兴的。

当你对自己的计划有了信心，包括各阶段的时机和顺序，尤其是哪个阶段应该先启动，“总体阶段”就结束了。然后，没有人能再让你分心。你已经为自己的假设收集了足够多的反馈，你确信事情将会这样发展。对与错并不重要，你只需要在这个阶段坚定信念。

回想一下，这是一段失败之旅，之后你会验证自己的假设。你正努力在很多方面达到令人欣慰的水平，比如验证问题、对解决方案的调整、商业模式、GTM、竞争、预算等方面，这样你就可以回答第一和第二层的问题了。[①]

因此，如果有人问你竞争方面的问题，你可以指出三四个潜在的竞争对手以及你与众不同的地方，不是更好而是不同。或许有人问你商业模式的问题，你可以说自己有一个 Excel 表，上面有 5 年的预测，最终公司会从每位用户那里每个月赚一块钱。你不需要执行任何东西，只需创建演示幻灯片、Excel 表格和其他支持文档。

偶尔，你会跟自己的用户一起验证一些东西。比如，如果你认为自己可以在廷巴克图地区通过 Facebook 吸引用户使用一款停车解决方案，那就试试吧。在那里投放一条广告，让它看起来像是市面上已经有了这款产品，看看有没有人关注。不用搜索了，廷巴克图位于非洲撒哈拉沙漠以南的马里，那里有 Waze 的用户。

专注于各个阶段

真正的计划很简单：坚持按照各个阶段的重点安排工作。

2009 年，在 Waze 创业的早期，我们希望公司的商业模式能得到确认。当时，我们给人的印象是，我们会出售数据、地图，尤其是交通信息，因为这些信息对交通出行有极大的帮助。

我见过很多地方的市政总工程师，我问他们：“如果我们可以告诉你在城市

① 第一层是表面，即问题本身；第二层是问题的直接原因；第三层是问题的根本原因，即本质。——译者注

的每一处红绿灯左转需要多长时间，每一天、每一小时都实时更新数据，这样你就可以重新调整交通控制系统，大大改善城市的交通状况，你觉得怎么样？”

另外，我还见过一些物流公司，并告诉他们：“我们的交通信息可以帮助你改善运输时间和燃油效率，让每辆卡车可以多运送 15% 的货物。”以色列的一家公司喜欢这个想法。“如果将 Waze 安装在卡车驾驶员专用的平板电脑上是否可行？”他们问。当时是 2009 年，所以这里所说的平板电脑，更准确地说，是运行 Windows 移动操作系统的 PDA。

我们也很喜欢这个想法，因此交易几乎就达成了，迄今为止最好的：我们不需要为他们做任何事情。我们刚刚启用了无倾斜功能，因此对于 PDA 来说，即使设备是垂直的，显示器也保持水平，他们准备按每辆卡车每年的使用情况向我们支付费用。钱不多，但还是很不错的：每辆卡车每年 10 美元。对于一家拥有 5 000 辆卡车的物流公司来说，一年就是 5 万美元。到目前为止，听起来很棒，这家公司开始试用。两天后他们反馈说不管用。“什么不管用？”我问。“Waze 让我们的卡车驾驶员开到了‘卡车禁行’的道路。”或者“通过天桥时没有足够的间隙。我们希望你的地图上包含这些数据。”

我们回到绘图板前，意识到我们的设计不能提供这些数据。我们提供的是一款面向通勤人员的 App，卡车驾驶员关心的信息与通勤人员根本不一样。

跟该公司的沟通中，我们的回应是，我们无法满足他们的要求，因为我们没有数据。这是一个富有挑战性的互动：我们的商业模式是出售地图和交通数据，而这家真正的用户愿意为此支付很多钱。这家物流公司坚持不懈。他们甚至提议将年费提高 10 倍，我们仍然拒绝了。

然后他们又提出了一个很诱人的报价。“如果你们能创建一个针对送货人员的行程算法，用于处理有多个停靠点的路线，以应对一名送货人员需要在一天内拜访 20 个不同的地方，我们会将费用再翻一倍。”每年 100 万美元，因为以色列很小，我们意识到实际上可以做到，我们可以自己绘制所有高架桥和地下通道的空间，并从其他来源获得卡车禁行的数据。送货人员的行程算法看起来不费吹灰之力就可以完成。

我们召集了一次管理层会议，并征询大家意见：“我们应该接下这笔业务吗？”一个声音说：“开发起来问题不大，每年 100 万美元。”但另外一个声音说：“我们的任务是帮助通勤人员避开交通拥堵，因此我们应该继续专注于解决通勤人员的问题。眼下，我们正处于全球化的阶段，而不是赚钱的阶段。”争论了好几天，赞成的观点是：“注意，这只是一家卡车运输公司，美国有 400 万卡车驾驶员，如果他们所有人每年支付 100 美元到 200 美元，这是一笔大生意。”反对的理由是：“如果我们改变价值主张或目标受众，那么这就是一家新公司或者公司进行了转型，这基本上意味着我们不再认定自己正在解决的问题。”

我们最终拒绝了卡车驾驶员、拒绝了骑自行车的人、拒绝了步行的人、拒绝了公共交通、拒绝了所有非通勤驾车的人。2009 年可能达成的这笔每年 100 万美元的交易，金额高于 Waze 在 2009 年、2010 年和 2011 年的收入，与我们在 2012 年和 2013 年实现的收入处于同一数量级。

这些年来，我给很多人讲过这个故事，总是有人问我：“为什么不两者兼顾？”答案很简单：专注。一家初创公司要想成功，需要在每一个阶段做对一件事，而且只能做对一件事。为了增加这样做的可能性，需要对其他所有事情说不。专注不仅仅是我们在做什么，还包括我们不做什么！这些不做什么的决定都是很难拒绝的。

最重要的事情是处理好重中之重的事情。公司最重要的阶段是什么？是产品开发吗？融资？获取用户？业务拓展？答案：在这些阶段中，每一项在完成之前都是最重要的，然后就不是了。专注是指一次只做一件事。

当你在融资时，没有什么比这件事更重要了。钱进入银行账户的第二天，融资工作就无关紧要了（直到下一轮）。当你第一次打造产品时，团队中最关键的人是产品负责人。当产品完成并找到了 PMF 之后，随着公司转向市场营销或业务创新，你甚至可能不再需要同样的产品部门。同时我想说的是产品开发永无止境，这是真的，一旦产品被开发出来，实现了 PMF，为用户创造价值的主要阶段就完成了。

在科技领域之外也是如此。一旦你知道如何骑自行车，就不需要辅助轮了，它们已经不再重要。

通过分阶段运营保持专注

这种直接专注于目标的做法被称为“分阶段运营”。首先要决定专注于什么，这意味着首先要决定最重要事项。如果你不明白这一点，你就不能进入下一阶段。战略和领导层决定最重要事项，而实施就是履行承诺。

以融资为例。对于初创公司来说，这通常是最具挑战性的阶段。如果在这个阶段失败了，公司可能会倒闭。这与公司生命中的任何其他阶段都完全不同。这个阶段需要投入非常多的注意力和精力，以至于在这段时间很难去做其他事情。肾上腺素飙升，然后就结束了。我们有时把这个阶段视为 0 或 1，但事实上处于两者之间的情况也很多，比如融资的金额不及预期。

初创公司融资就像在启程之前给汽车加油一样，如果你没有足够的燃料，旅行就结束了。但旅行的目标不是加油，目标是去某个地方。给油箱加满油仅仅是必须经历的事。一旦得到了所需的燃料，你短期内就不需要再为此担心了。

现在，在创业旅程的融资阶段，你会从一位投资人转向另一位投资人，不停地听到不，不，不。不知不觉之间，你已经在这个阶段度过了 6 ～ 9 个月。最终你完成了一笔交易，第二天，你在这 9 个月中所经历的一切，包括所有高度紧张情感的投入都不再重要。现在你必须进入开发产品阶段。

对分阶段运营方式的另一种解释是：这就像驾驶手动挡汽车。如果你换挡时不踩下离合器，变速箱就会发出尖叫声以示抗议。当你的初创公司换挡时，你必须将所有事情进行重新调整。首先要设定新的首要任务，即新的最重要事项，其次是针对人员及其角色进行调整。

寻找产品市场契合点阶段，简单是关键

初创公司的战略总是从 PMF 开始，我来给你解释一下：如果找到了 PMF，你就能活下去。如果找不到，你就会“死”。在找到 PMF 之后，不同阶段的顺序可以改变，每个阶段需要 2 ～ 3 年，有些阶段可以并行完成。

在找到 PMF 之前，你能进行规模化吗？好吧，试想一下，你可以引入几百万用户，但是你的产品并没有为他们创造价值。在这种情况下，引入的用户只会流失。在找到 PMF 之前，你能确定一个商业模式吗？事实上很难做到。即使你说服某人购买你的产品，如果你随后没有提供持续的价值，他就会流失、取消付款，等等。

在每个阶段，公司不同的部门以及团队不同的成员将是最重要的。例如：

- 如果你试图找出货币化的方法，那么你的首席营收官将是最重要的。
- 如果你正致力于扩大规模，首席营销官将是重中之重。

一旦你完成了一个阶段，那么一些重要的职位在公司里可能不再需要，或者

可能处于不同的重要级别。那个人可能会转换成一个新的角色。阶段切换是引人注目的，因为正在改变的是最重要的事项。一个不可避免的衍生结果是，有些人对公司来说变得更加重要，而另一些人则变得不那么重要，即使就在一天前，他们还在深度参与初创公司的最重要事项。

当我第一次提出这个观点时，人们的第一反应会是“你说要花 7 ～ 10 年才能搞清楚这些阶段是什么意思？我认为时间会短得多，按照我的商业计划，我将在 5 年内挣到 1 亿美元”。好吧，想一想所有在过去 40 年里创立的科技巨头，包括谷歌、亚马逊、奈飞、特斯拉、Facebook 和其他 50 多家公司。然后，了解一下所有那些成功科技公司的总价值。有多少是在他们的第一个 10 年创造的？答案是 4%。绝大部分价值（96%）是在他们找到 PMF、商业模式和增长路径之后产生的。

这一阶段至关重要，值得重申：公司发展过程中最重要的阶段是 PMF。如果你为用户创造了价值，那么你就走上了正确的道路。否则你就会“死”。PMF 可以通过一个关键指标来衡量：留存率。偶尔会有其他的关键指标，比如月活跃用户数（MAU）或其他用户使用指标。

在这个阶段，你应该把所有的精力集中在为用户创造价值上，其他都不重要。在其他方面，比如业务开发或营销，几乎什么都不应该做。用一笔小的预算，打造出一家精益组织。在此阶段，产品的整个路线图侧重于提高留存率，最有可能从转化率变为留存率。这一阶段如此重要，我将在第 9 章用整整一章来讲述。

同时出现多件最重要事项

在同一阶段，有可能出现多件最重要事项。当然，寻找 PMF 是关键，但这可能还不够，你可能需要同时解决留存率和转化率的问题，或者你在找到 PMF 之前可能需要筹集更多的资金，或者你已经在国内找到了 PMF，但是在其他地区面临独特的挑战，需要对产品进行调整或者全部重新设计。，比如中国和美国不同的 App。

另一方面，想要同时做多个阶段的工作几乎总是会导致灾难，尤其是在公司的早期阶段，尽管有时这是不可避免的。通常状况是，你在不同的工作上花掉了太多的钱，而你仍然没有找到 PMF。如果你没有按顺序分阶段运营，就很容易过早花掉所有的钱。此外，你会感到提高组织能力方面的压力，比如营销、销售、支持。所以，你不仅仅是在增加支出，也在增加支出的承诺，而且很难停下来。

如果之前你的公司有10个人，现在是20个人，每月的烧钱速度就翻了一倍，资金使用的时间缩短了50%。如果这种情况发生在找到 PMF 之前，你不得不回归基本，但你会发现钱已经不够用了。如果你没有分阶段运营，那么你就在乱花钱，没有做什么实际的事情，也没有取得进展。记住，如果你没有找到 PMF，你很可能无法筹集更多的资金。如果是在种子轮，投资人喜欢 CEO 和创业故事就足够了，随着公司变得更加成熟，你也要让你的投资人相信这位 CEO 能够实现这个故事。这已经不是故事的问题了，而是要取得进展。

一个重要的警告：如果你无法找到 PMF，可能需要再完成一轮种子融资（不是 A 轮或 B 轮）。然后出去跟潜在的用户交流，告诉他们你要做什么、你会收取什么费用。当事情朝着正确的方向发展时，你通常会有感觉。但是在这个阶段，继续前进并打造一些东西是错误的。

注意不要过早招聘

如果你正处于寻找 PMF 阶段，没有理由招募一名首席营销官或首席营收官。当优秀的人无事可做的时候，将他们招募进来就是浪费时间和才能。他们会离开的，或者更糟的是，他们会努力去实现自己的业绩目标！

比如，业务发展副总裁将会与一些公司建立合作关系，但合作内容和结果是你现在不需要的，这将减缓你找到 PMF 的速度。假设这位业务发展副总裁引入了一家渠道合作伙伴，对方能够带来数百万用户。接下来会发生什么？最有可能的是，这些用户将会流失，因为产品还没有进入市场，渠道合作伙伴会很生气。

当你有了自己的创始团队时，这一点就更为严重。问问你自己：我们现在真的需要这个职能吗？在很多情况下，会有投资人向你施压，要求你加快行动，招聘大量员工。**你应该只招聘那些你当前需要的人，并且确切地知道，你期望他们在接下来的 90 天里提供什么。**

对一家初创公司来说，最危险的时刻是你认为自己已经找到了 PMF，而实际上并没有。但是你没有意识到这一点，因此你会说："好了，到了销售的时候了。"然后你开始在你的初创公司里搭建销售队伍。你招募了一名销售副总裁、一名首席营收官和一群销售人员。你现在的烧钱速度是以前的 3 倍，公司的资金很快就会消耗完。然后，用户因为产品不够好而不满意，你又转向研发部门。但是，你花了 6 个月时间搭建的销售队伍花掉了公司三分之二的资金，并且他们因为用户不满意而不想销售你的产品，你现在该怎么办？这就形成了一个恶性循环：你的开支太大，销售人员没有东西可卖，你又很快用完了资金。当你意识到这一点并采取行动降低烧钱速度时，通常已经太晚了。

在招聘任何一名销售人员之前，你需要对产品进行一次又一次的迭代。在此之前，CEO 会做一些销售工作来接触市场，以获得反馈，但对于打造销售队伍，或者更重要的销售机器（销售团队和销售机制）还为时尚早。必须首先找到 PMF。一家初创公司的前 5 笔左右的交易，尤其是 B2B 产品，通常由 CEO 亲自完成。只有在这些初步销售实现之后，你才应该考虑建立一支销售队伍来复制这一过程。

你的最重要事项会根据你所处的阶段不同而不断变化。如果你需要招聘两名真正优秀的工程师来开发产品，那么招聘他们就是最重要事项。

简单是关键

找到 PMF 会产生价值。但是正如我上面提到的，要做到这一点，你并不需要实际打造一些东西。我曾经听说，如果完成一笔交易需要下载 App，78% 的美国人会放弃。暂且假设数据有偏差，但即便如此，这一过程中的每一步都增加了复杂性，而复杂性会给用户制造更多的障碍，只会失去更多的用户。

与用户（以及潜在用户）交流，他们会告诉你，你们公司要完成的目标是否是一个对他们来说很重要的问题，一个他们愿意付钱去解决的问题。这将给你一个最清晰的提示，即这个问题是否值得去解决。比如，交通拥堵是一个大问题。如果我一开始就告诉你，可以帮你解决这个问题，甚至不给你看产品，你就会表示认同。

更具挑战性的是确保价值的获取渠道足够简单。你的产品在某些方面的技术和功能，并不意味着你的用户知道如何做这些。产品技术可能太复杂了。实现简单化就需要迭代。你可能认为，在使用产品之前进行注册是个好主意，毕竟，为了营销和广告目的，你希望获取用户的数据。但是如果你因此失去了 50% 的用户，因为用户不知道注册之后能干什么，还不愿意分享他们的个人信息，或者仅仅因为注册流程很长，那么你打造的就不是一款简单易用的产品。如果这是一款 B2B 产品，你刚刚与一家用户达成了一笔 10 万美元的交易，那么通过现场培训来解释如何使用该产品可能是没问题的，但对其他人来说，尤其是在消费者领域，占据主导地位的是简单易用，否则没有人会用。

想想 10 年前拿到一部新手机：你打开盒子，里面有一本厚厚的手册，手册下面是一部手机。想想拆开一部 iPhone 手机的盒子，里面根本没有说明书。这就是简单！（详见第 8 章。）

我承认，阶段的切换可能会令人沮丧，因为你刚刚实现目标，你有一款能创造价值的产品，每个人都很高兴。然后你不得不卷起袖子，从头再来。尽管每个人都对你目前所取得的成就非常满意，但这与下一阶段的旅程可能无关。是否了解如何管理这种过渡，可能意味着成功与失败的区别。

不要碰到病毒

2009年，一款名为Bump的移动设备产品成为有史以来增长最快的App之一。到2011年，Bump已经在苹果有史以来最受欢迎的免费iPhone App清单中排名第八。红杉资本和安德烈森霍罗威茨等知名投资机构也加入了进来。Bump入选了《时代》杂志2013年“50款最佳安卓应用”。同年，该App的累计下载量达到了1.25亿次。

然而，到2014年年初，这款App已经停止运营，彻底从iPhone和安卓手机里消失了。发生了什么？事情很简单：Bump没有找到PMF。Bump是一款让人容易上瘾的App：你可以通过两部手机碰撞的方式来交换联系信息和照片。它独具魅力、易于使用、充满乐趣。

在后来的版本中，你可以用手机与键盘碰一碰，来实现与电脑分享照片。但是，你没有理由继续使用它。Bump的价值非常有限，用途过于单一，只能做一件事。无可否认，这件事做得很好，但还不够。

Bump的优势是传播，它可以像病毒一样传播开来，但这不足以弥补产品的缺点。不过，也不全是坏事。Bump于2014年被谷歌收购，团队并入这家搜索引擎巨头，并在那里启动新的项目。

为什么Bump对顶级风险投资人如此有吸引力呢？嗯，我们已经明白了创建一家新公司是一段失败的旅程，每个阶段本身也是一段失败的旅程。现在，把这段旅程想象成登山。登上顶峰是很困难的，你尝试了很多不同的方法，直到你到达最高处。只有那时，你才会意识到这里不是顶峰，而只是通往顶峰路上的一座山。但是只有当你登顶第一座山时，你才能看到顶峰。所以，你重新集中精力，开始继续攀登下一座山，并且意识到这仍然不是顶峰，在这座山后面还有另一座更陡峭、更难攀登的山。

虽然找到 PMF 至关重要，但最困难的阶段是实现增长，如何发展用户。这就是 Bump 如此吸引人的原因。他们找到了发展用户的方法，在某种程度上，他们走了一条不同的路径爬上了顶峰。潜在的假设是他们最终能够明确自己产品的价值所在。然而，当他们找到一种方法，能够使产品通过病毒式营销迅速传播时，他们认为这是一个巨大的成功，就像是中了大奖一样。但这种成功反而让他们陷入过度依赖病毒式传播、忽视产品价值的困境。

增长阶段，调整你的“幸运星”

要成为市场领导者和独角兽，你需要非常幸运地将群星连成一条线（见图 4-1）。

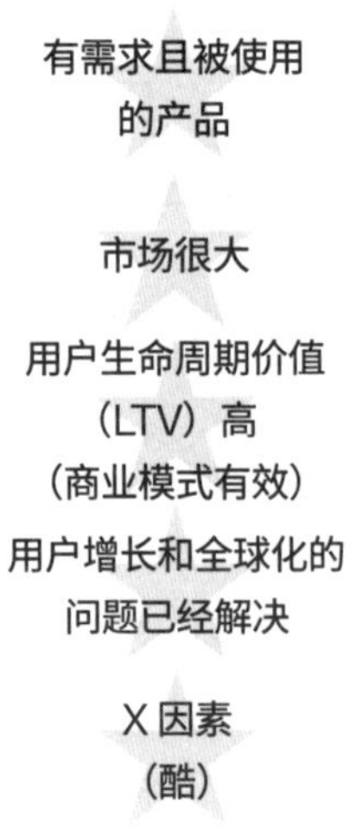

图 4-1　成为独角兽的条件

看似相当简单的事情，实际上要复杂得多，因为创业初始的时候，这些星星处于一团混乱的状态（如图 4-2）。

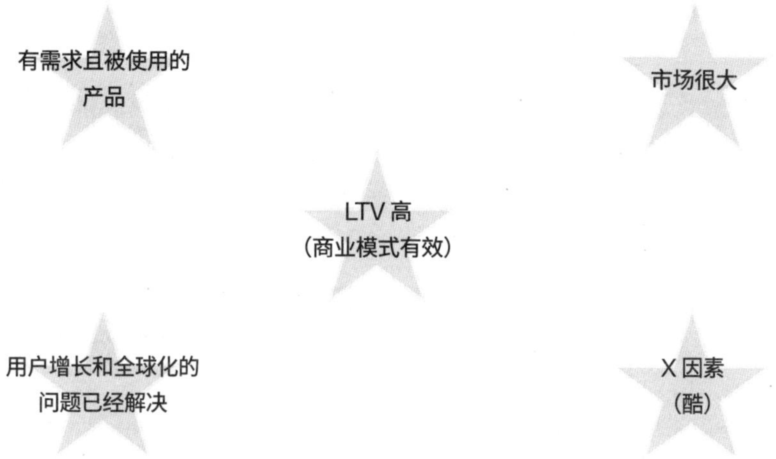

图 4-2　创业初始的状态

将这些星星排成一条线的难度在于，它们中的每一颗都很复杂，需要长期、大量的努力，在很多情况下，这本身就是一次失败之旅。调整星星的位置必须逐个进行。每颗星星代表失败之旅的一个阶段。你稳定好一颗星星，然后继续下一颗。与此同时，你必须观察前面的星星，以确保它们不会错位。

在找到 PMF 之前，你根本无法进入下一颗星星的启动工作。哪些阶段先出现，哪些阶段后出现？在我年轻的时候，我的父亲曾经告诉我，变革只有一个理由，那就是最终可能会成功。在找到 PMF 之后，大多数的 B2C 公司会试图找到实现增长的方法。如果他们成功了，他们将能够基于增长进行融资，并可能相对较快地成为独角兽。如果没有成功，他们会继续努力寻找适合的商业模式，这样他们就可以用收入来支撑增长。B2B 的公司在增长之前需要找到商业模式。在某种程度上，有时寻找商业模式可能是寻找 PMF 的一部分。

如果对 B2C 公司来说，主要的衡量指标是留存率，那么对 B2B 公司来说，则是用户是否会再次购买。这个指标表明用户黏性有所提高，比如在试用后购买或将协议续签一段时间。第二次合作表明你已经找到了 PMF，续签协议相当于 B2B 公司的留存率。

至于全球化，这就看你在哪里创业了。如果你在一个拥有巨大市场的国家创业，比如美国、俄罗斯、巴西、日本、中国、德国、印度尼西亚或印度，你不需要考虑向国外扩张的战略，至少现在不需要。市场足够大，在未来 5 年，对于“我该去哪里”的问题，答案都是“在这里”。不过，如果你的公司在以色列、瑞典、爱沙尼亚、荷兰或其他小国，那么尽早启动全球化更为重要。身处一个小市场时，你没有太多的选择。你需要在第一天就考虑全球化。事实证明，在很多情况下，来自小国的初创公司能够更快地走向全球。

调整星星的位置是一个缓慢而费力的过程。你不可能一次全部解决，你必须处理完一个，然后才能继续下一个。此外，当你在调整它们的过程中，记住星星一直在移动。一旦你改变策略，将公司的重点放在了新的旅程上，由于重新调整工作重点，服务水平或用户满意度可能会有所下降。好消息是，这个问题不会太大，所以即使失去用户，也不会很多。这可能发生在你走向全球化的过程中。如果你进入一个比原来市场大得多的新市场，你可能会因为不再专注而失去在原有市场的影响力。

使用频率

对于面向消费者的产品而言，一旦你找到了 PMF，通常下一个阶段就是增长，而使用频率就是成功的关键。如果你的产品使用频率是一个月几次或者更多，那么你的目标应该是在 3 个月后有 30% 的用户留存率。也就是说，对于一月份首次使用该产品的所有用户，到四月份，其中的 30% 应该还在使用该产品。

这种情况很不错。如果你已经接近了这个数据，那么还有改进的空间，你很可能会达到。但是，如果你只有3%的留存率，那还没有达到目标，你还有很长的路要走。虽然你可以随心所欲地处理数字，但你无法欺骗用户：如果你不提供价值，他们就不会回来。

使用频率这个指标如此强大，原因有很多。第一，如果人们经常使用你的产品，很明显你在为他们创造价值，因此你可能有更高的留存率和更大的机会找到PMF。第二，你的增长也很可能得到解决，因为有了口碑，每次人们使用这项服务时，都是一个向别人传播的机会。你跟别人一起在车里，他们看到你使用Waze，就会问："那是什么？"你告诉他们，他们也会上瘾。你每次开车都使用Waze，也就有了很多分享的机会。对Moovit来说，情况完全一样。人们在公交车站等车，使用Moovit的人会说："公交车3分钟之后就来了。"其他人会问："你怎么知道？"

如果你的产品使用频率很高，一旦你找到了PMF，增长就是你下一个阶段的工作。但是，如果你的产品使用频率很低，那么你就需要跳到商业模式阶段，而不是增长阶段。为什么？你总是需要获取用户，但是产品没有口碑。你需要花很长时间来找出增长的方法，但是公司可能没有足够的资金来支持。如果你既有口碑，又有使用频率，那找到增长方法所需的时间更短。

如果你储备了足够3年使用的资金，即使产品的使用频率很低，你可能仍然能够实现增长。但是如果没有产品口碑的传播，那么你可能需要付费来获取用户。更可能的情况是，你将有12～18个月的过渡期，在此期间找到商业模式，这样就可以筹集更多的资金，然后进入增长阶段。

想想你第一次是从哪里听说Waze、谷歌、WhatsApp、Facebook、优步及其他常用App的？超过90%的人是"有人告诉我"。这就是口碑的力量。实际上，口碑只会发生在那些使用非常频繁的服务或App上。

在 B2B 业务中创造价值

我对“商业模式”的简单定义是：用户付费从你这里得到什么？以及付多少钱？一般来说，这两个问题必须与你创造的价值联系起来。根据经验，你的收费可以是你为用户所创造价值的 10% ～ 25%。

所以，假设你能帮企业用户省钱。如果你每年能为他们节省 100 万美元，那么这笔交易的金额应该在 10 万～ 25 万美元。模型本身（用户付费获得的服务）应该足够简单、易于解释，并有望随着时间的推移在用户、使用等方面得到改善。

构建商业模式前要思考的 3 个问题

- 如果是这种服务模式，市场足够大吗？
- 能实现盈利吗？
- 这种模式在经济上合理吗？（也称为单位经济学）

购买者的心中会有以下准则：价值与价格的比例是否合理？如果合理，购买者应该愿意尝试你的产品。如何量化呢？问问你自己：你承诺会为你的用户做些什么？为他们赚钱？省钱？缩短他们产品进入市场的时间？这些都有价值。

作为 B2B 软件，FairFly 正是这样做的。它帮助财务经理衡量和监控公司的差旅支出，可以为他们节省高达 10% 的差旅预算。对于一家大企业，可能每年有数亿美元的差旅预算，因此可以节省数千万美元，这就是 FairFly 创造的价值。价值主张非常简单，商业模式也是如此：如果我们帮你省了 X 美元，你就会分给我们一部分。如果你正在开发一款后端软件系统，它将帮助用户的销售额增加 100 万美元，那么你就有可能获得其中的 10% ～ 20% 作为服务费。

你可能认为浮动的定价有利于吸引新用户。比如，你可能会经不住诱惑，尤其是在业务刚开始的时候，向用户提供一个浮动价格，其金额会根据你为该用户节省的费用的增加而增加。CEO 们会告诉你："我喜欢这样的定价方式，大家分担风险。如果你不创造价值，就什么也得不到。"但是你潜在用户的 CFO 会更加谨慎。"你是说我不知道下个月会付给你多少钱？不，我要固定费用的定价方式，我想知道每个月付给你多少美元。如果我们节省了更多的费用或完成了更多的销售，那么我们可以对这笔交易进行重新谈判。"

在 B2B 世界中，每笔交易都会略有不同，经过一段时间之后，你才开始看到相同类型的交易出现。有些是固定费用，有些是风险回报型，有些是有费用保底或封顶。随着时间的推移，收费模式将变得更加直观，尽管总是会有一些特例。你仍然有一些交易会赔钱，但希望赔钱的交易越来越少。与统一定价的 B2C 产品不同，B2B 产品是一笔交易一次谈判。

独角兽阶段，至少需要 13 年

要获得超级成功，成为价值 10 亿美元或更多的独角兽，需要多长时间？

以色列《经济学家报》(*Calcalist*)在 2020 年 12 月收集到的一份以色列独角兽企业名单显示，打造一个独角兽公司的平均时间是 13 年。几乎没有人能在不到 10 年的时间做到这一点。即使是最成功的公司，也需要很长时间才能完成所有的阶段。

- 微软花了 5 年时间才找到 PMF。该公司成立于 20 世纪 70 年代中期，但直到 1980 年才广为人知。
- 奈飞花了 10 年时间才找到 PMF。
- Waze 于 2007 年开始开发，如果算上 FreeMap，则是 2006 年启动。

直到 2010 年年底才找到 PMF。这相当快了，仅仅三年半。

如果你的目标不是成为独角兽，你能在更短的时间内找到商业模式吗？很不幸，不能。谷歌收购 Waze 的时候，我们还没有找到商业模式。因此，即使我们作为一家独立公司的旅程在短短 6 年之后就结束了，或者从我们正式创立到收购交割日计算，是 5 年 3 个月就结束了，如果我们一直靠自己，可能会花更多的时间找到商业模式。收购交割当天，Waze 最近一年的收入约为 100 万美元。2020 年，这一数字跃升至 4 亿多美元。

为什么每个阶段需要 2 ～ 3 年？因为这是一段失败的旅程。你提出假设，测试它们，如果有效，那就太棒了，也许你可以缩短每个阶段的时间。但是，通常需要多次尝试才能实现。有没有加快速度的方法？有，快速测试！在失败的旅程中，如果你在进行任何测试之前，分析你的衡量标准，那么你就会更快地知道结果。弄清楚你需要衡量什么，这样在开始打造产品之前，你手上就有了工具。

是否还记得我在前面提到过我父亲说的话：发动一场变革的唯一理由是它可能会成功。确实如此。只有变革成功了，人们才会尊重你。但是，我们无法提前知道接下来会发生什么。为了获得坚持下去的力量，你需要相信自己所做的是一项崇高的事业。最好的一点是，如果经历过一次成功，你会极大地增加下一次变革成功的可能性。

几年前，我的儿子伊多在以色列创立了一家名为 Spamoff 的公司。当然，我对他进行了指导并给予了投资。公司的目标是消除人们通过短信接收的垃圾信息。我们精神饱满地启动了创业旅程，因为我们找到了一件需要改变的不合理的事情！

我们创建了一个平台，利用以色列最近通过的立法来服务用户。该立法将发送垃圾短信定为非法，并允许此类短信的收件人起诉发件人，规定为每条短信赔偿 1 000 新谢克尔（约 300 美元），而无须证明所造成的损害。

在很多情况下，政府部门试图向公众提供服务，但程序太复杂了。我们的平台简化了程序，让收到垃圾短信的以色列人几乎可以自动提起诉讼。他们所要做的就是上传短信的截图。然后，该系统向小额索赔法庭提交一份表格。当我们还在开发平台和验证概念的时候，有些工作是手工完成的。

我们在 2015 年通过 Facebook 页面推出了这项服务，在那里我们为粉丝提供了使用机会。用户的反应极其热烈，很多人希望通过 Spamoff 提起诉讼。此后不久，以色列科技网站 Geektime 偶然发现了我们的服务，并发表了一篇文章，立刻为我们带来了成千上万的用户，这在当时远远超出了公司的消化能力，换句话说，成功来得太早了。我们立刻意识到用户的需求就在那里。

同时，我们的初创公司遭到了抵制。垃圾短信发送者自然不喜欢这种服务，之前如果他们在一天发送数百万条短信，每月可能只有 10 起诉讼。而我们在第一个月就提起了 200 起诉讼，接着像洪水一样，增长到每月 1 000 起。这冲击了垃圾短信发送者的商业模式。

然后，我们遇到了另一项我们没有预料到的新阻力：法院和法官都因此超负荷工作，苦不堪言。一个月 1 000 起索赔是法院处理量的 15% ～ 20%，所以突然之间，司法系统不得不投入 15% ～ 20% 的资源来处理垃圾短信的索赔案件。

小额索赔法庭现在有 15% ～ 20% 的索赔是由我们的机器提起的，法官们感到不知所措，并找到各种理由驳回我们提出的索赔，并声称这一自动化的流程在某种程度上是有缺陷的。顺便说一句，很大一部分诉讼都是庭外和解，所以超负荷的情况并没有他们当时想的那么严重。

我们试图抗争，但没有足够的资金。这将是一个漫长的过程，其中有一件索赔官司一直打到以色列最高法院，我们最终赢得了胜利。但是，对我们来说已经太晚了。我们别无选择，只能关闭 Spamoff。对于公司的分阶段运营，Spamoff 是一个很好的例子，但是分阶段还不够。对于 Spamoff 来说，监管和司法体系是其成功道路上的主要障碍。

在了解所有已经知道的情况之后，如果现在你问我：我们还应该启动 Spamoff 吗？答案是肯定的，因为这是一场值得进行的战斗。我们会有什么不同的做法吗？我们可能会事先与法律系统接洽，并试图与他们一起打造服务内容。从某个方面来说，Spamoff 获得了巨大的成功，它使该国的垃圾短信减少了 90%。唯一的遗憾是，我赔钱了，因为我是唯一的投资人。

让公司像管弦乐队一样运行

当 Waze 开始在以色列之外扩张时，一开始是一场噩梦。我们在少数几个地区取得了一些进展，其中之一是拉丁美洲。这主要是因为我们在厄瓜多尔有一个很好的合作伙伴，他还带我们去了哥伦比亚、委内瑞拉和智利。我们推广的是基于黑莓手机的 App，黑莓是当时拉丁美洲最常见的智能手机。

这个合作伙伴是一家名为 Location World 的公司，专门从事联网汽车的远程信息处理。Location World 也有地图绘制能力，这立刻使我们在该地区的地图更加准确。如果不是他们，我们可能已经死了，他们给了我们迈进未来的跳板。

在与 Location World 的交易中，我们制作地图，他们转售。他们积极为我们进行业务拓展。但是，当我们改变商业模式，开始通过销售广告赚钱时，Location World 变得完全无关紧要了。他们不太了解如何销售广告，但愿意尝试一下。尽管他们在早期的数据开发和发展用户方面表现得非常出色，但我们仍在寻找在这一领域有经验的合作伙伴。

他们为此不太高兴。“我们觉得自己就像拉着马车上山的一头驴，现在你要下山了，不再需要我们了，因为马车可以自己下山。”他们抱怨道。“我们非常感谢你们所做的一切，”我向他们保证道，“但仔细想想，现在完全不同了。我们的马车下山跑得比驴快，如果你不闪开，那辆马车会把你撞倒的！”我提出了一个替代方案。“过来跟我们一起坐上马车，你在公司有股份，这样你会取得成功的。”事实上，在与 Waze 的多年合作中，他们赚了很多钱。我们还是朋友。你可能认为美国是最重要的市场，但相对于当时的规模，Waze 和 Moovit 在拉丁美洲更成功。

这个故事的重点是，不同的阶段必须在正确的时间到来。Location World 对 Waze 在 2010 年的成功至关重要。我们在 2011 年成为非常好的合作伙伴，在 2012 年则变得不那么重要。随着公司的发展，他们的重要性降低到了不必要的程度。对于一名员工、一支团队、一位经理或一位创始人来说，情况可能是一样的，在阶段切换的时候也可能出现这种情况。

对 CEO 来说，最大的挑战是确保该组织能够随着阶段的变化而变化。从这个角度来看，CEO 就像是管弦乐队的指挥。创业团队中的每位乐手，包括销售、营销、产品开发等，他们本身都很重要，但要在正确的时间做好自己的工作。

乐队从钢琴演奏开始，然后加一些小提琴，所以现在钢琴不再是 100% 的音景，接着可能加进去一些鼓和小号。在中场休息期间，钢琴家可能就回家了，因为在剩余的演出中不需要钢琴了。一个成功的指挥能让所有的乐手就位并和谐地演奏。每位乐手都意识到他们只是整体的一部分。

CEO 无法带领组织从一个阶段进入下一个阶段，无法顺应这些巨大的变化，无法在正确的时间为乐队配备人员以创造合适的节奏，这是初创公司失败的关键原因之一。

切换阶段的 4 个时机

Fall in Love with the Problem, Not the Solution

- 当指标合适时。
- 当你的留存率目标在 PMF 上得以实现时。
- 当销售周期因找到商业模式而缩短时。
- 当你把用户获取成本（CAC）降到零或低于 LTV 时。

什么是合适的数字？我们将在 PMF、增长和商业模式章节中讨论。你面临的挑战是根据数字而不是直觉采取行动，并在数字合适时带领公司切换阶段。我见过太多的公司过早地进入下一阶段，也有很多公司进入太迟。

如何做好难而正确的事

Fall in Love with the Problem, Not the Solution

- 对于每一个阶段，关键词都是专注：你必须只针对本阶段应该做的事情，而不要处理任何其他事情。
- 成功的初创公司和创业者分阶段运营，通常是一次一个阶段。PMF 永远是第一位的。
- 在找到 PMF 之后，不同阶段的顺序可以改变，每个阶段需要 2 ~ 3 年。通常是扩大规模和货币化。
- 注意不要过早招聘。当优秀的人才无事可做的时候，将他们招募进来就是浪费时间和才能，他们也会因此离开。
- 阶段切换尤其重要，根据数字而不是直觉采取行动，并在数字合适时带领公司切换阶段。

Fall in
Love with
the Problem,
Not the
Solution

05

跳好已经被拒绝 100 次的“舞蹈”

投资人也是用户，
如果他们不用你的产品，
就不会投资你。

如果创业像坐过山车，那么融资就像在黑暗中坐过山车，你甚至不知道接下来会发生什么！

祥峰投资（Vertex Ventures）的全体合伙人会议定于 2007 年 11 月下旬的一个周四上午举行。这是 Waze 与投资人举行的众多会议之一，也是我们与祥峰投资的第三次会议，这清楚地表明了他们对 Waze 感兴趣。

我们正在为 Waze 寻求第一轮融资，当时 Waze 甚至还没有被定义为一家公司，也没有拿薪酬的员工，但我已经全职参与融资工作了。简而言之，我们需要这笔钱来招人和启动创业之旅。

11 月与祥峰投资的会议，他们所有合伙人是第一次出席。之前，我们见过主要对接人埃胡德·利维（Ehud Levy）和祥峰投资的一些其他团队成员。利维对我们正在打造的东西非常感兴趣，但是他需要把这个项目推荐给他的同事，特别是基金经理和唯一决策者约拉姆·奥伦（Yoram Oron）。

我们已经被数十家风险投资机构拒绝。这些风险投资人的理由我现在已经记不清了，我甚至不确定谁说了什么。那些理由有很多与我们讲述的故事毫无关联，但有一些事实上是有道理的。“你认为开车的人能创造出比 Navteq 或 Tele Atlas 更好的地图吗？”这是其中的一条反馈，后者是当时两家领先的 GPS 地图制作商。“如果你不知道我的家在哪里，它就永远不够好。”这是另外一条反馈。“如果有人生成了不正确的信息，你怎么能知道？难道不需要有人来验证所有的信息吗？”“用户永远不会分享他们的位置，因为存在隐私问题。”“为什么这个世界需要另一款导航 App？”其中针对我个人的问题是：“为什么你认为自己是领导这家公司的合适人选？”

风险投资人决策的一个关键因素是“用户视角”，风险投资人机构的合伙人不太可能投资那些他们认为自己不会用到的东西。对于我们见过的很多投资人来说，众包的整体概念太难以消化了。虽然他们很好地接受了“‘我们’比‘我’聪明”和“群体的智慧”等想法，但在地图和 App 本身不够好的情况下，用户通过 App 来积极做出贡献，这个想法并没有引起他们的共鸣。

我们需要创造一种令人惊叹的效果，一种奥伦认为会像魔术一样发挥作用的效果。即使他不认为自己会积极地为地图贡献任何东西，我们也需要让他相信别人会这么做。我想到了一个主意。“我们要确保所有合伙人的家都能出现在地图上，”我对我的合伙人说，“这样，如果他们要求导航到自己家，我们就可以展示效果。”我希望他们真的会提出这个要求，如果没有，我会悄悄地将他们的提问朝那个方向引导。我的计划是在会议期间询问埃胡德·利维的家在哪里，然后在地图上显示出来。希望随后其他人也会尝试这么做。

我打电话给利维，找他要了一份祥峰投资所有合伙人的家庭地址。他问我要干什么，我告诉他，我想在我们进行演示时，展示其中一位合伙人家周边的情况，这样的感觉会更真实。“人们最常测试的第一个地址是他们的家或办公室。”我解释道。我答应之后会删除数据。

那天晚些时候，利维把地址清单发给了我，我们在每位合伙人的家附近模拟了驾驶和地图创建。我们创建了多个地图编辑会话，为合伙人家附近的社区生成信息。这样，地图上不仅有每位合伙人的门牌号，而且还有同一条街和下一条街上的其他很多房屋。这样，我们知道自己做好了准备，只等有人问起：“我家在地图上吗？”

我们很早来到会议室，提前布置演示台。我总是这么布置：我坐在屏幕所在的地方，这样在演示的时候，大家面对着我，在他们看幻灯片时，我就能观察到他们的神色。

一开始，我们在大屏幕上显示地图 / 导航。“那么，你是说我家可能也在地图上？”基金经理，也是管理合伙人的奥伦问道。这正是我所希望的。“好吧，我不知道你住在哪里，请告诉我你家的地址，让我们去找找看。”我回答。这甚至算不上一个善意的谎言，因为我个人并不知道奥伦住在哪里。但我知道他家在我们的地图上。我们输入了奥伦家的地址。他的家真的神奇地出现在屏幕上。合伙人们都盯着地图，但我看着奥伦。我研究着他的表情。他的家一出现在地图上，他的眼神就变了，嘴角也抽动着，我只能用美元符号来描述他的表情。就在那一刻，我知道这笔交易已经尽在我们的掌握中了。

一周后，我们收到了祥峰投资发来的一份 200 万美元投资的条款清单。但是，这还不是结束，远远不是。这笔交易还要 3 个月才能完成交割，因为后来另外两家投资机构也参与进来，投资额跃升至 1 200 万美元。

如果创业像坐过山车，那么融资就像在黑暗中坐过山车，而完成一笔交易就像是在黑暗中坐着反向行驶的过山车。我喜欢的是坐过山车吗？我喜欢的是速度，还有极限运动。事实证明，我学到的东西对我在 Waze 之后创立的十几家公司来说是无价的。

如果你是第一次融资，这一章的内容应该适合你。融资与你之前见过的任何其他活动都大不相同。想象一下，你需要 100 次约会才能找到“意中人”。在融资时，情况正是如此。你需要与众不同，这一章将告诉你如何成为一位杰出的、值得投资的创业者。

归根结底，只有当投资人喜欢 CEO 和他的故事时，他们才会投资一家新的初创公司和一位首次创业的创业者。所以把你的故事打磨得更加精彩绝伦吧！

讲述一个好故事

2013 年 Waze 被收购后，我在一次会议上遇到一位风险投资合伙人，他来自以色列一家领先的风险投资机构。我问他需要多长时间来决定是否喜欢一位创业者。“你想要真实的答案，还是正确的答案？”他问。“真实的答案，”我回答，“我已经听够了‘正确的答案’。”

我们坐在一间小会议室里。他看了我一眼，然后看向门口。又看了看我，然后又看向门口。“就这么快，”他说，“在他们还没来得及坐下之前。”这就是你产生第一印象的速度。之后，巩固或改变这种印象需要几分钟的时间。如果是这种情况，那么在你将要讲述的故事中，你必须从最强的一点开始。否则，还没等你讲到这一点的时候，他们可能已经拿定主意了！

讲述感受而非事实

关于初创公司，我曾多次问过投资人：“你靠什么决定投资一家初创公司？”我听到了一致的回答。要么是“我在之前的一家初创公司就认识这位 CEO”，要么是“我喜欢这个故事，喜欢这位 CEO”。

投资人选择初创公司的两个关键因素

Fall in Love with the Problem, Not the Solution

- 我喜欢这个故事：你必须学习如何讲好故事。一个好的故事要有情感投入，而不是讲述事实。你试图吸引投资人对你的东西感兴趣，就得像我们给祥峰投资表演的“魔术”一样。
- 我喜欢这位 CEO：你需要处于最佳状态，外表确实很重要。因此，CEO 要独自去参加第一次会议。这样的话，就不会有其他人跟 CEO 一起站在台上抢夺聚光灯。

一位同事曾经给我讲过一个与讲故事有关的、很有价值的例子。“我的一位朋友昨晚去地中海的海滩跑步，跑了 8 千米之后，他认为跳进凉爽的海水里的那种感觉会更棒。天色已经很晚，海滩上没有人。他想，既然那里没有人，完全可以裸泳凉快一下。于是，他脱了所有的衣服，甚至还摘下了手表，然后跳进海里。几分钟后，突然，他遇到了一条鲨鱼。于是，他拔出刀刺向了鲨鱼……”

我立刻打断了他。“等一下，”我插话道，“他是从哪里拔出刀的？”他回应道：“你是想听故事，还是想听事实？”

这个故事说明了一个重要的观点：如果你讲述事实，会让你的听众思考。如果你讲故事，会让他们想象和感受。如果你想让他们投资，需要让他们想象，并投入情感。

如何讲一个好故事？你要试着创造情感投入，让他们想象自己是其中的一部分。所以，这个故事需要很逼真。编造一个“应用实例”是行不通的，而这种做法通常是商业计划书和营销文件的一部分，用来详细描述谁是产品的用户以及他们如何使用产品。

讲述别人的应用实例，仍然可以制造你需要的真实性，但最重要的是让听者（这里指投资人）相信他们是故事的一部分，也就是说，你希望他们认为："这可能会发生在我身上。"他们需要"感受"这个故事，即使它并不完全真实。

在这里，我想介绍Zeek的一个案例。Zeek是一家帮助用户充分利用购物积分、礼券、代金卡等的初创公司。当我们在创建Zeek时，希望展示几个应用实例。虽然应用实例可能是非常有用的工具，但是它们也可能非常枯燥无味。它们不是故事。

我是Zeek的董事长，丹尼尔·泽尔金德（Daniel Zelkind）是联合创始人兼CEO。泽尔金德问我，如何把新公司的应用实例转化成故事。我给泽尔金德做了一个示范。故事是这样的：在我们家的厨房里，有一个专门为微波炉定制的橱柜，周围有一个木框，平时使用时只能看到微波炉的门和控制键。有一天，微波炉坏了，我妻子（现在是前妻）跟我说急需买一台新的。我知道她要得很急，也知道微波炉的尺寸应该比橱柜的木框小，否则就放不进去，所以在去商店之前，我仔细测量了尺寸。我非常幸运，买到了满足这个尺寸的最后一台微波炉。我把它带回家，打开包装，从橱柜里取下木框，拿出原来的微波炉，把新的放进去。然后，我把木框装回原处，把旧微波炉放进新盒子里，一起扔进了垃圾房。最后，我在检查新微波炉是否能正常工作时发现，新微波炉的门比木框宽不到半厘米。

讲这个故事的时候，我用我的双手演示木框的宽度，演示如何把沉重的箱子扔到垃圾房，以及被我吓得从垃圾房里跑出来的流浪猫的个头。这时候，你很可能开始想象自己是故事的一部分，这感觉是真实的。你也因此有了沮丧感。

但是，这并不是故事的结尾。我去商店退微波炉的时候，售货员也帮不上什么忙。"我们没有你那个尺寸的微波炉。"他告诉我。他说很乐意给我一些购物积分。"给我那些积分有什么用？"我回应道，"我需要一台适合这个空间的微波炉，但你们没有。所以，我在你们商店没别的可买了。”我最终在另外一家商店又买了一台微波炉。现在我有两台微波炉：一台在我家，另一台是赠送“购物积分”的那个。

所有的事情汇集在一起，产生了一种无助的感觉，不但浪费了大量的时间和金钱，还受到妻子的各种抱怨，你也因此有了一个完整的故事来解释，为什么我们需要一个购物积分的交易市场。这就是 Zeek 的起源。

这个故事因其精彩的细节而非常有效。事实上，当你在书中阅读这个故事时，可能会觉得有太多的细节，但正是这些细节展示了你所需要的真实性。当你讲述故事时，如果觉得信息已经传达到位，也可以跳过一些细节。

此外，故事中固有的沮丧感使它听起来真实而感人，让人如临其境。事实上，泽尔金德甚至问“你妻子在微波炉事件之后说了什么”，所以有一瞬间，这个故事听起来如此真实，他几乎忘记这都是编造的。泽尔金德开始在他所有的推销中运用这个故事。有些时候，我想他可能已经相信这件事曾经就发生在他的身上，以至于在我身上发生了一些尴尬之事。

我为泽尔金德介绍了知名风险投资机构红杉资本。他约见了其中一名合伙人吉里・拉南（Gili Raanan），我和这位合伙人是在以色列国防军 8200 情报部门共事时认识的，后来在其他几个项目中也碰过面，其中包括 Moovit 的董事会。我已经给拉南讲了微波炉的故事。后来，泽尔金德也跟他讲了这个故事。“这太有趣了，”在我们交流融资情况时，拉南对我说，“你的 CEO 讲的微波炉故事，跟你讲的一模一样，就连手势动作也一样！”

故事从何而来并不重要。如果 CEO 能够将他的“全部情感”投入故事之中，让故事听起来很真实，营造出的情感投入让投资人身临其境，体会到了那种沮丧、愤怒，或者报复，那这一切就会有所不同了。

记住我之前说过的：投资人也是用户。如果他们不用你的产品，就不会投资你。所以，作为创业者，当你在构思故事时，看看是否能提前找到更多与你会面的投资人相关的信息。如果你的产品是面向儿童的软件，问问投资人是否有适龄的孩子，或者侄子和侄女。投资人必须能想象自己认识的某个人在使用这款产品。

Refundit 的故事比 Zeek 的更有说服力，它解决的是另外一种给人们带来沮丧感的事情：在欧洲旅行时尝试拿回增值税退款（通常称为免税）。正如我们在第 1 章中所提到的，来自非欧盟国家的居民在欧盟国家旅行时，有权获得在那里购买任何商品所包含的增值税款。但是在 90% 的情况下，人们拿不到这笔钱。也许是海关退税的队伍排得太长，或者商店没有正确的表格，或者机场的相关服务台已经关闭。在这个过程中，总会有一些事情不顺利。Refundit 简化了这一过程，你只需使用一款 App 扫描你的收据、护照和登机牌，就可以拿回你的钱。

当我跟投资人讲述这个故事时，总会引发他们在退税过程中的一些沮丧。他们经常跟我分享发生在他们自己身上的趣事。这些事也发生在 Refundit 的 CEO 齐夫·蒂罗什的身上，他跟用户说，当时他正在巴塞罗那购买一辆自行车。**讲故事最重要的部分是倾听反馈。一旦投资人进来，更要加强这个部分。**

比如，有一位投资人曾经告诉我："我从来不去处理退税的事，但我的配偶总是会去。"你可以这样来回应："哇，那更糟糕！至少对你的配偶来说，做这些事是应该的，并且希望从中获得一些回报，但是你必须在一边等，什么也做不了，简直就是浪费时间。Refundit 可以帮你节省等待配偶的时间和沮丧感。"

用幻灯片让故事出彩

如果你很紧张，或者觉得自己不是一名优秀的演讲者，那该怎么办？当你为了融资而推销时，你能给投资人看一段视频，演示你的产品是如何运作的吗？不行！这只会惹恼投资人，你将错过一次 90 秒现场讲述故事的机会。这给人的第一印象是什么？

但是当你是通过电子邮件交流时，这些视频是至关重要的。你遇到的大多数投资人都不是他们机构里的唯一决策者，他们有一个专门提供支持的机构。如果视频做得好，这就可能成为他们内部分享信息的最佳方式。

让我们讨论一下 90 秒 YouTube 视频演示。现在的视频已经变得越来越普遍了。我注意到很多人在视频中会使用背景音乐，而不是用文字讲述故事。这是对时间和机会的极大浪费。有人给了你 90 秒的时间吸引他们的注意力，你确信要给他们放背景音乐吗？当有人给我发这样的视频时，我通常会询问制作视频的是谁，并让他们解雇那个人！

现场演示是一个完全不同的场景。你有一位能看到、能感觉到，并可以与之交谈的听众，这是一个你可以充分发挥身临其境讲述故事的关键机会。这里有一个重要的技巧：把屏幕上显示的内容与你用自己语言讲述的内容完全分开。当你给他们讲述故事时，他们看到的是产品。最后，他们听到了故事，并感觉到自己看到了这个故事的效果。当你移动鼠标时，不要去解释他们看到的东西是什么或你正在打造的东西是什么。那就会错失一个机会。相反，讲一个能引起情感共鸣的故事。

无论如何，制作一段高水平的视频（不是产品演示视频）是值得的。如果你真的制作了，一定要配上字幕或标注，这样即使在需要保持安静的情况下人们也能观看视频。而且，如果需要的话，你也更容易修改字幕的文字。

当你制作融资演示幻灯片时，第一页和最后一页（即幻灯片的标题和结尾部分）是容易被忽略的两页最重要的幻灯片。这可不是你希望看到的！在我看过的大多数融资演示中，标题页除了公司名称、“融资演示”字样和日期之外什么也没有。但是，你演讲时，这页幻灯片的展示时间几乎会比任何一页都要长，而上面却没有任何实质性内容。

实际上，你要用标题页来传达一条简单而有力的信息。解释问题、提出机会，或者设定一段陈述，这样当你在后面讲述故事时，那段话会被认为是一个事实。比如，“我们面对一个4 000亿美元的新生市场”，“没有人能比我们做得更好”，或者“90%的人讨厌去看牙医”。

我说第一页幻灯片的展示时间“几乎”是最长的，是因为最后一页幻灯片尽管通常只有“谢谢”两个字，但可能会在屏幕上停留更长的时间，所以一定要用这一页来重温你的关键信息。这两页幻灯片被观看的时间是最长的，你应该告诉听众一些你想让他们记住的事情。

最后，在你的故事中，如果你正在解决一个问题，先讲“谁”有这个问题以及“为什么”有这个问题，最后讲“做什么”。这个流程跟我们在第1章讲到识别一个值得解决的大问题的流程是一样的。你在为“谁”解决问题？他们是你的受众。你“为什么”要做这件事？这就是问题。“做什么”就是解决方案。

CEO是唯一应该在场的人

如果你是第一次向投资人做融资推销，请一定记住：CEO是唯一应该出席会议的人，除非投资人特别要求团队参与。这不是自尊的问题，如果一位风险投资人决定投资，那是因为他们喜欢这位CEO以及这个故事。

如果你带很多人来参加会议会怎么样呢？有两种情况：要么他们积极参与，因此占用了CEO应该表现的部分时间、注意力和光彩；要么他们什么也不说，然后有人会问：他们在会议室里到底扮演什么角色？

当心那些“胡说八道”

所有初创公司一开始的融资都很困难。只有 15% 的初创公司（已经设立了公司，从天使投资人那里筹集了一些前种子轮的资金）能够获得种子轮融资。在祥峰投资出具条款清单之前，Waze 已经被几十家投资机构拒绝过。你可以称之为“被拒绝 100 次的舞蹈”。

为什么是 100 次？你可以这样考虑：一位风险投资机构的合伙人每年要见一两百家公司，但是他每年只会投资一两家。1% 的投资比例，99% 的公司会被拒绝。所以，你不得不推销 99 次，这并不意味着你做得不好，而是风险投资人的运作模式就是这样的。

这与你寻找 PMF 的情况完全不同。如果你跟 20 个人交流，他们都告诉你，你定义的问题对他们来说不是问题，那么你对问题的理解可能是错误的，没有理由继续下去。但是如果你跟 20 位投资人交流，他们都拒绝了，那也不代表什么，你仍然可以继续向山顶迈进。不要误解我的意思，这确实非常令人沮丧。你期望这些人了解初创公司，但他们跟你不停地说“不”。你不能气馁，要找出改进的方法，然后继续找下一位投资人。事实上，你在两个方面取得了进展：你的故事有所改进了，你的韧性和毅力增强了。我要重申这一点，因为它至关重要。想象一下，在篮球比赛中，你试图从后半场投篮得分。你站在罚球线上，想要将球投进另一边的篮筐。如果你认为自己可以一蹴而就，那你就不应该创业，而应该去 NBA 打球。但是如果尝试了 100 次，你最终是有机会成功的。

风险投资机构如此挑剔是有原因的。哈佛商学院的一项研究显示，所有获得风险投资人支持的初创公司中，75% 都失败了。在以色列，风险投资人支持的公司中，40% 的资本回报为零。在美国，6% 的公司创造了 90% 的资本回报。但是，风险投资人偶尔也会获得成功，甚至可能是独角兽。风险投资人要寻找的是一类特定的公司，即有朝一日会价值 10 亿美元或者市场空间有几十亿美元的公司。他们称这种投资为“基金上帝”，它能弥补基金在其他投资上的损失。独角兽与初创公司的比例在 2014 年是 1∶1500，尽管 2021 年的情况好得多，但仍然只有 1∶800。也就是说，每 1 000 家初创公司中只有一家会成为独角兽。对于风险投资机构的合伙人来说，他们不想一家公司的投资回报只是 500 万美元的两倍，他们想要 10 倍、20 倍、100 倍的回报。如果风险投资人觉得你没有机会成为“基金上帝”，他就不会参与投资。

这就是把最强有力的观点放在你的故事开头的另外一个原因。因为风险投资人在 99% 的情况下都是拒绝，如果他们的工作大多数情况就是拒绝，那随着时间的推移，他们的耐心也会下降，他们通常会急于下结论。从最强有力的要点开始，这样风险投资人才会做出正确的选择！

在风险投资机构里，你应该跟谁接触？你最容易接触到的是冲在一线的分析师，因为他们的工作就是与创业者交流。我的建议是：尽量不要跟他们接触。只有风险投资机构的合伙人才能决定是否投资。跟其他人沟通没有用，分析师最多只能提出否定意见。

当你在跳“被拒绝 100 次的舞蹈”时，当心投资人胡说八道。以下是一些例子：“我们在所有的投资交易中都是这么做的。”真的吗？我的孩子回家后也会跟我说：“爸爸，我班上所有孩子的父母都允许他们做这个或那个。”“所有”“从不”“总是”“没有人”，你不应该从字面上理解这些说法。对待投资人也一样。“我们从来没有投资过那样的项目”或者“我们从来没有按照那样的价格投资过”应该理解为“嗯，我们投资过，但是不想告诉你”。如果你是第一次创业，很难说一位经验丰富的投资人是否在虚张声势。“全部”和“从来没有”几乎都是投资人在胡说八道。“没有人会下载它。”“我们认为市场发展的轨迹将会放缓。”“我们相信你的产品适合这类或那类投资人，但不是我们。”我认为这些都是胡说八道。这都是投资人在说“我不喜欢你的创意”或者“我不喜欢你，但我不想告诉你”。

创业者最常听到的胡说八道的拒绝说辞之一是“谷歌可以做这个”。这种说法基本上都是错的。因为谷歌专注于打造自己的业务，他们不关心你在做什么。如果他们决定要吃掉你的午餐，就不得不经历与你相同或相似的旅程，才能到达你现在的位置，如果你已经找到了 PMF，这不过是轻而易举的事。

当 Moovit 的联合创始人兼 CEO 尼尔·埃雷兹（Nir Erez）在 2012 年首次为该公司融资时，他一而再、再而三听到的投资人反对意见之一是 Waze 最有可能进入公共交通领域。毕竟，Waze 已经为驾车的通勤者提供了完善的交通信息。投资人会说：“他们立马就能做到。”这很滑稽，因为当时我已经是 Moovit 的董事会成员了，所以我直截了当地告诉投资人：“不，Waze 不可能立马做到！我们的用户和他们的用户是完全不同的群体。Waze 的用户开车，Moovit 的用户不开车。”

与谷歌一样，这是一个关于专注的问题，不是专注于我们做什么，而是不做什么。我们在 Waze 专注的是通勤驾驶员，这意味着我们不关注搭乘公共交通、步行或骑马的人，也不关注滑雪者或骑自行车的人（尽管我两者都是）。目标受众推动了一家公司的发展。换句话说，重要的不是我们在做什么，而是我们为什么，以及为谁做这件事。Waze 和 Moovit 从来都不是竞争对手，尽管一些投资人认为是。

一旦陷入这种来回拉扯的争论，我见过很多创业者会试图证明投资人是错的。如果创业者收到风险投资机构的一封电子邮件，给出他们不投资的理由，创业者往往会长篇大论地回复为什么投资人的理由不准确或不重要。不用麻烦了。只需说“谢谢你对我们的关注”，然后继续联系你的 100 位风险投资人名单中的其他人。要记住，他们拒绝的原因是因为不喜欢这个故事，或者不喜欢你。

有些风险投资人会给你发一封深思熟虑的邮件，解释他们不投资的原因。简单地回复一句“谢谢”，并提示“我们后续会给你更新相关信息”。对于不回复你邮件的风险投资人呢？继续找下一位。如果想投资，他们会联系你的。

你如何知道一位投资人是否有兴趣投资呢？我认为要看“关键投资人指标”（Key Investor Indicators，KII）。

关键投资人指标

- 如果他们在谈论这个项目，那就是感兴趣。
- 如果他们问还有谁在看这个项目，那就是感兴趣。
- 如果他们问之前的投资人是谁，或者他们想看你的显示所有权百分比和股权稀释情况的股权结构表，那就是感兴趣。
- 如果他们开始对你的演讲提出改进建议，这意味着他们想把这个项目展示给他们基金中的其他人，因此他们感兴趣。

有段时间，我带着 Waze 的项目 4 次去见同一家投资机构：Atomico，他们每次都有不同的反对意见，一开始是“太早期了”，其实这是一个不错的回答。这意味着他们还不相信你的故事，但如果你能向他们展示真实世界的数据，证明这款 App 确实有用，那他们就没问题了。

Atomico 没有参与投资，但我们喜欢他们，所以 B 轮融资我们又回头去找他们。这一次，Atomico 的人员说：“你们到目前为止所做的事情令人惊叹，但我们认为估值太高了。”估值是对一家公司价值的估计。如果一位风险投资人在公司估值较低的时候投资一定的金额，可以获得比估值较高时更多的股份比例。更高的估值也意味着之前的投资人以及公司股东被“稀释”得更少，也就是说，他们拥有的股份比例仍然很多。在 C 轮融资时，我们再次与 Atomico 会面，他们重复了同样的咒语。“你的进步是惊人的，”他们告诉我，“我们以前不相信你们能走到这一步。如果上一轮参与投资就好了，但这一次你们的估值还是太高了。”“好吧，”我回答道，“下次你们还会说同样的话的。”在 Waze 被谷歌收购之前，Atomico 从未参与投资。但是，他们对我们在巴西的业务拓展帮助很大。

事实上，Atomico 并不是个例，至少在我们进入第二轮融资的时候。Waze 的融资异常艰难。我们在以色列非常成功，但在美国和欧洲进展缓慢，我们仅在为数不多的几个国家取得了进展，包括拉脱维亚、斯洛伐克和捷克共和国。我们在拉丁美洲的厄瓜多尔也做得很好，因为我们有一家很棒的合作伙伴：名为 Location World 的交通技术公司。

以色列的风险投资人全都拒绝了我们。我们拜见了很多家，向他们展示了我们取得的进展，他们也在以色列使用这款 App。但我们在全球的数据做得不够好，也没有清晰的商业模式。我们当时的风险投资人也没有兴趣追加投资，可见我们得到的支持是多么少。“如果你们今天能以 2 000 万～ 4 000 万美元的价格卖掉公司，你们就应该出手。”我们的一位早期投资人告诉我们。

对 Waze 来说，这是一段充满挑战的时期。那是 2010 年，我们在 A 轮融资时筹集的资金已经快要耗尽了，也许只能坚持几个月时间。为避免进行全面裁员，整个管理团队决定降薪，其他员工没有受到影响。大约就在那个时候，我和 Waze 的 CEO 诺姆·巴丁（Noam Bardin）跟 Khosla Ventures 的一位合伙人共进晚餐，这是一家硅谷的大型风险投资机构，我们之前见过几次面。大家一起为第二天早上的全体合伙人会议做准备，我们将在会上发言，并为公司的 B 轮融资寻找资金支持。

通常，当出现风险投资人在全体合伙人会议之前跟你交流的情况时，这应该是一个明确的迹象，表明这位合伙人真的想参与投资。他还想向我们展示他的机构未来是多么有价值，这是他们感兴趣的另一个明显迹象。这位合伙人接着补充说，他知道我们唯一的潜在竞争对手是谷歌，但他让我们不用担心，因为他已经跟谷歌内部的一些相关人员了解过，他们告诉他，谷歌至少需要两年时间才能拥有自己的地图和免费的路线导航。

第二天早上，我打开电脑查看最新的科技新闻，其中有一条信息令人非常不快和惊讶：谷歌宣布在美国推出逐项导航，以取代 TomTom 的地图服务。我和巴丁在早餐时碰面。“我们还用去参加全体合伙人会议吗？”他郑重其事地问。我们去了，但巴丁是对的：谷歌的声明打消了这家大型投资机构对 Waze 的兴趣。

最终，当我们做 B 轮融资时，被几十家风险投资人拒绝了。在很多情况下，B 轮融资更多是基于市场影响力和团队执行力，而不仅仅是故事。我们的团队令人惊叹，业务模型（有效）令人难以置信，我们的故事也非常有说服力。但是由于 Waze 在重要的国家没有获得市场影响力，所以融资很困难。

但有一家公司与众不同，那就是微软。这家科技巨头的担忧与我们的担忧相吻合。他们担心谷歌有一天可能要开发自己的地图产品，现在谷歌正在扩展其地图功能，如果谷歌以后拒绝将地图授权给微软使用，会有什么结果呢？微软的担忧成了我们的救星。他们在 Waze B 轮融资中领投了 3 000 万美元，高通创投（Qualcomm Ventures）也参与了此轮融资，Waze 的估值一下升为 7 000 万美元。这个估值甚至比我们希望的还要高！

因此，对于我们来说，一开始是一场灾难，谷歌在美国宣布要推出逐项导航，促使其他公司开始寻找地图替代品，而我们正是替代品。这也让我们更加注重保持专注。我们没有试图在地图搜索方面与谷歌竞争，而是专注于通勤领域，这不是谷歌地图的优势。

微软的投资来得正是时候，他们当时没有发布公告，因为这笔投资的金额低于他们公告发布的门槛。只差一个月时间，我们就要关门大吉并解雇所有人了。那是我们的 B 轮融资，对我们来说资金足够了。

利用“害怕错过”的威力

对于高通创投，我利用了“害怕错过”（fear of missing out，FOMO）的威力来说服他们加入。最初，他们认为我们的估值太高了。当他们犹豫不决的时候，我花了很多时间跟他们待在一起。在一次特别会议上，他们告诉我，当 Twitter 的估值只有 5 500 万美元的时候，他们错过了一次投资机会。①

一周后，他们邀请我参加全体合伙人的电话会议，并通过视频进行演示。我的最后一页幻灯片只写了一句话：如果能让时间倒流，你会以 5 500 万美元的估值投资 Twitter 吗？ FOMO 在很多情况下确实有效！

微软最终在必应（Bing）搜索引擎上推出一款导航产品，但使用的是 Navteq 的地图（当时是诺基亚的），而不是我们的！

“被拒绝 100 次的舞蹈”可能会让人精疲力竭，遭受一次又一次的拒绝让人变得虚弱。你可能想要放弃，甚至不止一次这样想。你可能一开始时会说：“我很坚强，我可以承受被拒绝 50 次，我不会停止。”但是被拒绝 20 次之后，你就会觉得自己快要崩溃了。

不要放弃。如果你拥有一个好故事，如果你是一位讨人喜欢的创业者，你 100 次的尝试只需要一次同意就够了。

不要单独去谈条款清单

条款清单是投资人出具的投资意向书，其中汇总了他们预备对你公司进行投

① 2021 年写作本书时，Twitter 的市值为 344 亿美元。

资时的主要条款。这份文件可能看起来像是毕业证明，但它只是融资道路上的一个里程碑。它很有可能会推动一项实际的投资，但后面还有很长的路要走。

跟投资人的谈判从一开始就是一场不公平的战斗，尤其是对于初创者而言。因为你毫无经验，而你面对的是一位已经完成过几十笔交易的投资人。不仅如此，如果你已经设法让他们喜欢你且喜欢你的故事，因而想要投资，并准备给你出具一份条款清单，那么你可能会担心，在这个阶段表现得缺乏经验是否会让对方失望而放弃投资。你不确定正确的方法是欲擒故纵还是简单地让步，因为最让你害怕的是达不成交易。

想象一下你购买第一套房子的情形。你从房地产经纪人那里收到抵押贷款协议，并意识到你对其中的一半细节一无所知。不要害怕寻求帮助。实际上，你需要帮助，需要一个你可以信任的人来指导你完成整个融资过程，至少第一次是这样。你的团队中有没有律师可以花时间解释所有条款？他可以给你解释其中的每一项内容，以及常见的做法。或者你是否认识以前经历过融资的另一家公司的 CEO，让他帮你看一看？其他公司的 CEO 是做你向导的最佳人选。否则，你怎么知道这些条款的哪些部分是可以谈判的？其实几乎全部条款都可以商议。最满意的状况是，当你拿到一份条款清单之后，你还能把公司推销给其他风险投资人，并最终收到多份条款清单。这种情况比你想象的更常见。

一位投资人可能想要参与这笔交易，但如果有更大的机构提出更好的交易条件，最初的投资人可能更乐于跟投，而不是领投。这是一个自我管理的问题，投资人乐于与声誉更好的风险投资人合作，这将提高交易成功的可能性，增加公司未来可用的资金，尤其是提高风险投资人的声誉，因为这家机构将会跟更好或更知名的机构联合投资。

签订条款清单的流程有三个阶段。第一阶段是“条款清单讨论”，在这个阶段，风险投资人会告诉你他们想出具一份条款清单，强调一些具体的条款。如果你还没有准备好，你可能会不知所措。风险投资人可能会讨论一些你不熟悉的事情。承认这一点你可能会觉得不舒服。如果我事后跟你交流，你告诉我：“风险投资人希望出具一份投资 X 万美元、估值 Y 万美元的条款清单。”然后我问你还有什么其他条款，你可能会皱起眉头，感到非常困惑。但是，如果我跟这位风险投资合伙人交流，他可能会说：“是的，CEO 同意了所有条款，包括我们要求的清算优先权和否决权。”

第二阶段，风险投资人将实际出具条款清单。现在你要进行“条款清单谈判”。在你签字之前，它是没有约束力的。这可能是你提升公司谈判地位的最好时机，因为你可以继续向其他投资人推销你的公司。你将处在一个有利的位置与其他风险投资人沟通，因为你不会输，毕竟你手上已经拿到了一份条款清单！在这种情况下，以轻松的心态对待每一次推销，瞄准更高的目标。

条款清单签署后，第三阶段就开始了。虽然条款清单中通常有一项禁售条款，但引入其他投资人加入这一轮融资也是有可能的。尽管已签署的条款清单属于正式的非约束性协议，但很少会被撤回。正常情况下，撤回的可能性是五十分之一，经济环境不好的时候这个比例大约为十分之一。一个明显的例外是在疫情时期，任何事情都可能发生。那段时间我见过撤回的投资意向书比我整个职业生涯中看到的都多。

即使你已经签署了条款清单，还可以货比三家，或者引入一家条件更好的新投资人，无论是更好的条款还是更好的基金。你可以随时跟第一批投资人重新谈判条款。

另一种选择：等待 3 ～ 4 周的禁售期结束，然后再获得一份新的条款清单。我要补充的是，禁止兜售条款的效力相当弱。我从未听说过有投资人起诉一家公司违反这一条款或者签署条款清单后不接受投资。为了得到你想要的交易，就要拒绝你不想要的条款。

条款清单流程 3 个阶段的注意事项

- 条款清单讨论阶段，找一个能向你解释所有内容的人一起，最佳人选是其他公司的 CEO。
- 条款清单谈判阶段，几乎全部的条款都可以商议。最满意的状况是你拿着一份条款清单继续推销公司，争取更多份条款清单。
- 条款清单签署后的阶段，你仍可以引入条件更好的新投资人，或者随时和第一批投资人重新谈判条款，甚至等禁售期结束后获得新的条款清单。

对于我指导过的一些成立时间较短的初创公司，我让他们去跟一位我知道不会进行投资的投资人交流。这可能是因为基金已经过了投资期，也可能是因为这些投资人不喜欢我。这样他们就可以练习如何讲述自己的故事并习惯被更多人拒绝。

你会发现，自己在谈判中投入的心理准备时间越多，你就越不愿意放弃。但这是双向的，投资人也不太愿意放弃交易。所以，不要只考虑你自己，也要考虑他们的情况。如果你有投资，他们也一样。如果你在与法律相关的条款上付出了努力，他们也一样。

一旦你收到一份条款清单，不要犹豫，坐下来找一个能向你解释所有内容的人。然而真正的挑战在于投资意向书之前的会议。大多数投资人会跟你会面，讨论条款清单中的内容。下面概述了条款清单中 12 条关键条款的重要内容和注意事项，以及什么是常见的做法，什么是令人讨厌的做法，什么是有利的条款。

关键条款 1：投资额

投资多少钱？如果领投投资人的投资额只是这一轮的一部分，你要确保只有这一部分金额也可以完成这一轮（正式）融资。举例来说，如果你正在融资 500 万美元，而领投投资人打算投资 300 万美元，你实际希望在这份条款清单上说明这轮融资至少为 300 万美元，最多为 500 万美元。否则，如果没有找到其他投资人，你的这一轮融资就没有完成。

关键条款 2：发行的证券

大部分投资将是优先股，而不是普通股，即所持有的股份类型。优先股的优先权通常出现在清算事件和特殊权利的情况下，参见下文的说明。

关键条款 3：公司估值

这是主要条款，与投资额一起构成交易。简单点说就是“投多少钱值多少钱”。估值指的是公司到目前为止已经打造的东西的价值。没有特别有效的估值方法，所以最有可能是根据你的选择来协商谈判。这里通常是指融资前估值，即迄今为止所创造的东西的价值，这个数字加上投资金额就构成了融资后估值，即该轮融资完成后公司的价值。融资前估值可以通过每股价格（PPS）和该公司的股份数量（在该轮融资之前）直接计算出来。

计算公式是：融资前估值 = PPS × 本轮融资前股份数。然后公司根据投资总额，按照相同的 PPS 向投资人发行对应数量的新股。

注意：要认识到虽然激励股票期权（ISO）或员工持股计划（ESOP）对吸引和留住员工至关重要，但它往往会被投资人用作降低估值的一种手段。实施 ISO 或 ESOP 需要发行更多的股份，每份期权发行一股新股，实际增加了股份数量，因此降低了 PPS。1 000 万美元的融资前估值加上 10% 的 ISO 或 ESOP，会将公司的实际估值降到不足 900 万美元。通常的做法是，实施 ISO 或 ESOP 所分配的股份来自当前股东，而不包括新股东。为了获得更好的谈判地位，你需要获得另一份有竞争力的条款清单。

关键条款 4：优先认购权、优先购买权、共售权

优先认购权：投资人将有权参与下一轮投资以维持其持股比例。例如，一位持有公司 10% 股份的投资人参与公司的下一轮投资中可以保持其 10% 的股份比例不变。尽管他们想要的只是维持其持股比例，但这可能会让下一位投资人望而却步。或者更糟糕的是，下一位投资人可能会要求类似的条款！

优先购买权：如果有任何股东计划向第三方出售部分或全部股份，投资人有权按照其所持股份比例以相同的条款购买待售股份。例如，如果有新的投资人[①]以 Y 的估值给你 X 的钱购买部分股份，当前的投资人可能会说：如果条件是这样，我有购买优先权。

共售权：如果有任何股东计划向第三方出售部分或全部股份，投资人有权按照其所持股份比例以相同的条款加入该交易。要确保创始人的股份（老股）被排除在共售权之外，这一点非常重要。因此，如果创始人出售股份，投资人就没有共售的权利。

关键条款 5：清算优先权

在清算的情况下，投资人拥有相对于普通股的优先权。从本质上来说，最后一笔钱投入，第一笔钱清算支付。清算优先权有四个级别。

- 无清算优先权：所有股份的权利都一样；
- 不参与优先权：投资人可以选择拿回他们的投资额（加上利息）或者按照股份比例参与分配公司的价值；
- 1 倍参与优先权：投资人将先拿回他们的投资额（有或无利息），然后按照股份比例参与分配剩余的公司价值；

① 此处作者的表述有误，已改正。原文为：a new investor in the next rounel。——译者注

- Y 倍参与优先权：投资人将先拿回他们投资额的 Y 倍，然后按照股份比例参与分配剩余的公司价值。①

这可能很恶心。通常的做法是不参与优先权，最多可能获得利息。因此，在退出的情况下，投资人可以选择他们的投资额加利息或他们的股份价值。参见下文的详细说明。

关键条款 6：董事会

通常的做法是，投资人成为公司董事会的一部分，这是有一定道理的。最近，我看到越来越多的投资人作为观察员加入董事会，这样他们就可以获得所有信息，并参与讨论，但没有投票权，也不承担责任。你的目标是将董事会成员的数量保持在最低水平。董事会成员越多，你就得提供越多的答案，以便让每个人都满意，这样董事会就会变得更加麻烦。

关键条款 7：反稀释权

如果未来出现一轮降价融资，会有什么事情发生？这种情况发生的可能性有 30%。广义加权平均的反稀释比较常见，而完全棘轮反稀释是令人厌恶的。下面解释一下什么是完全棘轮。假设你上一轮融资 500 万美元，融资前估值 1 000 万美元，那么本质上投资人持有公司 1/3 的股份，创始人持有 2/3（暂且不提 ISO）。现在，公司运营遇到困难。你还没有找到 PMF，但现金快用完了，融资市场面临熊市，你能收到最好的条款清单是继续融资 500 万美元，融资前估值为 500 万美元。这样，新的投资人将持有公司 50% 的股份，其他人的股份将被稀释到一半，对吗？如果有一项完全棘轮反稀释条款，那么当前的投资人（来自上一轮融资）会受到保护，因此维持其 1/3 的股份比例，唯一受害的是你。还有一个更具挑战性的部分，

① 此处应该还有一个级别，即附带 Z 倍上限的参与优先权。投资人将首先拿回他们的投资额（有或无利息），然后按照股份比例参与分配剩余的公司价值，直到投资人累计获得投资额的 Z 倍为止。——译者注

新的投资人会查看公司的股权结构表，意识到在这一轮（本质上是又一次的种子轮）之后，创始人仅持有大约 15% 的股份，这实在是太少了，这可能会导致他们放弃这笔交易。

关键条款 8：投票权、保护条款

这项很棘手，它列出了投资人针对一系列事项的否决权。有些是有道理的，比如，即使普通股的比例更高，你也不能侵犯投资人的权利，因此你不能终止投资人的清算优先权，或者你作为董事会的大多数成员和控股股东不能自行决定自己的年度奖金。其他投票权可能会干扰公司的平稳运营。对于这些，你应该拒绝。无论如何，你都要防止否决权被控制在某个单一的实体手中。

关键条款 9：禁售

对于创始人来说，这是很痛苦的，因为它涉及你自己的口袋，这项条款告诉你什么时候可以出售老股，出售多少比例。这种约定也是有道理的，投资人在投资之后，你不能立即出售自己的股份，而让他们输掉赌注。通常的做法是允许每年出售一定数量的股份，并且出售总量控制在一定的数量，一般 30% 比较合理。

关键条款 10：创始人股权兑现

这看起来更痛苦，但实际上是你真正想要的东西。如果你想很快离开公司，就只能拿走你的一部分股份，这是对创始人的锁定 / 留存模式。这种设计令人吃惊，下文有进一步的详细说明。

关键条款 11：费用

投资额的一部分将用于支付投资人的法律费用。这看起来很荒谬，但是是常见的做法。当这里提到“不高于 X 美元”时，简单地把它改成“X 美元”，否则他们会浪费你的时间来证明 X 是个合理的数字。

现在，我们来详细说明一下股权兑现是怎么回事。想象一下，一位投资人把钱投到一家有三位创始人的公司，其中一位创始人第二天就离职了，那个人仍然是公司的大股东，实际上这会让其他创始人和投资人非常痛苦。投资人原本是相信团队能够实现预期目标才投资的。现在，不仅不清楚团队是否能够实现目标，甚至都没有团队了，至少是团队不全。因此，大多数投资人会要求一种股权兑现，即如果创始人在一定时期内离开，他的部分股份可以由公司回购。

创始人股权兑现是有合理性的。你也会对你的员工做同样的事情。你给他们 ISO 或 ESOP，3 ～ 4 年的兑现期，如果他们中途离开，未兑现的期权将回到期权池中。因此，在条款清单中，我们知道投资人会要求这项条款，但事实上，这项条款对你来说比想象中更重要。你通常只从一个角度思考，也就是你自己的角度。但是换个角度，考虑一下如果另一位联合创始人要离开，或者你发现其他创始人中有一位不够好，需要被解雇。你现在就需要这个兑现期，这样你就有足够的股份招募一位新的领导者来代替离开的联合创始人。

你现在要忘记对自己的团队有多么信任。你只要知道：大约一半的创始团队撑不过 3 年。你现在最重要的任务，是让公司获得成功，而不是照顾离开的联合创始人。我有几家初创公司延长了兑现期。他们意识到创业的旅程将是漫长的，大家想要一个相互的承诺，所以他们将兑现期从 3 年延长到 4 年，然后又延长了 3 年。

如果条款清单里没有这样的条款怎么办？补充一下！毕竟，下一轮投资人也会添加，然后不管兑现期有多长，都会从下一轮融资完成时开始计算。如果今天添加上，下一轮投资人就不太可能修改了。

条款清单中的大多数条款都是这样：如果没有清算优先权条款，下一轮的领投方将会制定一条，所以你最好今天就制定一些公平的、可能会持续的条款。

清算优先权的原理是什么？我们来简单推演一下。假设种子轮融资 500 万美元，A 轮融资 2 000 万美元，B 轮融资 5 000 万美元，所有投资人都有 1 倍参与清算优先权，他们每个人都持有公司 20% 的股份，普通股占公司 40% 的股份。现在，有人出价 1 亿美元收购该公司。起初，你认为普通股股东将获得 4 000 万美元，这对你来说意味着数千万美元收益，这是一个改变人生的事件。但是看清楚清算优先权之后，你意识到投资人要先拿回当初的投资额 7 500 万美元，然后你才能分配剩余的部分，所以是 2 500 万美元（剩余部分）的 40%，大约 1 000 万美元属于普通股股东，而不是 4 000 万美元。

在牛市中，清算优先权有助于投资人接受非常高，甚至是高到不合理的估值。假设有一家公司试图以 100 亿美元的估值融资 5 亿美元，这 100 亿美元的估值与任何经济推理都有些脱节，但是，这是一个牛市，有人会接受这笔交易。假设有一位投资人真以 100 亿美元的估值投资 5 亿美元，但要求 2 倍甚至 3 倍的清算优先权（参与或不参与）。2 倍或 3 倍意味着在清算事件时，投资人将先获得至少 2 倍或 3 倍的投资额。现在，假设这家公司以 50 亿美元的估值上市，或者以这个价格被收购。虽然估值远低于上一轮，但最后一轮的投资人仍然赚了很多钱（2 倍或 3 倍）。

像经营婚姻一样合作

太阳微系统公司（Sun Microsystems）的联合创始人维诺德·科斯拉（Vinod Khosla）曾经说过："70% ～ 80% 的风险投资人是亏本的。"所以要有识别能力！为什么投资机构的收益这么差？这可能是一个设定预期的问题。你可能会认为他们的主要任务是帮助被投资的初创公司，但实际上完全不是这么回事。风险投资合伙人的主要职责为：

- 选择要投资的初创公司，即管理项目源。
- 为这支基金或下一支基金募集资金。

- 之后才是帮助已投资的公司，而且只会帮助那些有市场影响力的公司。

如果你还处于挣扎期，并期待他们的帮助，要知道这不是他们的首要任务。另外你还要看投资人以前是否在初创公司工作过。在遥远的过去，很多风险投资人是资金管理者，而不是公司管理者。如今，风险投资机构的很多合伙人之前都是创业者。你要与这种类型的投资人合作，他们经历过创业失败的过程，能理解你。他们不会轻易被吓到，创业者经历过的所有这些事情他们都经历过。

一旦你跟一位投资人合作，你们的关系就像一场具有严格信仰的不可分离的婚姻，你没有办法摆脱这位投资人了。他们拥有各种各样的权利，在大多数情况下，这些权利会使其处于比你更强势的地位。不妨想一下接下来有可能发生的不愉快的事情：如果投资人的情况不好，我真的希望这位投资人成为我公司的一分子吗？著名投资人、网景公司（Netscape）的创始人马克·安德森（Marc Andreessen）指出：“那些将进入你公司董事会的特殊投资人跟你的结婚对象一样重要。”

在双方谈判的时候，投资人会对你进行尽职调查。他们会调查你的背景情况，确保你讲的故事是可信的。你也应该对投资人做尽职调查，因为在创业旅程的最后，投资人与创始人之间只有两种关系：要么爱对方，要么恨对方。咨询一位经验丰富的创业者，在他的创业旅程以及与投资人的婚姻结束之后，他对这些投资人的看法如何。创业者要么会说：“任何时候，我都愿意再次与这位投资人合作。”要么会说：“我永远不会跟这位投资人合作了。”顺便说一下，投资人也会说同样的话。所有爱或恨，其原因通常不在于最终的结果，而是与个人相关。

下面是关于如何进行尽职调查的一条建议：与这位风险投资人之前投资过的 6 家公司的创始人交流。他们应该不再参与这些被投公司，这样创业者们才能畅所欲言。你需要询问的主要问题是，当公司陷入困境时，风险投资人是如何表现的。毫无疑问，你的公司也会经历充满挑战的时期，你希望有一位投资人在艰难的旅途中能给你一些建议。

很多创业者问我对某位投资人的看法。我的回答与别人让我做的任何其他推荐一样：我只能基于自己看到的说自己知道的事情。我原来可能认为某个人非常聪明，他给我留下了很好的印象，但只有在一起度过一场危机之后，我才能告诉你我知道的真实情况。

成功的 CEO 最重要的品质之一就是坚持，不会害怕并且永远不会放弃。作为一名创业者，我喜欢的投资人也是这样的。

缓慢推动还是迅速推动

风险投资人推动交易的速度有多快？答案是：通常情况下，不会太快。这取决于他们的日程，而不是你的安排。在很多情况下，缓慢推动对他们更有利。随着时间的推移，他们可能会重新评估是否还想做这笔交易。他们可能想看看其他投资人是否会先感兴趣。

想想看：关于估值的沟通早在条款清单之前就已经进行过了。签署条款清单可能还需要一个月的时间，完成交割再需要两三个月的时间。在此期间，风险投资人了解了更多的东西，可能会决定放弃这笔交易。同时，当你取得进展的时候，他们也没有付出代价。即使你取得了重大进展，条款也不会变得对你有利，除非你拒绝这笔交易。

如果投资人认为他们可能会失去这笔交易，情况就不一样了。他们会非常迅速地行动起来。这就是我们收到祥峰投资的条款清单几天后发生在 Waze 身上的事情，在随后的条款清单谈判过程中也是如此。通过 LiveU 的 CEO 施穆里克·沃瑟曼（Shmulik Wasserman）的介绍，我认识了另一家领先的以色列风险投资机构 Magma 的普通合伙人史瑞嘉·卡茨（Shraga Katz）。LiveU 开发了一种可以传输直播视频的技术。在 LiveU 的创业之旅开启时，我曾给过沃瑟曼一些帮助，而沃瑟曼以前曾为卡茨工作过。

卡茨很感兴趣。我们在一个周六的晚上见面，第二天早上，Magma 的人打电话过来，是雅哈尔·奇卡（Yahal Zilka），他是 Magma 的联合创始人和联合管理合伙人。“你的融资进展如何？”奇卡问。我告诉他，我们正在与多家投资机构沟通，进展顺利。然后他表示 Magma 也对 Waze 感兴趣。“还可以参与吗？”他问我。“如果你们的动作足够快是可以的。”我回答。他继续问：“足够快是多快？”“嗯，我计划在本周末签署一份条款清单，”我说，“如果你们能赶得上这个速度，那我们就可以见面聊一聊。”

我们周一、周二两天都在讨论这件事，周三又见了一面。周四，Magma 给了我们一份条款清单，我们开始谈判。换句话说，在四天之内，Magma 给了我们一份他们自己的条款清单，这次不是投资 200 万美元，而是 600 万美元，而且条款更友好。

我联系了祥峰投资的埃胡德·利维，将这份条款清单的情况告诉了他。“还给你们留出了份额，”我说，“但估值更高了。”我以为利维会不高兴，会觉得我们背着他行动。相反，他简单地回应道：“把它发给我，我先看看。”令我吃惊的是，他在 10 分钟内签署并归还了文件。

加快交易进程的两条经验

Fall in Love with the Problem, Not the Solution

- 当风险投资人即将完成交易时，他们可以而且也会迅速行动。
- 如果觉得自己可能会出局，他们会忘记与估值和投资额相关的所有事情。

对于 Waze 来说，“推进过程中的快与慢”的故事并没有结束。我们在 2007

年 12 月就与祥峰投资和 Magma 签署了条款清单，并期望在年底完成交割。事实上，直到 2008 年 3 月，这笔交易才最终完成。这中间发生了什么？首先，我们从未停止谈判。我们与另一家风险投资人进行了谈判，并最终拒绝了他们。其次，在尽职调查阶段，Magma 提出了一个新建议。“我们认为你需要的不止 600 万美元，而是更多，”奇卡说，“我们把融资额提高到 1 200 万美元。我们投 400 万美元，祥峰投资 400 万美元，找另一位新投资人来投剩余的 400 万美元。”

我们很高兴 Magma 对我们如此信任，但这个新计划实际上让这轮融资整体处于危险之中。如果我们没有找到另一位投资人呢？Magma 做了一些推荐，我们最终在 2008 年 2 月巴塞罗那的 GSM 世界大会上遇到了蓝驰创投（BlueRun Ventures）。他们决定加入。但是当我们最后敲定文件时，蓝驰创投犹豫并退出了。“我们看到有其他人在美国做众包地图。”这是他们的借口。还记得我说过融资就像在黑暗中坐过山车吗？实际上，他们所说的只是一个简单的创新模式，有人在现有的地图上添加了一层闲置房产信息，可供租赁或购买，但在某些方面，这对我们是一个具有考验性的障碍，因为我们意识到，如果这都能吓跑他们，那么他们就没有真正理解我们在做什么。时间在流逝，我开始担心最终无法完成交易。

最终，经过充分的讨论，蓝驰创投回过头来拿下了全部 400 万美元的份额。这笔交易最终在 2008 年 3 月完成，融资总额为 1 200 万美元。我们终于准备好启动公司了。

什么时候是融资的合适时机？简单的答案：当你可以融资的时候，如果你有很好的市场影响力，可以融资更多，那么就去融吧！越多越好。无论是因为市场影响力还是市场状况，充满挑战的时期只会让融资变得更困难。

归根结底我们要把融资想象成给你的汽车添加燃料，为未来的旅程做准备。没有燃料，就不可能有旅程，但添加燃料只是旅程中很小的一部分。紧接着，你需要考虑燃料（即资金）是否足够完成你的旅程，或者你是否需要更多。如果你需要更多，这就是一个需要管理的重要任务。问问你自己：要想在下一轮获得投资，你需要做些什么？你应该如何打造你的目标，让自己手里有足够的现金去实现阶段性发展，让自己有时间去完成新的融资，并留出喘息的空间，去实现投资的重要事项或获得良好的市场表现。

记住我在第 4 章所说的：当你在融资时，没有什么比这件事更重要了。钱汇入银行账户的第二天，你需要完全转向计划的执行。

总的来说，这是创业战略中最大的挑战之一。想象一下：作为公司的 CEO，在过去的 6 ～ 9 个月里，你完全专注于融资。这需要付出巨大的努力和注意力，你要将 150% 的精力投入其中。然后就结束了。第二天，你当然想要庆祝一下，这也是应该的，但再过一天，你就必须重新投入业务的执行、产品的打造、产品 GTM 的制订以及解雇和招聘。

多年来，我已经明白，在 CEO 被融资事务分心的同时，维持初创公司的执行计划是多么重要。执行必须保持在正轨上，特别是为了满足融资的需要。投资人可能喜欢你的故事，但他们仍然期待看到业务取得进展。如果你能在两个月、三个月或四个月内向他们展示你取得的进展，那么他们就会愿意继续往前推进。如果没有，他们就会放弃，并转向下一个项目。

你如何确保取得进展？让你的管理团队远离融资事务。他们不需要听到投资人给出的所有拒绝答复。这太令人沮丧。只有 CEO 才应该去承受 100 次的拒绝。让管理层专注于执行。

你应该融资多少金额？想想你的下一个可以获得融资的里程碑。你需要多长时间到达那里？然后再加上 6 个月的后续融资时间和另外 6 个月的缓冲时间。这段时间所需的资金，就是你这一轮的融资金额。如果在创业旅途中有机会获得更多的融资，那就融更多的资金！

融资过程中有童话故事发生吗？事实上是有的，有时候融资过程非常简单，尤其是在你刚刚融到资金后的“蜜月期”。也听到过一些故事，完成一轮谈判只需要几周时间，或者只需要一次会谈。有一次，我打电话给之前的一位投资人，告诉他我有一个创意，他当场就答应投资。但是别指望这些。没错，如果你是一位成功的创业者，之前实现过成功的退出，那融资对你来说会容易一些。但除此之外，通常情况下融资总是很困难的。

如何做好难而正确的事
Fall in Love with the Problem, Not the Solution

- 融资的关键是风险投资人喜欢 CEO 及其所讲的故事。
- 讲好故事的策略是，首先从你最强有力的要点开始讲述。其次试着创造情感投入，让投资人想象自己是故事的一部分。最后倾听反馈。一旦投资人融入进来，强调并加强这种联系。
- 如果你是第一次向投资人做融资推销，再次记住：CEO 是唯一应该出席会议的人，除非投资人特别要求团队参与。
- 当投资人不停地对你说“不”时，不能气馁，找出改进的方法后继续找下一位投资人。
- 在风投机构里，应该直接接触风险投资人的合伙人。跟一线分析师交流没有用，他的工作就是拒绝。
- 关注关键投资人指标。这些指标会告诉你一位投资人是否有兴趣继续推进。
- 不要试图独自与投资人谈判条款清单。不要害怕寻求帮助，找到可以指导你的导师。
- 对投资人做尽职调查的一条建议：与这位风险投资人之前投资过的 6 家公司的创始人交流。主要问题是当公司陷入困境时，风险投资人是如何表现的。
- 风险投资人的推进速度很慢，可以通过让他们认为交易即将完成或可能会失去这笔交易而加快进程。

Fall in **Love** with **the Problem,** Not the Solution

06

你的工作是让公司成功，而不是让别人满意

“

表示不满意是投资人的工作，
这是他们推动 CEO
做更多努力的方式。

”

如果创业像坐过山车，那么融资就像在黑暗中坐过山车。而完成一笔融资交易就是在黑暗中坐倒退着反向行驶的过山车。

为公司融资不是一劳永逸，而是一件持续、重复的事情。一旦你完成了种子轮融资，接下来还有 A 轮、B 轮、C 轮和更多轮次。融资时，可以说你是全身心参与其中，管理投资人、董事会、利益冲突、清算事件、老股等各方面的事情将持续不断。为了规划未来的融资活动，我开发了一种算法，可以帮助你制定自己的融资策略（见图 6-1）。

一旦你见过大量的投资人并完成了一轮新的融资，现在最不想做的事情，就是跟更多，甚至相同的投资人见面，但你别无选择，只能继续跟他们见面，以便为现在和未来建立融资通道。在你完成一轮融资后，你必须管理你的投资人。以下是需要记住的一些注意事项。

与投资人产生利益冲突的 4 个方面

在我看到或参与的 90% 的创业旅程中，创始人与他们的投资人之间在利益上是一致的。你可能对如何实现这些利益有不同的想法，或者你可能不得不对你和你的投资人做很多自我管理，但归根结底，你和你的投资人想要的是同样的东西：一家成功的公司和更成功的退出。然而，在剩余 10% 的情况下，你跟你的投资人之间存在的利益冲突可能会在以下 4 个方面面临挑战。

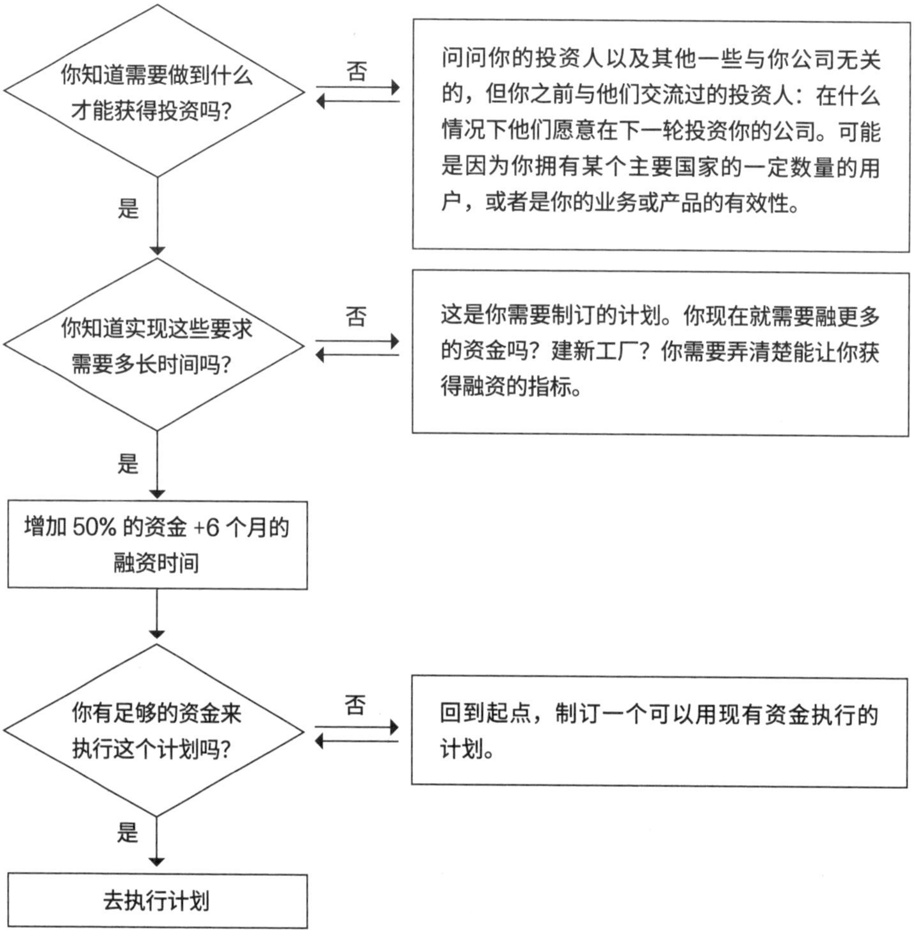

图 6-1　融资策略流程图

清算中的股份购买

不管是退出、出售老股还是引入新的投资人，无论发生的事件是什么，作为公司的创始人、普通股股东和高管，你的利益很可能不同于其他股东的利益，尤其是投资人的利益。这可能会令人困惑，怎么会这样呢？如果你正在进行的是一轮估值高于前一轮的溢价轮融资，有人会不高兴吗？这里面的原因有很多。

- 投资人认为有一天他们可以再投资几百万美元来提高他们在公司的持股比例，但现在他们做不到了。
- 他们的融资期限即将结束，公司获得大笔融资可能会推迟退出时间。
- 他们的股份被稀释太多，并且没有足够的资金参与当前这一轮。
- 他们的股份比例降低后，失去了享有一些优先权利的资格，比如失去董事会席位。
- 新投资人要求给创始人和管理团队“追加”，这会进一步稀释之前的投资人的股份。这里的追加是指创始人、CEO 和管理团队的股份被过度稀释后，以 ESOP 或 ISO 的形式获得额外的股权。新一轮融资总是一个很好的机会，让你重新审视该轮融资后你和管理层的预期股权状况，如果需要的话，你可以向新投资人暗示，他们可能需要考虑追加的事情。

解决这些问题从来都不容易，但融资通常符合公司的最大利益！如果出现最坏的情况，记住清算是你跟投资人关系的终结。创始人和投资人之间的关系基本上只有两种结束方式：要么彼此相爱，要么彼此憎恨，这是创始人和投资人在利益冲突期间的相互行为导致的结果。创业旅程结束后，爱上你的投资人不是你议程的一部分。本质上，你带领公司走向成功，照顾好自己的员工，这是你的使命。如果你有一个好的董事会，他们会照顾你。

我最近加入了一家公司，担任董事会主席。我看着公司的股权结构表，告诉领投的投资人，CEO 的股份被稀释得太多了，需要得到追加。他大体上同意了，并试图在一切问题都解决后再做决定。我告诉他，如果在这轮融资完成之前，CEO 及创始人没有获得更合理的股份，我就不会加入董事会。投资人问我这是不是一个“不成功便成仁的条件”，我说是的。最终 CEO 获得了追加。新的投资人通常比当前各方拥有更强大的谈判优势。

清算中的老股

老股是指创始人、管理层或所有员工要出售给其他人（很可能是投资人）的部分股份。这对创始人和团队来说，实际上是一笔小小的退出，这个过程不会为公司融更多的钱。

当出售老股时，创始人、管理层和员工都在赚钱，但当前的投资人却没有。这是自我管理的另一个例子。你如何解决这个问题？尝试将老股作为一轮融资的一部分，尽力在融资时获得超额认购。换句话说，在投资人想要投入的资金超过公司所需的融资额时，尽力获得更多的需求。在这个阶段，你可以告诉新投资人，如果在交易中包含部分老股的话，你才能满足他们认购更多股份的需求。一旦出现超额认购，并且新投资人意识到满足这一需求的唯一途径是通过老股，那么就会为当前投资人提供出售老股的机会。别担心，他们很可能是不会出售的，这样你就得到了自己想要的。

薪酬

创始人对他们的旅程和使命非常投入，他们不会在困难的时候离开，即使拿不到薪酬也不会放弃。所有投资人都知道这一点。“准创始人”型的投资人和其他投资人的区别很简单，你的投资人利用这一点了吗？理想情况下，薪酬应该被设定为公司的 DNA，是对员工慷慨大方的给予。你需要推动董事会采纳这种慷慨的做法，因为他们最初的 DNA 可能完全相反。

清算中的退出

退出似乎是最不可能引起利益冲突的事件，毕竟大家都在赚钱。但是，想想以下情形：你已经获得过总计 1 000 万美元的种子轮和 A 轮融资，公司最新的估值是 3 000 万美元。所以，我们假设创始人的股份比例是 40% ～ 50%，投资人持有 40% ～ 50%，预留了 10% 给员工。然后，出现了一个以 5 000 万美元收购公司的机会。你打开 Excel，意识到作为创始人，这对你来说意味着 2 000 多万美元。这是一件让你改变人生的事件，你想接受这笔交易。但是，对于 A 轮投资人来说，这个问题非常复杂。投资人认为你的公司正在成长为独角兽，可以让投资人赚 20 倍、30 倍甚至 40 倍的钱。这笔收购退出的价值仅有这个体量的 5%，这绝对不是能赚回一支基金的退出机会。因此，投资人不喜欢这笔交易。

还有另一种可能出现的情况。我们假设有一个更好的退出机会，比如，2 亿美元的收购。投资人很喜欢，但买家说："稍等一下，我需要创业团队在交易完成后的 4 年内继续在公司留任，所以我们需要将交易金额的 25% 用于留住员工，而不分配给股东，即不分配给投资人。"在这种情况下，你需要考虑交易本身和交易之后的情况。而投资人只考虑交易，对他们来说，不存在交易之后的事情。

尽可能地出售老股

只要有可能，你就应该卖出老股。我们在 Waze 和 Moovit 以及其他初创公司都出售了老股，如果有必要，我们将继续在我的所有公司出售老股。比如，如果价格合适将会给卖方带来巨大变化，或者这一轮融资出现超额认购。对你个人来说，如果拿回家几十万到几百万美元非常重要，那么你应该这样做。与欧洲公司相比，美国公司出售老股的现象更为普遍，甚至还有提供老股买卖的交易市场。

出售老股不同于进行 B 轮或 C 轮融资，它与发行新股无关。更确切地说，出售老股对于保持创始人的激情和快乐至关重要，可以将它视为对努力工作、取得成果、给公司带来一定估值的回报。出售老股也可以减轻创始人过早出售公司的压力。如果你已经通过出售老股赚了几百万美元，然后有一位买家说他们准备以 2.5 亿美元收购你的公司，如果你不需要这笔钱，可能不愿意做这笔交易。出售老股表明，公司和创始人可以坚持到底，他们会不断寻找更大的机会。

谁应该出售老股？答案是所有人，所有想出售老股的股东都应该出售。这对员工来说尤其有价值，出售老股可以被视为一种奖励，能留住公司的建设者，使雇主和员工的承诺更加坚定。出售老股的另一个非常重要的原因，是这一轮出现了超额认购，也就是说，有太多人想要“参与”。这是个好消息，将有助于你的公司走向成功，也可能让你的融资更容易，但主要的好处是，让你的公司对员工更有吸引力。

偶尔，当出售老股并向员工提供出售老股的机会时，他们可能会拒绝。他们相信公司，或者他们不想发出任何不是 100% 相信公司的信号。虽然你不能告诉他们做什么，事实上你甚至不被允许给他们提建议，但如果这是一个面向全公司或很多员工的机会，你应该做两件事：告诉他们你正在出售，然后提供一名财务顾问或咨询顾问向那些想要出售老股的人提供总体的介绍或一对一的咨询。我们将在第 13 章详细讨论老股的问题。

让投资人了解最新情况

管理当前投资人的最好方法是让他们了解最新信息。每隔一两个月发送一次更新的信息。对于当前的股东，试着在他们可以提供帮助的特定事务上寻求帮助。你也应该对潜在投资人使用同样的策略，要与之前拒绝了你的所有 100 位投资人保持联系。如果投资人要求更频繁地提供更新的信息，或者他们想要占用你的时间，不要答应他们！我知道一些投资人根本无所事事，所以会不停地打扰他们投资过的 CEO。你可以忽略他们，如果不管用，就让他们查看你已经发出的定期更新的信息。

你应该更新什么信息？就是一些非常简单的只需要两三段文字展示你取得的进展的信息。你可以说“这个季度我们专注于 PMF”，或者“这个月我们被媒体报道了”，或者“我们引入了一名新的团队管理成员”。请记住，可能没有人会阅读你信息更新中的文字内容。投资人希望看到进度图，绘制一些形象化的标准一致的图表，这样能清楚地展示他们关注的指标随时更新的数据。什么类型的图表最有效？那些趋势上升的图！因此曲线图或柱状图比饼状图更好。如果你没有可以展示的增长怎么办？继续编制图表并发送给投资人。如果你不能表现出增长，投资人不会投入更多的资金，但最终，如果你能实现持续性，表现出即便缓慢但稳定的增长，他们就会投资更多。这样，当你忽然间获得成功时，所有人都会清楚你现在终于可以去融资了。

如果你能在很长一段时间内持续地更新信息，这对投资人来说印象是深刻的。持续性会创造魔力，原因很简单，因为人们只能根据以往的发展惯性地预见未来。如果你能在过去 3 年里持续增长，大多数人会相信你能继续保持这种增长势头。这跟他是不是投资人无关，这是人之常情。

管理潜在的投资人

投资人是一个谨慎的群体。没有人想第一个跳进来，但是当第一位投资人同意之后，可能后续会有很多投资人感兴趣，甚至比你需要的还要多。有时候，一位投资人会说："我不想领投这一轮，也许其他人会有兴趣参与进来。"但如果你获得了红杉资本、a16z、凯鹏华盛（Kleiner Perkins）等大牌投资机构的青睐，可能会很快看到一长串其他投资人吵着要加入这一轮。那你该怎么做？

面对多方投资的两个策略

- 增加本轮融资的规模，尽管因为领投方的原因这种做法通常不会奏效，假设领投方是一家拥有足够资金量的大型基金，他们通常会希望提高自己的投资额，以维持他们的股份比例。
- 将新的投资者引导到后续的融资轮次，也就是所谓的追加轮或溢出轮，在这一过程中，你可以作为融资轮次扩展的一部分来提高公司的估值。

早期和晚期投资人之间有很大的区别。早期投资人会参与种子轮以及之后的 A 轮，然后停住，因为他们没有足够的资金来继续支持被投公司。早期投资人的经验法则是第一轮的投资额为 X，后续轮次的投资额为 X 的 1 ～ 2 倍。因此，如果投资人种子轮投资约 300 万美元，他们可能需要准备额外的 300 万～ 600 万美元在未来继续支持公司。这基本上意味着，如果估值大幅增长，他们将没有足够的资金来维持他们在公司的股份比例，因此将会被稀释。

融资需要多长时间

融资的时间总是很难把控。你要把时间投入在公司的发展上，而不是融资上。如果你没有像预期那样发展，那么融资时就会处于非常不利的地位。

从我以往的经验来看，一般需要花 6 ～ 12 个月的时间来完成种子轮融资，尽管这取决于市场情况和你的背景。如果你刚刚在上一家公司成功实现了退出，现在创立了一家新公司，而且投资人喜欢你，那么你可以在一天之内获得种子资金。如果你是首次创业，融资需要的时间会更长。什么事情需要这么长时间？构思你需要讲述的故事，然后去跟投资人讲述这个故事，这些都是需要时间的。对于 Waze 来说，2007 年 12 月初，我们拿到了 3 份条款清单。然后我们有 3 个月的时间来完成这一轮融资。时间往往对投资人有利，而不是初创者。你可能会认为每个人都想快速行动，但投资人往往通过拖延的策略来看看你是否能取得进展，如果他们不满意，就重新对条款进行谈判。

在这 3 个月里，你通常会被锁定在所谓的禁售期。另一方面，你的投资人可以继续对你和你的商业计划进行尽职调查。如果他们愿意，可以选择放弃交易，对他们而言，不会有任何不良后果。这就是为什么即使你已经正式进入禁售期我还建议你继续跟其他投资人交流。你可能无法从其他人那里收到一份真正的条款清单，但如果事情确实出了岔子，你会有一个备选方案。

如果你的投资人发现你在跟别人交流怎么办？我不认为这是一个太大的风险点。告诉他们，因为他们有可能放弃交易，但你有责任让公司活着。如果你在禁售期收到了另一位投资人的报价，该怎么办？你可以告诉这位感兴趣的投资人真相：你现在处于禁售期以及具体截止日期，但你很高兴跟他们进一步交流。如果这是一份更好的报价，你也可以简单地等到禁售期结束，通常大约 30 天。这种事情在 Waze 身上也确实发生过，不是在融资期间，而是在并购交易期间。当谷歌通过电子邮件主动提出出具收购要约时，我们正处于跟一家潜在收购方签署的禁售期内。谷歌发现了其他收购方的要约，而该收购方允许谷歌的收购继续进行。否则，我们会在禁售期结束后，重新与谷歌接触。

在疫情发生的初期，我看到很多交易重新谈判，因为商务出差几乎不可能，CEO 也几乎不可能约见新的投资人。估值被轻易地削减了 30% ～ 40%。我看到有投资人放弃了交易，也有一些投资人坚守承诺。在 2022 年的疫情期间，我看到了同样的情况：投资人消失，条款清单重新谈判，估值大幅下降。

需要打造融资的影响力

你要一直跟投资人见面，包括在融资之前和融资之后，在会议上和其他场合向你最近接触的投资人展示。这些见面是你下一轮融资的基础。即使你刚刚完成了一轮融资，短时间内没有融资的需求，也要随时更新你的执行摘要和演示文稿。这样，任何时候如果有投资人要求发送一些资料，你都已经准备好了。但最重要的是把投资人留在身边。俗话说得好，乞丐不能挑肥拣瘦，所以如果你想成为一个挑肥拣瘦的人，唯一的办法就是手里有多份条款清单。

让你所有接触过的投资人都了解情况，养成每个月或每隔一个月向所有人发送最新信息的习惯。这份文件应该叫作“公司进展”，篇幅只需一页，包含两三个段落和两三张图表。这些图表的内容应该保持一致，比如，用户数量、交易数。

向投资人汇报公司进展必须包含的 4 个信息

- 一直在增长。
- 高于行业水平。
- 展示你的优点。
- 显示一段时间内的进展。

两三个段落的内容是什么呢？用简短的一段话介绍公司。比如，“我们为财富 500 强用户解决某某问题”。这一段永远不变；下一段，最近的动态，可能是“我们招募了一位新的销售副总裁”，或者“我们这个月签了三个新用户”。这一段每个月更新；可能有第三段，是一句“询问”。比如，“我们在找一位 CFO，你有什么好的人选推荐吗？”或者“我们想联系某财富 500 强公司的首席信息官，是否可以帮忙推荐？”

现在，要开始创造需求。虽然这看起来很普通，也很牵强，但你不知道什么事情会引发投资人的需求。也许是你展示的进展，也许投资人刚刚错过了一家类似公司的投资机会，也许投资人意识到他们需要投入更多的资金，也许他们刚好有一位好朋友，是非常适合你的初创公司的人选。

一旦从主动寻求投资人，转变为投资人主动找上门，你不仅获得融资的可能性提高了一个数量级，还可能被视为有别于乞丐和挑肥拣瘦的人。投资人或潜在投资人看到持续性的更新信息是至关重要的。你需要将这种月度报告和进展更新延续很长一段时间，这样才能发挥它的魔力。

管理董事会的 3 条规则

我参与创立的一家公司业绩实现了 3 倍的增长，所有人对此都非常兴奋，说 3 倍的同比增长是非常优秀的。我曾听红杉资本说过，2 倍增长不错，2.5 倍增长很好，3 倍增长优秀，在此之上的增长就是卓越。这里的所有人，是除了领投方以外的人。领投投资人哀叹道：“尽管同比增长 3 倍很不错，但这还不够。我们应该实现 4 倍甚至 10 倍的增长。”CEO 回答道：“但是你是按照 3 倍的增长预期投资的。”他试图说服投资人放松一下，高兴起来。

很多投资人往往会让人扫兴。这不是故意的，也绝对不是针对你，大多数时候不满意只是他们习惯的一部分。在某种程度上，他们甚至对此有一套理论。在 Waze 的创业旅程中，有一段时间我印象特别深刻，一切似乎都很好，但我们发现有一位投资人在董事会上表现得非常不满意。会后，我与这位投资人进行了交谈，询问他对公司某些方面的进展有何看法。他答复对此非常满意。然后我问："既然一切都那么好，为什么你在董事会上不高兴呢？"他告诉我，表示不满意是投资人的工作，这是他们推动 CEO 做更多努力的方式。"你可以通过鼓励而不是打击的方式获得更好的结果。"我向他建议。"这种方式更好，"他坚持说，"对我的孩子我也是这么做的。"我想："可怜的孩子！"

诚然，董事会成员的关键任务之一，是让 CEO 推动公司取得更好的成绩，但不知何故，我总是站在鼓励的一方，而不是令人沮丧的一方。而我见过的很多投资人采取的方法也并非如此。CEO 在管理董事会时应该遵循 3 条规则。首先避免出现意外。

当你让董事会成员感到意外时，他们会觉得自己像个白痴，他们不喜欢这样的感觉，但事情远不止如此，你还可能让整个董事会都感到意外。每个人都是独立的个体，他们认为自己是唯一感到惊讶的人。这就变成了自我管理的问题。让每位董事会成员在会议前做好准备，以免出现让他们感觉意外的情形。

其次，引导董事会成员做出你想要的决定。如果你希望 Y 选项被选中，那么就这样展示三个选项：x**Y**z，显而易见 Y 就是最佳选择。不仅仅是 Y 处于中间的位置，而且还被突出显示和加粗，人们倾向于在三个选项中选择中间的选项。或者给董事会成员一个选择，A 太激进，C 太保守，B 是你希望他们选择的。如果你有三个以上的选择，确保你希望投资人选择的是第二个或倒数第二个。这样刚刚好！

最后，如果董事会成员反对，使用一个神奇的问题："你有什么建议？"我从我的妻子诺加·皮尔·莱文（Noga Peer Levine）那里学到了这个诀窍，她是一名生活教练。没有什么比用这个问题来化解争论更好的了。不要用"但是，你有什么建议？"或者"那么，你有什么建议？"的问法，只说"你有什么建议？"

管理董事会时要遵循的 3 条原则

- 避免出现意外。
- 引导董事会成员做出你想要的决定。
- 如果董事会成员反对，使用一个神奇的问题：“你有什么建议？”

要管理你的董事会，就要在会议之前至少三天，最好是一周，把所有资料发给他们审阅。但最重要的是：给他们打电话，让他们做好准备。对你来说，这似乎像是在管理一个幼儿园班级，但换位思考一下，风险投资机构的一位合伙人每年进行一两笔新投资。按照这样的速度，在五六年的时间里，除了风险投资人的主要投资职能之外，风险投资合伙人还要加入 5 ～ 10 家公司的董事会。因此，要想风险投资人投入必要的时间来深入了解你的公司以及你面临的挑战，这种可能性很小。你可能希望董事会成员有备而来，但他们通常不会。你每天都跟自己的公司在一起，而他们并没有。

你永远不要带着一个令人意外的决定来参加董事会。你的投资人和董事会成员会反对，之后你还得再安排一次会议。比如，如果你的演示文稿中有一页幻灯片说你将进入德国市场，而你之前的说法是将首先进入意大利市场，即使有充分的理由，这也会让董事会感到意外。他们认为你在意大利很成功，现在你不去那里了。怎么会这样？这种谈话需要在董事会召开之前进行。

在最近的一次董事会会议上，我投资的一家公司的 CEO 表示，该公司将很快搬进一间更大的办公室。我不仅在董事会开会之前就知道了，实际上我在两个月前就告诉他，现在的办公室非常拥挤。

但是，其他董事会成员会感到意外。他们不像我一样参与了公司的事务，他们上一次来公司是在好几个月之前。这种反击是很常见的，这还只是因为他们感到意外。真正让董事会成员感到不快的是他们觉得自己是唯一置身事外的人，没有人听取他们的意见，也没有人在乎他们的观点。

因此，他们当然会反击！你需要在会议之前单独向每位董事会成员做简述，主要原因是你只能在一对一的基础上进行管理。没有人能够或者应该在公共场合处理这些工作。

董事会会议可能因此变成一场噩梦。你努力工作，试图取得进展，像坐过山车一样穿越黑暗……然而并没有人欣赏你的成绩，至少在他们没有做准备就来参加会议的情况下就是如此！记住最重要的一点：你的工作是让公司成功，而不是让投资人满意。当公司成功时，他们都会很高兴。

准确汇报

管理董事会意味着永远说实话，意味着只汇报事实和想法以及希望。你将不可避免地对汇报的内容负责。如果你的汇报中有大量正在开发的产品，或者你正在与用户或潜在的商业伙伴某某沟通，那么你的期望是会有一些事情发生。

在下一次会议上，董事会成员可能会问你，那些联系人或你汇报正在进行中的某笔交易到底进展如何。如果你说正在跟某位伙伴进行深度交流，然后在下一次会议上又说了同样的话，那你就失去了可信度。董事和投资人希望看到进展，他们希望看到发展的势头。

不要提及任何发生的可能性低的事情。没人关心一长串的潜在用户或潜在合作伙伴的名字。不要提及他们。如果这是一个众所周知的名字，你的投资人很可能会去调查，并在下一次会议上询问发生了什么。相反，只提及从现在到下一次会议之间很有可能达成的事情。出于这个原因，季度董事会会议比月度会议更好。

危机管理

在创业的过山车之旅中，你的公司可能会多次濒临死亡。坐过山车往上走的感觉很不错，下降时，你可能会因离地面太近而几乎要坠毁，或者你的双脚以至于整个身体都在水下。在这段时间里，你会看到不同投资人的不同行为，恐慌的和支持你的。即使一些董事会成员没有恐慌情绪，你的压力也足够大！

在危机管理期间，你与董事会之间保持联系至关重要。一些董事会成员能帮你走出危机，也许是通过一轮内部融资，也许是通过引入其他投资人，也许仅仅是陪在你身边。你需要他们的支持。即便不需要管理惊慌失措的董事会成员，应对一家陷入危机的公司也已经够难的了，比如减薪、裁员或者匆忙找到新的商业模式等。因此当你遇到危机时，你可能需要更频繁地与董事会成员进行沟通。

是什么导致了初创公司的危机？大多数危机都与钱有关。有些与诉讼有关，无论是专利侵权、政府法规的修改、歧视还是性骚扰，董事会都会被波及。所以，这对你和他们来说都是一场危机。

2013 年，Pontera 从布隆伯格资本（Blumberg Capital）那里获得了 300 万美元融资。一年后，维港投资（Horizons Ventures）领投了第二轮，我们融了 750 万美元。这些资金足够公司维持一段时间，并将市场中心从以色列转向美国。

当我们还没有找到美国的 PMF 时，就需要筹集更多资金，这一过山车般的过程给了我们当头一棒。而当时我们已经把精力集中在美国，停止了在以色列的运营。到了第三轮融资时，其中一家风险投资机构想要一个“严重降价轮”。他们告诉我们：“不是 5 000 万美元的估值，而是 500 万美元。”

对于 Pontera 的 CEO 约夫 · 祖雷尔来说，那次严重降价轮融资也带来了严重的损失。投资人嗅到了血腥，并不愿意突然出手。“我很遗憾这件事发生在你身上，很遗憾你不得不通过这样艰苦的方式才学会。"我告诉他，"但我也高兴，很高兴你学会了。"虽然出价非常苛刻，但我们还是幸运的，因为公司能够从我和几位联合投资人那里筹到资金，大家准备以更优惠的条件投入大约 300 万美元。

当时，我们很清楚地看明白了谁在公司困难的时候给予了支持，而谁只是在一切顺利的时候才会出现。相信我，你想要的是能给予支持的投资人。那么你怎么知道投资人属于哪一类？对你的投资人进行尽职调查，特别是跟已经与这些投资人通过无论成功与否的清算事件分道扬镳的创业者和 CEO 进行交流。但是，这并不是 Pontera 故事的终结。当我们快要找到 PMF 的时候，我们不得不进行新一轮的融资，而此时疫情悄然来临。这两轮融资都很具有挑战性，很庆幸我们没有死，最后都成功了。两年后，当我们找到 PMF 时，增长模式也已经确定，商业模式也清晰可见，Pontera 的估值比以前高出 20 倍，终于开始腾飞了。请记住，任何公司的融资过程都可能在未来改变十几次方向。

降价轮融资令人意外的好处

大约三分之一的初创公司在融资旅程中会经历一次降价轮，或至少是一轮平价轮。这并不总是一种负面情况，有时候这可能是一种必要的手段，一种清理股权结构的方式，淘汰一些入股时间长但已经无关紧要的投资人以及那些不能给予公司支持的投资人。这是怎么回事呢？如果一位新的或占主导地位的投资人要求一轮降价融资，这往往会最大程度地稀释公司当前的投资人。那些投资人可以投入更多的资金来维持他们的股份比例，术语是"付费参与"，但他们通常不会。他们不投，是因为他们不再相信公司或其领导团队。

我们来看一个案例。假设一家公司已经完成了种子轮、A 轮，甚至 B 轮融资，那么股权结构应该是这样的：创始人占 30%，员工占 10%，种子轮投资人占 20%，A 轮投资人占 20%，B 轮投资人占 20%。在这个例子中，最后一轮的估值是 5 000 万美元。不幸的是，该公司还没有走上正轨，因此无法进行后续的融资，或者至少不能以有利的条款融资。此时，有一位投资人说："好吧，我喜欢这个概念，我也喜欢这个团队，但既然你们还没有找到 PMF，这是一个融资前估值 500 万美元的种子轮，我愿意投资 500 万美元。"

现在，如果你计算一下，新的投资人将在这一轮融资之后拥有公司 50% 的股份，而所有原来股东的股份将被稀释一半。但是，这位新投资人正在查看这轮融资后的预期股权结构表，他发现三位创始人将只剩下 15% 的股份，或者说，对于一家种子期的公司来说，员工只剩下 5%。这对员工来说没有意义，留在自己的岗位上也没有足够的吸引力，长远来看肯定没有吸引力。

因此，新投资人决定通过 ESOP 为创始人和员工分配股份，使他们回到降价轮之前的 40% 股份。新的股权结构是这样的：新投资人占 50%，创始人和员工占 40%，所有以前的投资人占 10%。这是一种相当严重的稀释，每一轮的投资人都从之前的 20% 稀释到之后的 3.3%，除非这位投资人决定"付费参与"以保持存在感。当然，最好的情况是只有溢价融资，但在融资过山车之旅的某些时期，当你在沙漠中徘徊时，你会发现自己是一名需要资金的乞丐，而不是挑选者。

如果一家公司在退出事件之前需要融资 3 次、4 次、5 次、6 次，甚至 10 次，其中一些轮次可能是降价轮。降价轮融资对创始人和管理团队的伤害没有你想象的那么大。这是因为大多数投资人会尽力补偿创始人，以激励他们尽最大努力投入工作。

根据经验，最终两位创始人每人最多将持有公司 10% 的股份。新投资人通常会同意给创始人追加，因为他们不会在最近的一轮融资中被稀释。但是，没有资金意味着你会死，这不仅影响到你，而且对你的投资人来说也是一件非常痛苦的事情，他们投资的价值将变成零。如果他们仍然相信你和公司，或者他们只是想避免在这个阶段关闭一家公司，他们可能会找到一种方法来支持你完成一次苛刻的降价轮融资或付费参与。

Waze 和 Moovit 的融资故事

2010 年，Waze 的资金几乎耗尽。我们在 2008 年完成了融资，但在我们的失败之旅中，我们发现，除了在以色列，我们还不够好。这导致我们的投资人没有兴趣给公司投入更多资金。“你只在以色列有市场影响力，但在美国没有，”当我们试图融资 400 万美元时，投资人告诉我们，“你的商业模式还没有得到验证，并且你的估值也太高了。”

一家比较成功的风险投资基金，在一次内部会议上说得更严厉。我当时在隔壁房间记录要点时，无意中听到一位合伙人说：“我们不想与 Waze 有任何瓜葛（touch Waze with a ten-foot pole）[①]。”在谷歌收购 Waze 的那一天，Waze 的 CEO 诺姆·巴丁和我讨论了是否应该送他们一根真的 10 英尺长的杆子。我们没有这么做，但只是这样想一想也让我们很开心！

光速创投（Lightspeed Venture Partners）是另一家考虑投资的基金，谈判桌上的估值是 2 800 万美元，但他们最终没有投。在谷歌收购的那天，他们送来了一大盘水果，附带的卡片上写着：“很遗憾，我们错过了这个机会！”此后不久，我成了光速创投的一名小出资人，而此后光速创投也成了 Pontera 的一名投资人。

Moovit 的 CEO 尼尔·埃雷兹按照规范流程管理公司的融资，这意味着他在完成当前一轮融资的那天就开始寻找下一轮融资。他与放弃参与当前一轮融资的

① 这是一句俗语，字面意思是拿一根 10 英尺长的杆子去碰 Waze，本意是不想与 Waze 有任何瓜葛。——译者注

投资人建立了关系。对所有拒绝的投资人，他都会问：“我们应该实现什么目标你们才会在下一轮投资？”他采纳了这些意见，并根据这些意见制定了自己的融资策略。投资人跟他说了什么？Moovit需要显示出增长，或者至少要在一些国家显示出强大的存在。Moovit就去做这件事。

埃雷兹的计划是至少需要6个月的时间来融资，所以他要在需要钱的前一年或更长时间开始启动，以确保他有足够的时间，不会面临绝望的局面。他坚持这么做，总的来说，效果很好。

然而，有一位投资人差点引发一场灾难性后果。Moovit在C轮融资时收到了汽车制造商福特公司的条款清单。埃雷兹向董事会提交了条款清单，并获得批准与对方谈判，希望能争取到更好的条款。我们即将在加利福尼亚州召开董事会。然后埃雷兹应该在底特律停留，以拿到福特CEO对条款清单的批准。在他赶到加利福尼亚州参加董事会之前，福特的CEO撤回了投资报价。

Moovit的董事会成员非常担心，并提出重新考虑我们的路线。我说：“如果福特在条款清单之前就已经确定了他们的战略，你是根本不可能知道的。就像你不知道所有其他投资人的讨论一样，这些都没必要再讨论了。”埃雷兹和我都很冷静。“我们还有一年多的资金量，不会缺钱，我们有足够的时间恢复。”他告诉董事会。当然，埃雷兹很失望。但他明白，这只是他之前收到的几十个拒绝中的又一个。

如果投资人反对一笔交易，会发生什么？如果他们的投资协议中有一项条款赋予他们一定的否决权，包括拒绝交易的权力，那该怎么办？在这种情况下，谈判将变成一场懦夫博弈，即：“如果你想要让我难受，你猜怎么着，我也会让你难受。”

如果想让他们屈服，你需要一份由所有创始人签名的集体辞职信，如果可能的话，还要有所有管理层的签名。用信封装着放到他的桌子上，说："这是我们所有人的辞职信。你要么答应，要么我们都离开。"你一定要来真的。投资人需要一点时间来考虑清楚。有些人会认为你不是真的打算这么做，你最终会屈服的，但如果你是来真的，屈服的就是他们。不管结果如何，你都会对他们恨之入骨，他们也会对你恨之入骨。以后不要找他们给你做推荐人！

如何做好难而正确的事
Fall in Love with the Problem, Not the Solution

- 融资是一项持续和重复的活动，永远不要停止与投资人见面。
- 在必要的时候出售老股，尤其是在超额认购的一轮融资以及对出售者产生人生转折的事件中，这对于保持创始人的激情和快乐至关重要，也可以减轻创始人过早出售公司的压力。
- 管理当前投资人的最好方法是让他们了解公司的最新情况。每月（或每隔一个月）发送电子邮件，只需要一页，包括两三段文字和图表。
- 计划用 6 ～ 12 个月的时间完成你的第一轮融资，之后的每一轮融资都预留同样的时间。
- 在董事会之前至少三天，最好是一周，把所有资料发给董事会成员审阅。但最重要的是：给他们打电话，让他们做好准备。
- 在危机管理期间，你与董事会之间保持联系至关重要。
- 给董事会成员三个选择，其中一个是"刚刚好"，把"正确的"那个选项放在中间。

Fall in **Love** with **the Problem,** Not the Solution

07

解雇比招聘更重要

如果你不解雇
表现不佳的员工，
优秀的员工迟早会离开。

如果当初面试时你掌握了现在了解到的信息，你还会雇用这个人吗？

打造合适的团队和组建合适的公司 DNA，是一家初创公司，或者坦率地说，是所有公司面临的最大挑战之一。本章我们将介绍怎样实现这一目标，特别是在实施过程中如何不断改进。

初创公司为什么会失败？我向很多失败后的创业者提出过这个问题，大约一半的人说："因为这个团队不合适。""你说团队不合适是什么意思？"我继续问道，大多数人回答说："我们团队里有人做得不够好。"然后，创业者通常会给出更多的细节，比如："我希望我的首席技术官能够打造一支强大的技术工程团队，但实际带出来的团队很平庸。"

我经常听到的另外一条创业失败的原因是："我们在沟通上存在问题。"这在我听来更像是存在自我管理的问题，也就是说，团队成员无法认同并接受 CEO 的领导。然后我问了一个最有趣的问题："你是在什么时候觉得团队不合适的？"我得到一个可怕而正确的答复："第一个月。"所有 CEO 都这么说。甚至有一位 CEO 告诉我，他在开始创业之前就得出这个结论。但是如果团队不合适，并且

CEO 在创业之后的第一个月就得出这个结论，那么问题就不是团队不合适了，而是 CEO 没有做出艰难的决定。

在像初创公司这样的小型组织中，大多数艰难的决定都将由 CEO 做出。这就是事情变得复杂的地方。在小型初创公司的创业早期，几乎每个人都参与所有和公司运营有关的事情。当你加入一个小团队或一个小组里，问问自己："如果有人不适合，我会发现吗？"答案当然是肯定的，一个人不管是因为他业绩表现不佳，还是因为他人品不佳，其实都不适合待在这里。其他人也心知肚明。现在，CEO 在一个月之内就判断出这个团队不合适，有人不应该待在其中。这意味着团队中的每个人都清楚这一点。

虽然团队成员都明白，有人不应该继续待在这里，但是 CEO 置若罔闻，猜猜这些团队成员会想到什么？出现这种情况的原因有两种。一是 CEO 不明事实，这意味着 CEO 很愚蠢，对公司发展非常不利。二是 CEO 实际上知道，但什么都不做。这甚至更糟糕，因为这表明 CEO 缺乏做出艰难决定的领导力和技能。顺便说一下，这两种情况的结果是一样的：表现最优异的人会离开，因为他们有选择的余地，他们不会愿意待在这样的公司里。

每次你招聘到一个员工，给自己 30 天观察员工，然后问下面这个问题："如果当初掌握了现在了解到的信息，我还会雇用这个人吗？"如果你得到一个否定的答案，那么第二天就解雇他。这个人在公司每多待一天，就可以给你的团队制造更多的不良影响。如果是肯定的答案，那么给这个人提高一点薪酬，可以在工资、期权或其他方面表现出来。然后你会从他这里获得难以置信的忠诚度。如果你说："我还不知道。"那么你是在撒谎。但是，如果你真的还额外需要 30 天，那么利用这段时间好好想一想。

在前文中，我反复重申，找不到 PMF 的初创公司将会倒闭，这是失败的第一个原因。失败的第二个原因是初创公司有不适合的团队，或者更确切地说，是

CEO 缺少做出艰难决定的能力。如果你是一家初创公司的 CEO 或领导者，或者是一位管理人员，合上书，闭上眼睛思考一下。如果你能认同这个观点，那我已经提高你获得成功的概率。

定义一家公司的 DNA

当你开启创业旅程时，你知道这将是一段不断遭遇失败的旅程，如果找到 PMF，那么你就处在正确的创业道路上，如果没有找到，你就会失败。另外，在开启你创业的旅程时，还有一个同样重要的决定要做：确定公司的 DNA。一旦你确定了要解决的问题和要达成的使命，接着就应该定义公司的 DNA。世界上所有的公司都有自己的 DNA，比如企业文化和价值观，你的公司也需要。

在创业的第一天，你有一个独特的机会以你喜欢的方式来定义公司的 DNA。之后再来定义就太晚了。回想 1999 年，我的 3 位朋友塔尔・戈德伯格（Tal Goldberg）、艾坦・罗恩（Eitan Ron）和埃亚尔・哈拉米创办了一家为中小企业提供网络服务的新公司 HumanClick。16 个月后，也就是 2000 年，这家初创公司被一家美国上市公司 LivePerson 收购。

在大多数并购交易里，收购方收购的主要是人。初创公司的核心和大脑是公司的创始人，因此在几乎所有的收购交易中，收购方都要确保被收购公司的创始人和领导层愿意参与收购后的业务整合和发展，并且同意签署一份重要的、在未来两到三年留任的奖励金计划。

但是，初创公司创始人的想法完全不同。如果他们承诺留任三年，那么在第一年，他们将竭尽全力促进双方的成功整合。第二年，他们将开始寻找替代自己职位的人。第三年，他们就开始思考自己的下一次创业。三年零一天后，他们将离开去创立自己的下一家公司。

作为 HumanClick 的创始人，我这 3 位朋友在 LivePerson 一直待到 2007 年，也就是我们创办 Waze 的时候。我问他们:“是什么原因让你们在那里待了 7 年？”他们的回答让我惊讶，也让我陷入思考。

“这是我们见过的最好的工作场所。”他们说。在和我这 3 位朋友聊完后的第二天，我去找埃胡德·沙巴泰和阿米尔·辛纳，我说：“我们将 Waze 变成我们见过的最好的工作场所吧。”他们喜欢这个想法，于是我们三人一起确定它的框架。

对我们来说，重要的原则是：首先为公司里的员工和使用 App 的驾驶员提供所需支持。其次创始人投票时只计一票。最后如果有人不适应我们的文化，那么就会被迅速解雇。

Waze 最终成为一个非常棒的工作场所，员工流失率非常低。自成立起的那几年，只有少数人离开公司，并且我们仍然忠于自己的 DNA。在 HumanClick 的 3 位创始人中，戈德伯格后来成为 Waze 的首席工程师，后来是 Kahun 的首席技术官，Kahun 是一家基于人工智能提供远程诊疗评估的公司，我是该公司的董事会成员之一，罗恩是 Kahun 的 CEO，埃亚尔·哈拉米是 Pontera 的联合创始人兼首席技术官。

当我们创立 Pontera 时，我们把对公司 DNA 的定义向前推进了一步：我们创建了一份“DNA 文档”。结果取得的成绩甚至比我们在 Waze 的时候还要好。作为 Pontera 的 CEO，约夫·祖雷尔不论过去还是现在一直都是一位出色的人事经理。在我们创办该公司 9 年后，员工留任率很高，很难想象 Pontera 的创业之路经历多次如过山车般的波折起伏。

回想你曾待过的最好的工作场所，问问自己:“为什么它是最好的工作场所？是什么让它变成这样的？”然后将这些融入你自己新公司的 DNA 里。毕竟，将来你要日复一日地扑在你的新目标工作上，所以你最好喜欢新建的这个 DNA。

公司的 DNA 必须有一部分包含规范化的价值观，比如不做坏事，价值观偶尔会与目标相关联，但并不总是如此。

如果几位创始人在一些事情上存在冲突或分歧，而且是在对你很重要，并且一直重要的事情上，比如永远不变的价值观，你会如何决定？一番思考过后，最终你可以通过两种方式解决冲突：要么由 CEO 决定，要么在创始人内部投票。

没有对错之分，但你只能坦诚地和其他人提前约定好，而不能在冲突发生时再决定。“冲突”或“分歧”这两个词应该很少出现，最好每隔几年才有一次。比如，确定公司的标志这件事并不重要，一方面，应该由负责营销的人来决定；另一方面，出售公司时可能是一个重大问题，因此我宁愿得到创始人的一致同意，至少是大多数人的同意。

一旦你履行到这些责任，你就可以把这些事整理成故事向投资人和其他候选人兜售，即使他们嘲笑你或者不在乎。虽然投资人可能认为这不重要，但相信我，这对你和你的公司能否成功非常重要。

在招聘新员工的时候，我会给他们讲 HumanClick 的故事，讲我们如何做决定让 Waze 成为最好的工作场所的故事。这意味着，我们渴望与自己喜欢的人一起工作，反过来也希望员工如此。

我会对新员工解释说，因为我们大部分时间都会在公司里度过，所以我们希望自己招聘的人愿意留在这里，特别是，需要他们愿意跟我们一起工作，我们也要愿意跟他们一起工作。如果员工在公司里不开心，我会解雇员工，因为他应该在可以让他开心的地方工作。我后来发现这种方法有一个名字，叫作“无混蛋法则”（no asshole rule）。**一家公司的 DNA 就是围绕试错、快速失败、快速解雇和保持信息透明度展开。**

解雇重要，快速解雇更重要

“解雇”和“招聘”，没错，我并没有把两个词的顺序放反，快速解雇比招聘更重要，这就是为什么把“解雇”放在前面。解雇员工是一件很艰难的事情。之所以这么说，是基于几个原因。

第一，我们很善良，或者自认为很善良，我们往往想避免对那些被解雇的人造成伤害；第二，这个人恰恰是我们招聘的，而且这是一个漫长的过程，我们不想再重复一遍；第三，这一点被证明是最重要的，特别是在你招聘这名员工仅仅一个月之后，你按照前文提到的原则问自己：“如果当初掌握了现在了解到的信息，我还会雇用这个人吗？”如果答案是否定的，你应该解雇这个人，承认招聘他是一个错误。同时，这是一个对公司 DNA 进行量体裁衣的机会，新创建的 DNA 能清晰体现一点：“犯错误后能快速补救，那么这种情况是可以接受的。”

如果公司 DNA 的一部分正在快速失效，那么在公司运营中，我们发现的错误或经历的失败就是一些事件而不是某个人，快速解雇那个人是一条关键的经验教训，也是公司价值观体现。相比之下，把那个人留得更久就是一场灾难。快速解雇的真正原因是我们要控制不良影响。

2002—2004 年，我在移动互联网先驱 Openwave 工作，负责公司的产品营销。有一天，我召集我的团队，在白板上画了一条正态分布曲线，也就是钟形曲线，来代表硅谷员工评级曲线（见图 7-1）。有些员工很优秀，有些则表现不佳。然后我问我的团队：“你们认为 Openwave 的员工在这条曲线上处在什么位置？”讨论之后，我们达成一个共识：我们比平均水平高一点点。不是很好或者优秀，但是比平均水平要好，这已经很不错了。

接下来，我问：“你们认为自己的团队处在曲线的哪个位置？”结果，所有的团队都把自己归在卓越的一侧。但是，这就出现一个认知的问题。如果所有的团队都是卓越的，那是谁低于平均水平呢？总得有人处在平庸水平。一般来说，在一个正态分布曲线图中，有 2% 的卓越员工，15% 的优秀员工，33% 的好员工，33% 的平庸员工，最后一组的员工甚至不该留在公司里。这不是针对某个人，而是纯粹的统计和概率。

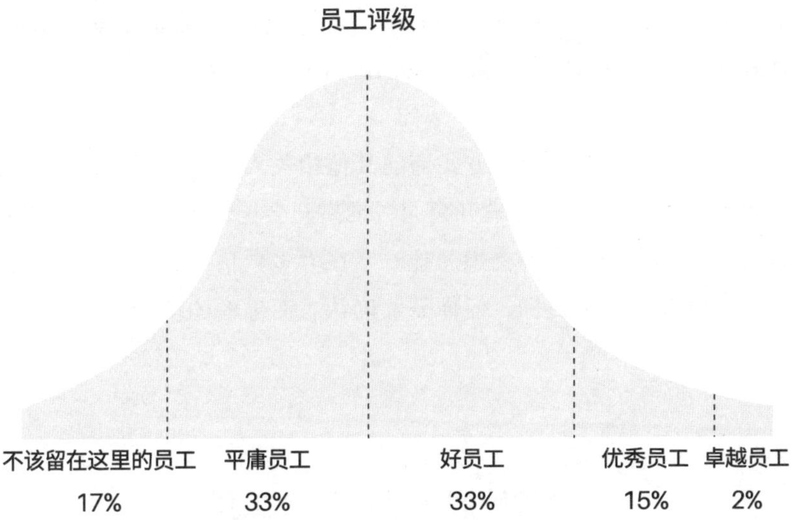

图 7-1 员工评级曲线

你实际上在使用两个正态分布曲线图进行分析：一个是基于业绩表现分类，另一个是以你的主观态度分类，即喜欢一起工作的人。如果你想让自己的组织从目前的位置过渡到一个更好的位置，采取下面哪种方式达到的效果更好：招聘一个卓越或优秀的人，还是解雇一个不应该留在那里的人？我们知道，表现卓越的工程师创造的价值是平均水平的 3 倍，可能是排名最低员工的 10 倍。假设你只有一个选择：解雇一个不应该留在那里的人。

现在，我们来说明解雇比招聘更重要的最关键理由。如果有人不应该留在那里，所有人都会察觉到。这就是为什么解雇一个人比招聘一名优秀的员工对你的组织更有影响力。因为每个人都知道，如果你解雇了那个人，其他员工对组织及领导层的信任感会增加，因此更积极地投身于公司运营中。最终每个人都会表现得更好。在有些情况下，我听到有人担心："如果我搞错了呢？如果我解雇了这个人，而组织里其他人对此不满意怎么办？"如果组织里有人不合适，你通常是最后一个知道的，因此如果你解雇他，组织内部实际上会更开心。但是，如果你不相信我的观点，那就去问一些人，特别是同事，也包括直属经理，问他们一个非常简单的问题："如果那个人离开，从 1 ～ 10 分，你有多遗憾？"

现在，你可能想以不同的方式询问其他相关人员，或者对他们提出一个开放式问题："如果有个人要离开公司，谁离开会让你感到遗憾？如果有个人不再是公司的一员，你会不会想念他？"在大多数情况下，当你需要做决定时，你会知道哪个人是目标，但你需要确认。而你的团队会给你提供需要的信息。

确定解雇人选的两个工具

解雇至关重要，快速解雇更为重要，但是你如何确认解雇谁呢？做出决定是艰难的。这就是为什么我们需要确认信息并运用工具来做这些决定。以下是一些推荐工具，选用最适合你的。

工具 1：同事的反馈

你如何决定谁不应该继续留在团队之中？有一个很简单的方法：你问团队里的其他人。

当你被以色列国防军军官培训班录取之后，你会经历一个非常独特的评估过程：你将参加一场社会计量测验（sociometric testing）。在这些评估中，你的同期学员给你和其他人排名，排名末位的落选。但通常情况下，表现最优异的候选人会被同学们选中。

没有什么比跟你同事交流更有说服力或更有预见性的了。他们最清楚是否想要你待在他们的团队中，他们比任何人都了解你，知道你的表现如何、受欢迎程度，以及是否可以信任你，尤其是在压力之下。来自同事的反馈是你在招聘周期里评估候选人最有力的工具。同事们知道得更多，但如果你询问同事们的观点，那有一点要记住：你必须把他们说的话当回事。如果他们告诉你，某人不应该留下来，那这个人应该迎来在公司的最后一天。否则，同事们会不信任你，优秀员工会更快离开。

你可能会问，那么需要准备一份包含很多问题的调查问卷吗？也不是。你需要问的问题很少，并且还会重复遇到，但你在寻找一个直截了当的答案。这里有一些问题，可以用来判断哪些是优秀员工，哪些员工不应该留下来。

帮助识别关键员工与要解雇员工的 4 个问题

- 如果有一个新的团队正在组建，你希望谁能一起加入？你想让谁来领导这个团队？
- 如果有一个团队由你来领导，你不会让谁加入？
- 如果你晋升到一个高级职位，你的继任者问："有没有人不应该留在团队里？"你怎么回答？
- 如果你已经理清了员工和要淘汰的人选清单，就再追问你的团队："作为关键人物的 X 如果离开，你会有多遗憾，从 1 ～ 10 分来评分？"然后，再加一个关键人物和一两名处在排名末位的人。如果你想使排名分数更加精确，使用 0 ～ 1 分的评分方式。如果你想问一个不涉及名字的开放式问题，那就问："如果有优秀的员工要离开，谁会让你感到最遗憾？""如果有人要离开，你不会在意谁？"

就这样，问了这 4 个问题，你就清楚状况了。挑战很简单，但是如果你问了这些问题，你就必须相应地采取行动。所以，如果你认为某人是一位顶级人才，而事实证明他居心不良，大家都不想跟他一起工作，因为他窃取了别人的荣誉、否认别人的努力，那么你将别无选择，只能解雇那个人。

这种方法虽然是最有效的，但并没有得到广泛应用。很多组织只是担心员工并不像自己想象的那样优秀。这属于一个组织的自我管理问题。另外，这种方法之所以没有被广泛使用，还有一个简单原因。如上所述，如果你向员工提问了，那你必须按照他们的看法和提出的行动方案执行，也就是说要有相应的实际行动。否则，你会失去信誉和领导威信。

对于一些组织来说，这太难了，所以管理层宁愿不向员工提问！但上述方法有利的一面是，如果你解雇了一个表现不佳的员工，那么每个人都会意识到这一点。让团队成员参加社会计量测验，你可以更早地找出那些"混蛋"。很多工作场所会标榜自己有一个"无混蛋"的政策，但事实是，当你招到一个人的时候，你不知道他们未来会是什么样子。向同事询问是最快找到答案的方法。那你应该多久进行一次社会计量测验？每半年做一次。无论谁排名最低，立即解雇他们。

记住，如果你不解雇表现不佳的员工，优秀的员工迟早会离开。一家表现优异的组织和一家表现普通的组织的区别在于，前者会让那些不应该留下来的人离开，以此来实现创业目标。这个区别让两者拉开距离。向员工询问他们同事的情况，并不局限于询问员工，你也可以询问高层管理人员。所以，如果很多人开始说某位副总裁没有做好工作，那么你应该开始问同样的问题：为什么这个人没有做好工作？

你如何判断自己的组织是属于卓越、很好还是低于平均水平？我举出 2 种衡量指标：偏见指标和恐慌指标。

偏见指标是指净推荐值（net promoter score，NPS），这包含一个简单的问题和一个简单的数字答复。“你推荐自己最好的朋友加入你公司的可能性有多大？”答案是一个在 -1 ～ 1 之间的数字，在绝不推荐和已经推荐之间做程度选择；根据情况，可以用“你的团队”或“你的部门”代替“你的公司”。恐慌指标是指评估员工流失率，既包括在公司内部的员工流失率评估，也包括与公司所在领域的行业标准进行比较。比如你可能有 20% 的流失率，这看起来很糟糕，但是如果行业标准是 30%，那么你的流失率实际上相当不错。

NPS 是带有个人偏见的，但具有指示性。员工流失率是真实的，但有滞后性。作为 CEO，你如何确保你的组织匹配你期望的 DNA？我的建议是定期与员工交流。如果你的公司很小，而且还处于初期阶段，那么在新员工入职 1 个月后和他们进行一对一的对话，每 3 个月与所有员工进行一次一对一对话。

工具 2：抛硬币

小的时候，我向我爸爸征求意见。我告诉他，我有两个选择，但不确定该选择哪一个，于是他把手伸进口袋，掏出一枚硬币，说：“我现在掷硬币，在硬币落下之前，你要做出决定。”这实际上迫使我根据已知的信息来做决定，并且硬币落地前我要确定下来。像我爸爸说的，这种方法确实有效。当硬币落下时，我已经做好了决定。

我投资的一家公司的 CEO 给我讲了他的方法。他问了自己一个问题："假设有一位新的 CEO 接替了我的位置，并且这位 CEO 拥有我所掌握的一切信息，他会做出什么决定？" 这种方法将决策过程与过去经历和情绪隔离，以便当下做出正确的决定。

我还听过另一种抛硬币的方法。你可以说："如果是正面，我要做 X 方案；如果是反面，我要做 Y 方案。"你抛起硬币。然后，如果你喜欢抛出的这个结果，那就去做；如果不喜欢，那就执行另外一个方案。对于解雇员工这件事来说，还有一个更简单的确认方法是问这样一个问题："如果当初掌握了现在了解到的信息，我还会雇用这个人吗？" 此外，如果你在寻求确认，那么你今天就可以这样去做。"

很多年前，一位团队领导找到我，他说："我对我的一名团队成员不满意，他不适合做……我也不知道该怎么办。"我问他："你是来听我的意见，还是来确认是否要解雇他？如果是为了确认，你就放心让他走吧。"然而，这位领导并不打算解雇他。"也许可以告诉他，我们对他不满意，他必须在某些方面改进。"这位团队领导建议道。我问他是否已经跟那个人谈过了，他说是的，他谈过了。于是我告诉他："你是在寻求确认，而这可以通过两种不同的方式实现。第一，你给他设置一个观察期，在此期间，你实际上是在等他失败，然后你就会觉得解雇他没有问题。第二，如果我现在给你确认的答复，那么你就可以觉得解雇他没问题。"

招聘的 3 个关键

如果你已经意识到解雇有多重要，现在是时候考虑招聘的问题。**招聘的 3 个关键：何时招聘、招聘谁、如何招聘。**

很多公司招聘得太早。比如说，在找到 PMF 之前，你招聘一名销售人员。你想让他做什么？销售不成熟的产品？最有可能出现的情况是，他会设法成功找到用户，而你无法交出成熟的产品，最终会让用户不满意。反之，他没有做成一笔销售，这将影响你的 PMF，主要是因为无法实现销售将会被视作是产品计划的问题。

招聘的最佳时机，是你知道新员工在入职后的 90 天里能做什么的时候。你能为这名新员工设定业绩目标或可交付成果吗？如果你不确定，那问问其他人的观点，比如顾问，或者其他公司的 CEO。

一旦你确定自己确实需要招聘，无论在创业早期阶段找多面手，还是在后期找懂行的专家。**你要寻找的员工，都是不需要你告诉他们具体该怎么做的人。**他们需要你说的是，你要实现的目标，他们要达成的目标，或者他们不要做什么。你希望招聘一个能够实现预期结果的人，一个适应公司 DNA 的人。潜在的候选人可以分为 3 类：好的、坏的和不合群的。

好的候选人可以在理解目标的基础上搞清楚应该做什么。其他人都认为他们很优秀，如果他们的上司打算离开，你可以把他们视作潜在的继任者。坏的候选人是戏剧女王和受害者类型的人，他们会从组织中吸取能量，而不是产生能量。还有一种“坏”是不墨守成规者和麻烦制造者。这些人很难被组织接受，即使他们可能会带来巨大的价值。不合群的候选人往往表现为其他团队成员不愿意跟他们一起工作。

在讲融资的部分时，我们讨论了如何在几秒钟内建立第一印象。就像约会一样，只需一秒钟你就能决定是否喜欢这个约会对象。对于要应聘的候选人来说，同样如此。候选人建立第一印象只需要几秒钟，招聘经理接下来就是和候选人进行信息确认。如果是这样，那么面试就是一种误导人的方法。虽然大多数组织会进行多轮面试，但有一种更好的方法。如果新人入职大约一个月后，你最终要从同事那里寻求反馈，那么为什么不在招聘之前寻求反馈呢？

你需要去面试候选人的推荐人，而不是面试候选人。甚至更好的做法是，向你可以信任的人寻求帮助，这个人也许是公司里以前与候选人一起工作过的人，也许是对候选人非常了解的人。你从这个角度出发寻找一下。与推荐人对话，你应该以这个熟悉的问题开始或结束："如果你当初掌握了现在了解到的信息，你还会雇用这个人吗？"

招聘的 3 个关键

- 招聘的最佳时机是你能确定新员工入职 90 天内要做的工作时。
- 你要招聘的员工，不是要你告诉他具体怎么做的人，而是只需要告诉他你的目标和他要达到的目标的人。
- 提前获得反馈，在候选入职前就和他的推荐人、一起工作过的人交流。

在你面试的过程中，最大的挑战是你需要保持良好的精神状态。你正在为一个特定的职位招聘，所以你有一个任务要完成，那就是招聘。如果你的公司处于成长阶段，在很多情况下你需要招聘一群人。招聘的过程非常耗时，面试需要耗费很多精力。用"第一次约会"来类比，候选人是第一次约会，你也是，你有很大的压力去"完成交易"。无论招聘市场是处在熊市还是牛市，结果都是一样的，都需要你来"完成交易"。

在一个以求职者为中心的市场中，你会跟很多公司竞争，最可能出现的情况是，一旦你根据第一印象找到了喜欢的候选人，你就开始向他过度推销职位待遇和公司。作为一名招聘经理，所有要"完成交易"的压力都会集中在你身上。所以，你的第一印象会存在偏见。如果这是一个以雇主为中心的市场，实际上你的每个职位都有很多候选人，结果是一样的：你想"完成交易"，所以你不想浪费时间去见那么多候选人！

一旦意识到自己存在偏见，你该如何改变呢？怎样才能保持中立？

改变偏见的3个方法

- 基于你的第一印象，尝试证明事实并非如此。所以，如果你的第一印象是候选人不错，那么试着对这一点提出质疑，并证明他不合适。
- 做一次深度面试。专业人士知道自己的目标，特别是他们设置目标的原因，这正是你试图寻找的答案。如果候选人是一位专业人士，你可以深入了解他过去做过什么，引导他谈论自己最擅长的领域，也许是上一个项目或引以为豪的一件事情。这个时候你们才开始深入交流。一旦他解释了，你可以继续深入下去。比如，问一个“如果……会怎么样”或“为什么”的问题，然后再深入一步，直到你听到“我不知道”或者“我没有想过”的答复。如果在问题的第一层或第二层你发现候选人并不是真的理解，你可以扩展到多个层面。如果候选人有深刻的理解，那他就是一位真正的专家。
- 面试时，不要害怕挑战。大多数候选人都想在一个好公司工作，而好公司会招聘好员工。因此，面试的过程越有挑战性，候选人反而越会觉得这个公司只会招聘优秀的人才！

记住，一名优秀的招聘经理的招聘命中率①大约是80%，失败率大约是20%。即使是NBA金州勇士队的篮球明星斯蒂芬·库里（Steph Curry）也没有80%的三分球命中率。而一名好的招聘经理会有70%的命中率。

① 招聘命中率：hit ratio，即被招聘的人入职后在工作中有持续稳定的良好表现，并且愿意在一段合理的时间里留在公司。——编者注

虽然和 80% 相比差异看起来很大，但事实并非如此。这是因为人事会通过快速解雇来缩小差距。假设一家公司有 80% 的招聘命中率，另一家公司有 70% 的招聘命中率，如果两家公司在接下来的 6 个月里都招聘了 10 名新员工，那么第一家公司需要解雇两个人，第二家公司需要解雇 3 个人，实际差别并不大。

几年前，在我的一家初创公司里，我们有一位工程师领导 iPhone 版本 App 的开发，而这位工程师能力还不及平均水平。虽然其他工程师已经推出并运行了 Android 版本，但这位工程师做的 iPhone 版本却无法按期完成。我问 CEO 出了什么问题。他告诉我工程师表现并不优秀。我继续刨根问底。

“在什么事情上表现不优秀？”我问。结果是如果 CEO 当初掌握了现在了解到的情况，他就不会雇用这个人。所以，我直截了当地说：“解雇他。”CEO 反驳道：“他是我们唯一做 iPhone 版本开发的工程师。如果解雇他，我们就没有人做开发工作了。”

“我们从什么时候发现这个人表现并不优秀的？”我问。“不优秀”是“平庸”的礼貌说法。“从他做开发工作后大约一个月开始，也就是 6 个月之前。”CEO 回答道。我继续问：“到目前为止，发生了什么？”“我没有找到合适的时间来处理，并且也还没有找到继任者。”CEO 说。

所以，我总结了一下：“6 个月来，你知道这个人不适合，你没有解雇他的唯一原因是只有他才能做 iPhone 版本的开发？”“是的。”CEO 说。然后我也继续：“我认为情况正好相反：你没有招聘一名更合适的人，是因为这个人占据了这个职位。如果你解雇他，你就需要立即寻找其他人。”第二天，CEO 解雇了那个人。一周后，一位新的 iPhone 版本开发者到岗了，比之前那个好得多。

优秀的领导者会招聘他们认为比自己优秀的人。普通的领导者不会，他们害怕招聘到更聪明或更优秀的人，结果是普通领导者打造的是平均水平的团队，甚至低于平均水平，然后他们把这种做法植入了公司的 DNA。这家组织会因此变得平庸，并注定要失败。

团队是平均水平，吸引的人素质会低于平均水平，这种团队无法吸引优秀的人。团队成员的素质体现了领导者的素质。强大而优秀的团队会吸引卓越的领导者，反之亦然。当优秀的人离开时，正是要对所有管理层进行培训并代替特定领导者的时机。

CEO 的解雇和招聘标准

在融资时，至少在早期阶段，我们已经形成这样一种观点：只有当投资人喜欢 CEO 和他讲述的故事时，投资人才会把钱投入一家公司。在后期阶段，投资人通过决策、执行力和交付的结果来评估 CEO 的能力。因此，我们主要关注两种能力：讲故事的能力（销售能力）和执行能力。但是事实并非如此。

是否为“业内人士”不是标准

当我们创办 Refundit 时，CEO 齐夫·蒂罗什并不是来自高科技行业。他之前经营着一家绿色生物农业技术公司。在我们为 Refundit 寻求融资的时候，我在以色列遇到一家风险投资机构，并向他们介绍 Refundit 的情况。这家风险投资机构喜欢这个创业概念，并约见蒂罗什，但他们后来改主意决定不投资。因为我与这家风险投资机构的常务董事关系很好，所以我向他询问原因。“这位 CEO 不是这个行业的。”他抱怨道。我听后，大步地走向白板。“告诉我，你对一位优秀的 CEO 有什么要求。”我说。然后我们一起在白板上列出了以下要点：

- 永不放弃。

- 拥有团队追随。
- 倾听用户的意见。
- 不怕做出艰难决定。
- 能够打造强大的团队。
- 能准确做汇报，不夸夸其谈。

我们花了大约10分钟来整理上述要点。然后我问他："在清单上，需要是'业内人士'到底排在哪里？"事实上，要想实现行业颠覆，领导者可能不应该是"业内人士"，比如，创立Waze时，除了我在以色列移动导航公司Telmap做过顾问之外，所有的创始人或团队都没有导航/交通领域的经验。创立Pontera时，没有一个创始人来自金融行业。对于Moovit来说，联合创始人尼尔·埃雷兹和罗伊·比克从创业第一天就带领公司发展，直到Moovit被英特尔收购，两人才退出。在Moovit之前他们都没有公共交通或移动出行方面的经验。Refundit、Fibo、FairFly和SeeTree也是如此：各个公司的CEO都不是业内人士，也不是高科技行业人士。

你不需要"业内人士"，你需要能了解问题并能倾听用户意见的人。不招聘有行业经验的人甚至还有一些好处。如果一个人已经在这个行业工作了几十年，那么很难改变他看问题的视角。但是行业之外的人还没有形成固有观点，可能处于一个更有利的位置去颠覆行业！

由于大多数艰难的决定最终都将由CEO做出，CEO可能会非常孤独。他无法与投资人探讨，如果告诉投资人CEO与首席技术官之间存在问题，那么可能会让投资人恐慌，当然也无法与团队探讨，可能也会让团队成员恐慌。那么谁是CEO可以信赖的顾问呢？答案很简单，其他公司的CEO。其他公司CEO的观点是CEO能听到的最好的建议，他们会全心全意帮忙。同时可能也需要找一位导师，但没有什么能比得上其他公司CEO的支持和建议。

优秀 CEO 与众不同的 4 种行为

2017 年,《哈佛商业评论》发表了一份“CEO 基因组项目”(CEO Genome Project™)发布的 10 年研究报告。在这份报告中,研究人员描述了他们认为成功领导者具有的与众不同的 4 种行为。董事会在选择 CEO 的时候应该着重关注。最优秀的 CEO 会满足以下 4 个选项中的一项或多项要求:

- 快速而坚定地做出决定。
- 创造影响力。需要在利益相关方的优先事项和可交付的业务成果之间做好平衡,鼓励人人参与价值创造。
- 主动适应变化,并在环境变化时做出新的决策,关注长远目标,把挫折视作学习的机会。
- 交付业务结果可靠,并能持续稳定交付。超出预期太多的交付结果,就会带来比价值本身更多的不确定性。

需要说明的是,这 4 种行为无法完美地集中在一个优秀的 CEO 身上。在“CEO 基因组项目”的研究中,表现不佳的 CEO 里有 100% 在诚信方面得分很高,97% 在职业道德方面得分很高,而诚信和良好的职业道德只能判断一个人是否能胜任 CEO。但是这个项目的研究人员总结说,上述 4 种行为没有什么奇特之处,全部都是与“是否果断、吸引利益相关方的能力、适应能力和可靠性”相关。

如果你观察一下近年来最成功的 CEO,你会发现他们全都不符合这项研究的结论。像杰夫·贝佐斯、史蒂夫·乔布斯、拉里·埃里森(Larry Ellison)和特拉维斯·卡兰尼克(Travis Kalanick)①,这样的 CEO 是独一无二的。

① 杰夫·贝佐斯是亚马逊的 CEO,史蒂夫·乔布斯是苹果公司的原 CEO,拉里·埃里森是甲骨文公司(Oracle)的原 CEO,特拉维斯·卡兰尼克是优步的原 CEO。——译者注

培训管理者

人们加入一家公司，是因为喜欢某个职位和薪酬待遇合乎心意。他们往往不知道自己的管理者是什么样的人，至少不太清楚。大多数情况下，他们不会去调查管理者。但是，大多数员工离职是因为他们的管理者。也许管理者不欣赏他们，没有意识到他们做出的贡献，或者会把手下员工应得的所有荣誉据为己有。如果遇到这样的情况，你还有一线希望。你可以通过培训管理者的方式来打造合适的公司 DNA，或者在关键员工离职后替换掉他的管理者。将公司作为一个整体，培训要从对整体重要的方面着手，你要确保公司的所有领导都能理解并相应地管理各自的员工。

员工离职会产生多米诺骨牌效应。突然之间，一名受人尊敬的高素质团队成员离职了。一个月后，又有一个人离职了。看起来像每个人都在逃离！这不是因为员工找到了新的机会，而是因为现有的机会没有满足他们的期望。可以把这种态度概括为：“我喜欢自己正在做的事情、我的头衔、我的使命和我的薪酬，但是我不喜欢这个地方！”

如果一位管理者表现不好，换掉他，培训其他人！这适用于所有级别的管理团队。请一位管理培训师或举办一系列研讨会，只需要设定好预期目标，虽然这样可能不会帮助到特定的管理者，但可以帮助到其余所有的管理者。当然，培训不仅仅对管理者重要，对新员工来说也很重要。在某些方面，培训甚至比招聘更重要，其挑战性有两个方面。

第一，你招到了一个人，并期望他开始创造价值，但是他还不了解公司、组织或各种物料。因此，员工入职后的前 1 ～ 3 个月是员工培训的时期，同时也能打消招聘经理对新员工将会立即创造价值的、不切实际的期望。1 ～ 3 个月之后，如果发现新员工缺乏专业知识，你作为管理者可能会认为他不应该留在这里。

虽然我通常主张快速解雇，但在这种情况下，我认为解雇可能是错误的决定。员工缺乏专业知识可能是缺乏培训的表现，因此这可能意味着管理者才是需要被解雇的人！

第二，有招聘需求的公司需要确保自己的培训项目准备到位。如果你要在一年内将你的初创公司从 50 人发展到 200 人，作为 CEO，你就不需要面试所有的候选人。一旦你的员工超过 100 人，你甚至认不全所有的团队成员。作为 CEO，这对你来说可能是一个挑战，但对其他人来说，如何管理这些人是一个更大的挑战。5 人团队可能会在短时间内变成 20 人团队。

管理 1 人或者 3 人团队还可以应对的经理，可能不会立刻就擅长管理 20 人。但是，维护好公司的 DNA，是最大的挑战。要做到这一点，在你招聘这 150 名新员工之前，你就要考虑如何对他们进行培训，并在招聘之后立刻着手培训。我曾经听过一个故事。一天，一家公司的 CEO 和 CFO 一起吃午饭。CFO 对 CEO 说：“公司在培训员工上投入了这么多，我担心他们还是会离开。”CEO 回答说：“我更担心的是，虽然我们不花精力培训员工，但他们还是留下来了！”

创始人的退出

如果你需要解雇一位创始人怎么办？总的来说，我宁愿要 2 ～ 4 人的创始团队，也不要单独一位创始人。创业旅程很艰难，尤其是在开始的时候，只要你身处沙漠之中，你真的希望有不止一位同伴跟你并肩作战。但你组建创始团队时可能会遇到挑战，尤其是当你处境艰难、没有外在助力的时候。

当你跟多位创始人一起开启创业之旅时，你通常无法确认你们在创业态度等方面能否达成一致，比如能否坚持信仰，能否爱上问题，能否敢于冒险或能否始终坚毅。如果能达成一致，你们最终会发现一起创业感觉很棒；但如果不一致，那么一起创业可能是一个噩梦，因为目前你们之中存在一位不合适的创始人。

你可能想说，这不会发生在你身上，或者你信任自己的联合创始人，所以你永远不会与联合创始人一拍两散。我希望你是对的。但万一你是错的呢？

Waze 一开始是 3 位联合创始人，一年后我们聘请了诺姆·巴丁担任 CEO。2013 年，我们卖掉了公司，我们 4 个人一起做的决定。Moovit 成立一年左右的时候，我们与一位创始人分道扬镳，最终只剩下了尼尔·埃雷兹和罗伊·比克。但是他们是在友好的氛围里分别的，他们仍然是朋友。Pontera 一开始是 4 位创始人，成立大约 9 年后，仍然是 4 位。FairFly 一开始是 4 位，后来减少到 3 位。Engie 一开始是 4 位，后来减少到 3 位，然后又减少到 2 位。SeeTree 一开始是 3 位，后来减少到 2 位。

在我参与的初创公司中，有一半都经历过创始人因各种原因退出的情况。创始人离职面临的最大挑战与自我管理有关。董事会不能在创业早期阶段解雇创始人，可能也不会解雇 CEO，这取决于创始人协议。

此外，初创公司内部没有人会告诉 CEO，他应该解雇一名创始人。大家可能对此缄口不言，但是，如果公司里有一位不合适的创始人，而 CEO 什么都不做，那么这位 CEO 比团队中其他任何成员的问题都更严重。反过来也一样。如果 CEO 不合适，而其他创始人对此无动于衷，那就更糟了。那么，当你需要与一位创始人分道扬镳的时候，你该怎么做？答案很简单：把讨论分成 3 个部分。

解雇 CEO 需要讨论的 3 个部分

- 股权：假设有一份股权成熟时间表。
- 法务：公司章程有什么约定。
- 高管职位：我们能有一位“非执行董事的创始人”吗？

不管你做什么，都不要指望与即将退出的创始人有进一步的联系。即使你们是朋友，以后也不会保持这种关系了。股权是首要问题。如果有股权成熟时间表，该创始人一旦离职，他的股权成熟期将会截止，这对即将离开的创始人在财务上形成重大打击。与此同时，实施股权成熟制度的目的是补偿那些在整个创业旅程中承担艰苦工作的人，而不是那些退出的人。

在我职业生涯的早期，我会敦促公司的创始人制定一份短期而不是长期的股权成熟时间表。直到前几年，我才听一位 CEO 说："我希望我们有长期的股权成熟时间表。"因此，从这个意义上来说，4 年的股权成熟时间表比 3 年的好。创始人在最初几年退出的可能性很高，如果他们离开，你希望能把足够的股权收回到股权池中，以便在需要时用以引入新的高管。

法务部分很简单，你完全可以按照本书的建议、公司章程、创始人协议或投资协议中约定的去做。随着时间的推移，为了应对创始人退出造成的棘手状况，我找到的一个替代解决方案，就是设立一个非执行董事职位。

如果一位创始人在某些领域很有价值，但他在办公室里却做了损害他人的事情，那你就在办公室之外为这位创始人安排一个非执行董事的职位。你可能仍然希望听到他的观点，甚至希望这位创始人出席董事会会议。这看起来像一个神奇的解决方案：我可以留住创始人，又可以和他保持距离。但如果这位创始人觉得他的自尊心受到伤害，这可能会引发自我管理问题。以后你们可能还是要彻底分开。

我来给你总结一下。如果一位创始人打算离开，不管是你还是另一位创始人，当考虑创始人协议或创始人股权成熟期时，站在留下来的创始人的角度思考问题，这样有助于正确地考虑形势；有一位 CEO 也面临创始人退出的情况，当我和这位 CEO 交流时，我听到一个和我的观点一致的答复："我发现得太晚了，我希望股权成熟期能更长一些。"

今天是你余生的第一天。你必须考虑未来，而不是沉湎过去。失去了那位创始人，未来会更好。站在留下来的创始人的角度，在创始人协议中要加入新内容时，你需要考虑以下 4 个关键要素。

创始人协议的 4 个关键要素

- 较长的股权成熟期。
- 确定退出机制的流程。
- 多人否决机制。也就是说，没有一个人可以阻止进程推进。
- 对任何退出的合伙人采取宽容的态度。

组建团队

偶尔，有人会问我去哪里找联合创始人。这件事非常有挑战性，虽然我不知道如何回答这样的问题，但在大多数情况下，你应该去找那些你以前共事过或认识的人。**关键问题不是你选择谁，而是谁会选择你。**

如果你是一位连续创业者，并曾带领不同的公司走向成功，显然，此时的情况就非常不同。这个时候，会有人追随你，你可以在更大的范围里选择。但如果这是你的第一次创业，看一下下面这个故事。这个故事看起来可能无关紧要，但我向你保证，这和你遇到的问题是非常相关的。

第一个接受 Refundit 的国家是比利时。它在欧洲算不上一个大国，拥有的游客数量有限。当我们完成了第二轮融资，在融资后举行的第一次董事会会议上，有一位投资人问道："第一个国家为什么选在比利时？""回想你高中时的第一次约会。"我跟他说，"不是你想约会谁，而是第一个答应你的人是谁。"就是这样！比利时只是第一个同意的国家。你在寻找联合创始人的时候可能也是如此。你已经爱上了要解决的问题，因此你在寻找那些会跟你一样的人，爱上同样问题的创业者。这将是创业起点。但是，如果你在寻找打造团队的方法，请考虑以下几点：

- 互补性：如果创始团队是 3 名工程师，这很好，但你仍需要有不同能力的人来平衡团队。如果创始团队由 3 名营销人员或 3 名销售人员组成，那么组建团队的方法也是如此。
- 无自我性：很明显，公司的使命比个人更重要，每个人都必须接受 CEO 的领导，CEO 有最终决定权。
- 清晰的计划：每个人都很清楚在开始创业后的 90 天及以后该干什么。因此，如果创始团队由一位 CEO、一位首席运营官和一位总裁构成，这对初创公司不是一个好兆头，不管从互补性的角度来看，还是从无自我性的角度来看都是如此。
- 利益 / 使命和承诺的一致性：如果有人因为白天有工作而兼职创始人工作，而且这种情况会持续很长时间，那么一起创业的想法就行不通。

我可以分享几个故事，给你提供另外一些看问题的视角。在我参与的一家初创公司里，有 2 位创始人，一位持有 95% 的股权，另一位持有 5%。一开始，这两个人都很开心，但是随着时间的推移，他们意识到这不是一种标准的股权结构，双方便对彼此产生很大的不信任感，最后分道扬镳。这家公司最终没有成功。所以我宁愿两人一开始完全均分，或者至少处在同一数量级上。

在我参与的另一家初创公司里，有 3 位创始人。在创业早期，他们似乎都支持 CEO，但是我后来得知，这 3 位创始人从一开始就不信任 CEO。过了一段时间，他们又声称不相信他的领导能力。实际上，其他创始人都是自我驱动的，而 CEO 是其中唯一无自我性的人。这家初创公司没有成功。

在 Waze 创业旅程的早期，我们决定引入一位 CEO 来代替我，并在公司创立的第二年就这样实施了。诺姆·巴丁成为公司的新 CEO，并在公司出售给谷歌后一直在那里待到 2021 年才最终离开。在物色新 CEO 的过程中，我们遇到过很多候选人。对我们来说，一个最重要的考虑因素是找一个相信我们愿景的人，即“成为有史以来最好的工作场所”，并愿意接受这一愿景，享受它的价值，而不会试图改变它。巴丁就是这样的人。我们最终认可巴丁，放弃另一位候选人，但这个结果反而对那位候选人纳夫塔利·贝内特（Naftali Bennett）更有利。他投身政坛，后来竞选成为以色列第十三任总理。纳夫塔利·贝内特是一位优秀的领导人。事实证明，选择巴丁对 Waze 来说是非常明智的，对以色列的交通出行来说也是如此。

如何做好难而正确的事
Fall in Love with the Problem, Not the Solution

- 在新员工入职 1～3 个月后，CEO 要问自己一个问题：“如果当初掌握了现在了解的信息，我还会雇这个人吗？”
- 从成立的第一天起就要定义公司的 DNA，想想你曾待过的最好的工作场所，问问自己：“为什么它是最好的？是什么让它变成这样？”然后将这些融入新公司的 DNA 里。
- 如果有人不适合团队，CEO 必须马上采取行动。解雇一个不适合的人比招聘一名优秀的员工对你的组织更有影响。
- 确定解雇人选的方法很简单：问团队里的其他人。
- 招聘的最佳时机是你知道新员工在入职后的 90 天里能做什么。在创业早期阶段就找多面手，在后期找懂行的专家。招聘的员工要能够实现预期结果、同时适应公司 DNA。
- 通过面试你能观察到的东西有限，因此候选人的推荐人更重要。与那些曾经跟潜在候选人一起工作过的人交流。
- 当 CEO 感到孤独时，寻找其他公司 CEO 获得支持和建议。
- 解雇 CEO 需要从股权、法务和高管职位三个方面讨论。

Fall in **Love** with **the Problem,** Not the Solution

08

从情感上深刻打动新用户

用户是不一样的，
他们不会以同样的
方式使用产品。

简单是终极的复杂。

——达·芬奇

几年前，在拉丁美洲一场大会的会前晚宴上，苹果公司的联合创始人史蒂夫·沃兹尼亚克和我坐在同一张桌子上。我想跟他一起拍张自拍照，于是拿出我的 iPhone 手机。我调整好取景框，然后用手指按下手机侧面的音量键。“终于！”沃兹尼亚克说，“你是我见过的第一个，按照我认为正确的方式使用手机拍照的人，就像使用相机一样！”

其实点击屏幕和按下音量键都没有错。当然，你可以用任一方式拍照。但这个故事展示了相互理解的重要性。**用户是不一样的，他们不会以同样的方式使用产品。**

比如，我们确信使用 Waze 的“正确”方式是在 App 中输入一个目的地，然后将手机放在你汽车仪表板的支架上运行。结果，大约有 20% 的用户打开了 App，但不输入自己要去哪里。他们只是想对沿途可能遇到的危险和交通堵塞保持警惕。另外有 10% 的人打开 App，找到最佳路线，然后在剩下的行程中关闭 App。

在 2016 年，我要在智利的一场会议上发言。在智利出差期间，我们要搭乘出租车赶往不同的目的地。智利是当时世界上 Waze 发展最快的国家之一，全国几乎所有的驾驶员都在使用我们的 App。他们如今仍然在用。

在第 3 次搭乘出租车时，我注意到驾驶员使用 Waze 的方式跟我不一样。他们没有输入目的地，也没有跟随导航指引行驶，而只是打开 Waze，每隔几分钟，他们就移动地图，看看路上发生了什么。由于我的西班牙语水平有限，于是我跟一位说西班牙语的朋友讨论了我看到的情况。在我们再次搭乘出租车时，我这位朋友问了驾驶员。驾驶员告诉我们，这就是智利的驾驶员使用 Waze 的方式。驾驶员非常兴奋地解释如何使用 Waze，并说这款 App 就应该这么用，当时他甚至不知道我是谁。

我们习惯以某种方式做事，但别人有他们自己的方式。没有对错之分，只是方式不同。当涉及其他用户时，面临的挑战是我们本能地将自己当成完美的例子，然而我们只是众多用户里的一个样本。对产品开发者来说，想出一种不同的做事方式几乎是不可能的。因此，了解不同类型的用户，捕捉他们的思维方式，尤其是了解首次使用用户和重复使用用户之间的巨大思维差异非常重要。

理解用户的差异

你上一次阅读产品说明书是什么时候？在大多数情况下，很多人甚至一次也没有。你上一次阅读一款新版本 App 的使用指南是什么时候？你第一次是如何学会使用一款 App 的？回想你安装的上一款 App，你事先对这款 App 了解多少？你是如何发现怎么使用的？你使用了多少功能？最重要的是，你可能跟其他用户有很大的不同。要了解用户，你必须以谦逊的姿态开始：把自己当作其中的一个卓越样本。

但是事情远不止如此。在你当下或上一段恋爱关系中，你还记得你们第一次接吻吗？你当然记得！这是一次美妙的经历，一次感官和情感的爆发，你无法重新体验初吻。你可能会经历一些美妙的亲吻，拥有一段令人激动且不断升温的关系，但是初吻是一次性的。首次使用用户产生的体验也是一次性的。没有人能够第二次重现首次用户体验，这意味着你和你的团队很难想象到下一位用户的体验。

来自移动开发平台 BuildFire 网站 2021 年 9 月的统计数据显示，美国人平均每 12 分钟就会查看一次手机。这相当于每小时 5 次，一天 80 次，一个月 2 000 多次。这 2 000 次里，美国人都在做什么？他们实际使用了多少 App？他们有多少 App？

根据统计，美国人的手机上平均安装了 80 款 App。其中，大约 10% 每天都在使用，准确说是 9 款 App 而已。另外还有 30 款 App 每月会打开使用。实际上，你下载的大部分 App 都没使用过！你试着做个测试：看着你手机的主屏幕，然后滑动 2 ～ 3 次，找到一个满是你不常使用的 App 的屏幕。现在试着回答这两个问题：假设这个屏幕上有 20 ～ 30 款 App，那么你知道这些 App 都是做什么的吗？对于其中一半的 App，你上一次使用是在什么时候？

令人惊讶的是，很多人的答复是："我不知道这是什么 App。"而那些知道的人可能不记得最后一次使用这款 App 是在什么时候了。因此，不使用 App 的用户都是一样的，但使用 App 的用户间存在很大差异。

我创立 Waze 是因为我讨厌交通堵塞。马克 · 扎克伯格创立 Facebook 是因为大学时遭遇的挫折。在很多情况下，我们因一个人对某事物的激情而开始接触一个问题。然后，我们利用他人的反馈来了解别人对这个问题的看法。但是，理解用户对问题的看法与理解用户，这两者之间存在一个巨大的跨级别的差异。这种差异依靠对大量的用户进行分析得出。

当你讲故事的时候，应用实例是关键，因为它们真实而感人。但在处理大量用户反馈的时候，有一点要记住：利用正态分布曲线图。用户与用户之间是不同的，他们并不都属于同一个群体或类别。事实上，有3类相关的用户：创新者、早期采用者和早期大众。和这些人沟通最大的挑战是，一个类别的用户甚至不能意识到还有其他用户跟自己不一样（见图8-1）。

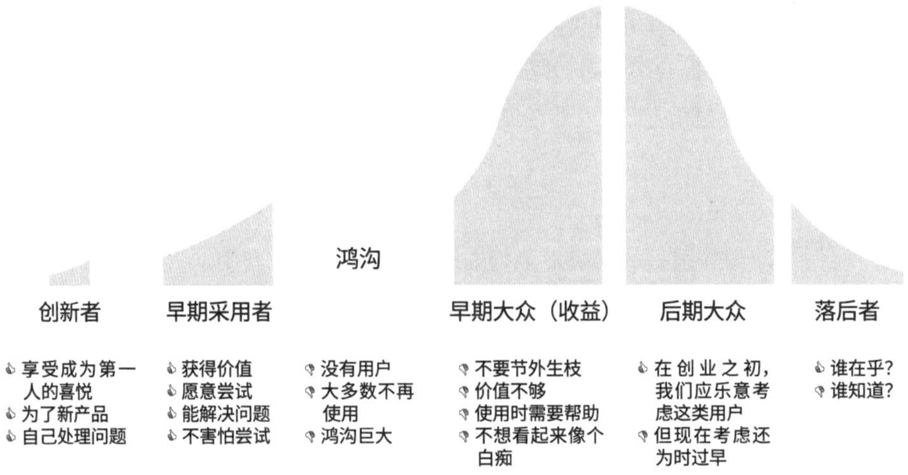

图8-1　用户细分图

用户的不同可能和从事的活动相关联。当用户谈到各自的爱好或从事的主要业务时，大多数人都会略有优越感。假设你是一位工匠，你不仅知道有哪些工具，还有一套真正引以为豪的工具箱，实际上你还知道如何使用这些工具。但是大多数人跟你不一样。因此，在使用锯子时，你确切地知道不同刀片的用途，但在使用App扫描文件时，你可能完全束手无策。理解不同的用户类别很重要。

创新者会尝试任何新出现的事物。他们愿意应对任何问题，比如进行App的特殊设置，甚至会尝试一些价值不明确的东西，但因为它是新的，可能会有一些意想不到之处；早期采用者不会介意使用一款新App。大多数人害怕改变，但早期采用者并不介意。他们不害怕尝试新事物，而且如果有问题的话，他们也能解决掉大部分。一旦他们理解这款 App 对自己的价值，就会去尝试。

早期大众害怕尝试新事物，并且不喜欢改变。包括我，我承认。其实他们的心态是："不要节外生枝。"一方面你的 App 拥有的价值主张不够，另一方面他们需要有人来指导，并在刚开始使用 App 时帮助他们。他们讨厌寻求帮助，因为他们不想看起来像个白痴，因此他们更需要手把手的指导。跟这一类用户打交道是你要面临的最大挑战，这主要有两个原因。第一，如果没有这些用户，你就不会成为市场的领导者，因为他们是最大的重要群体；第二，这类用户是最难理解的，因为你和你的开发者很可能不属于这个群体，你的产品不是针对这个群体的；后期大众只有在必要时才会使用某些新产品。比如，如果一位用户的旧诺基亚手机坏了，而诺基亚的新手机也不再销售，那他们必须尝试新的型号。你应该一直把这类用户纳入考虑范围，即使在创业之初，你认为他们并不重要的时候。

早期采用者和早期大众之间的差距非常巨大，并且实现差距跨越的方法很复杂，就像两个来自不同星球的人要见面一样。这些用户的思维是如此的截然不同，以至你必须深入观察并与他们交流，才能理解他们。当开启创业旅程时，你想成为市场的领导者，你想象自己创造的价值主张与每个人息息相关，你想象一大部分人都在使用自己的 App。但是，当你开启创业旅程时，你的大多数用户实际上是创新者或早期采用者。所以，你从这些用户那里收集产品反馈以改进产品，那么你的产品对他们来说就足够好了。

当你认为自己的产品已经准备好，可以用来开发更多用户的时候，你就会遇到要跨越的鸿沟。这是会失去很多用户的转折点。你相信自己已经找到 PMF，但是突然间，你发现实际上并没有。要跨越这个鸿沟的桥梁只有一个：简单。

假设你是那种酒吧里的交际高手，可以轻易搭讪到有魅力的人。你自信地去搭讪别人，但你有一个朋友不敢这样做。你无法理解，这对你的朋友来说有什么大不了的；而你的朋友简直无法想象，当你接近那个特别的人时，脑子里在想什么。这就是用户之间的差距：我们简直无法理解不同群体的用户是如何思考，有何感受或如何行动的。但是，我来帮助你更好地理解用户行为。回想你最近下载的 5 款 App，问自己以下几个问题：

- 我为什么要下载？
- 我是怎么知道这款 App 的？
- 下载后我做了什么？
- 当使用不成功或者不知道如何使用时，我做了什么？
- 我还在使用吗？为什么？
- 我检查 App 的设置了吗？为什么？
- 当我每天使用的某款 App 有了新版本，比如 Waze、奈飞、Facebook 或者 WhatsApp，我第一次使用新版本时，是更喜欢了还是没兴趣？

现在拿这些问题去问 10 个不同类型的人。

进行自我探索是创新者或早期采用者的做法，而“有人告诉我这款 App”是早期大众的特征。“我认为它很有价值”是早期采用者的回答，而“我没有其他选择”是早期大众的回答，比如只能使用特斯拉 App 或银行的移动 App。接下来问：“下载后你做了什么？”去寻找更多的信息是创新者的做法，例如，你在 YouTube 上寻找视频教程。“我打开了这款 App”是一位早期采用者的回答。“什么也没做”是早期大众的回答，但“一位朋友告诉我下载这款 App，因为我可以用来做各种事情，现在我已经下载了”这一事实并没有说明你是否克服对新事物的担忧并能够做出改变。早期大众用户最常见的行为是下载 App 之后什么都不做，他们的心态是：“下载 App 之前我的生活很好，即使下载 App 什么都不做，我也一样生活。”

在 App 的有些功能不管用的时候，不同类型的用户也以各自一贯的思维来处理问题。创新者和早期采用者会到 YouTube 或谷歌上，寻找应该怎么应对或者试图解决问题。早期大众的用户将会流失。以一款 App 的设置为例。如果你是早期采用者或创新者，会很快理解弄懂它，但早期大众不行，除非他们不得不这样做。新版本上线时，虽然早期采用者和创新者对此都很兴奋，但早期大众讨厌它，因为这对他们来说意味着改变，而他们讨厌改变。

如果你正在读这本书，那你很可能是一位创新者或早期采用者，但你也必须为早期大众着想，否则，你不会成为市场的领导者。为这类用户着想意味着理解这个群体的基本行为：

- 他们放弃的速度比你想象的要快。
- 简单 = 少量。
- 只有一种方法可以让你理解他们：观察他们，并询问他们为什么做这个，而不做那个。
- 他们不会自己搞清楚如何使用你的 App 或者应该如何让 App 运行。

要了解用户，你就必须观察所有的用户，并与他们交流，而不仅仅是那些通常会告诉你“你很棒”的早期采用者。这里的“你”指的是你的初创公司中的每个人。**CEO、产品经理、开发人员都应该亲自观察用户，并与用户交流。**

B2B 与 B2C 的不同

我们已经意识到，一边是创新者和早期采用者，一边是早期大众，这两者存在着重大差异。那如果是做 B2B 业务的初创公司呢？企业之间有什么不同吗？企业也分不同的类型吗？企业和企业间当然不同。回想你的第一家 B2B 用户或设计合伙人。他们是创新者，或者至少是早期采用者。早期大众会询问其他用户作为参考，并愿意等到“其他人”使用你的产品。这与我们在消费者身上看到的行为完全相同。早期采用者和创新者愿意尝试新事物，而早期大众却不愿意。“不要节外生枝”的心态是早期大众的行为驱动力。

那 B2B 用户公司内部的员工呢？如果你向用户销售一款生产力工具，并希望该用户的员工使用它，情况会怎么样？事实是，如果用户不在自己的整个公司内强制推行，那么在对待新事物的态度上，员工的行为方式与个人用户的行为方式非常相似。他们中有一些人是创新者，这些人将是第一批使用的人。有些人是早期采用者，一旦意识到工具的价值，就会尝试使用。大多数是早期大众（以及后期大众）。他们不会尝试，除非在别人的指导之下。

在某些情况下，你可以加速用户的推行进度，但在其他情况下，作为用户，这些组织有自己的节奏，一家组织可能需要几年的时间实现完全应用，或者调整到准备或愿意强制广泛应用这种产品的状态。好消息是，大型组织比小型组织更倾向强制推行。不同性别群体的情况如何？他们会是不同的用户群体吗？当然，有些情况的确是这样，而有些并非如此，我会先告诉你几个你可能还没有意识到的主要区别。

性别差异的影响

到目前为止，很明显我对移动出行充满热情，全球有超过 20 亿人在使用 Waze、Moovit 和 Zoomcar①，我可以说自己非常了解使用移动出行的用户。我的主要观点是，如果有多种交通方式可供选择，人们会根据 3 个主要标准选择他们的交通出行方式：是否方便、到达速度和成本评估。

关于哪些标准更重要，男性与女性之间存在区别吗？几乎所有乘坐公共交通

① Zoomcar 是一家印度的汽车共享公司，类似于汽车领域的爱彼迎，我是其董事会主席。

的女性在她们的一生中都会多次面临缺乏安全感的情况。也许有人站得太近，有人说了什么话，在很多情况下，实际体验甚至更糟。那么，在这一系列标准中，人身安全的位置在哪里呢？如果你是一位产品经理且是一名男性，你可能想都没有想过这个问题！

在下一节里，我特意选择一种服务产业作为例子，这种服务在男性和女性之间在使用上不存在固有差异。显然，如果这是一个针对特定性别群体而建立的价值主张，那么所有人都能理解，如果你不是用户，比如目标性别的用户，那么开发者就更难捕捉到用户的感受。但这种情况将对产品能否处于领先地位形成真正的挑战。如果开发者声称产品“适合所有人”使用，那么就需要仔细研究性别差异。

地理位置的影响

美国用户与印度用户之间有区别吗？以色列用户与巴西用户呢？当然有。下面两个故事讲述了地理位置对用户感受的影响。一方面，因为外部环境不同，所以用户感知到的问题不同；另一方面，感知到的问题是相同的，但是用户之间仍然存在很多差异。作为一款包裹派送的 App，Mego 是一个完美的例子。没有人喜欢浪费时间排队。Mego 把来自亚马逊网站的包裹从邮局送到你的手中，无论何时何地，只要你需要。

正如在第 1 章中解释的，物流配送不便这个问题在以色列相当严重，因为邮局甚至不想把包裹送到你的手中，他们只是简单地告诉你有一个包裹，你应该去邮局领取。虽然收到包裹的感觉很棒，但领包裹的过程不是你希望体验的，比如在工作时间去邮局，没有停车位，还要排长队，但这就是以色列当时的现实。

在美国，这从来都不是问题。如果你住在独户住宅或较小的多单元住宅楼，邮政或快递服务会将包裹送到你家门口，如果在高层住宅就送到门卫处。这就是处在不同地理位置的用户之间存在的明显差异：问题在一个地区存在，而在另一个地区不存在。但是，当两个地区都存在同一问题时，用户的心理状态会不同吗？当然会！假设 Waze 的两位早期大众用户，比如驾驶员，一位在巴西，一位在德国。毫无疑问，这两个国家的驾驶员都不喜欢交通堵塞，然后他们下载了 Waze，因为有人告诉他们，Waze 能帮他们避开道路上的拥堵路段，并最终按时到达目的地。

Waze 是一款“社交+”类的 App。“社交+”意味着当其他人也在使用这款 App 时，它的使用价值会增加，如果没有其他用户，它甚至无法运行。为了给每个人创造价值，用户的参与是强制性的。

在全球很多地方，Waze 的标记交通测速点和标记警察位置的功能是该 App 第二有价值的功能。而对于有些驾驶员来说，这是最重要的功能。事实上，在德国与巴西之间有一个重大区别。与巴西的情况相比，德国人在标记交通测速点方面明显不那么积极。结果，在德国你无法依靠 Waze 来避开交通测速点。

为什么你应该关注这种基于地理位置的用户行为呢？你必须了解处在不同地理位置的用户，这样才知道你的全球 GTM 该如何布局。需要根据文化差异来定义你的 GTM 和你的产品。考虑以下地理差异：

- 多好才算好?
- 社交和“社交+”行为。
- 兼职和共享经济。
- 整体信任和对政府或品牌的信任。
- 安全和安全感。
- 包容性。
- 就人口规模而言是小市场还是大市场。
- 财富水准，人均 GDP 是最好的衡量方式。

保持功能简单

理解用户最重要的方式，是走进用户的内心，了解那些人为什么很快放弃使用你的 App。

2006 年，我在 Telmap 担任顾问，但在我加入他们之前，一位非常了解我并在 Telmap 工作的朋友告诉我："我知道你是早期大众用户，但我需要你在手机上试运行我们的 App，我不会提供给你任何帮助。所以，我不会告诉你如何使用。这是一部测试手机，如果你能在下周给我提供反馈，我将不胜感激。"虽然我不喜欢改变，但有个理由对我来说意义重大，足以让我答应，那就是能帮助朋友总是一件好事。过了 3 天，我朋友打电话对我说："我发现你根本没用过这款 App。""你说得对。"我回答道，"我真的很想试用，但你给了我一部装有这款 App 的新手机，我不知道怎么找到 App。"

这是早期大众用户的心态：哪怕只是有点儿复杂，我们就干脆放弃。思考一下"简单"这个特征，从你每天常规使用的 9 款 App 开始。花点时间数一数你今天使用了几款 App，列成一个清单，然后针对每一款 App，写下你今天使用了多少功能。然后你不仅会发现每天使用的 App 数量很少，而且你使用的功能甚至更少，每款 App 只用三五个功能，有时甚至更少。以下是我日常使用的一些 App：

- 本地新闻 App。我每天都使用这款 App，只使用一个功能：浏览新闻。
- 在开车时使用 3 款 App：我用特斯拉 App 在上车前打开空调；使用 Waze 的两三个功能，寻找最近去过的目的地或已保存的目的地，然后导航去那里，偶尔报告路上的事情或确认其他驾驶员的报告；第 3 款 App 是在离开或进入大楼时打开停车场大门的 App。备注一下，特斯拉的系统不支持 Waze，因此我决定卖掉我的特斯拉，买一辆能用 Waze 的车。
- 谷歌：两个功能。我会用搜索功能，然后点击我认为合适的链接。

- 银行 App。我不是每天都用，但是当我用的时候，这款 App 中有很多我觉得有用的功能。
- 谷歌地图。骑自行车是我主要的交通出行方式。当我需要骑自行车去某个地方时，我想检查路线、距离和需要的时间，以便制订相应的计划。有时，我可能想在某条道路上骑行，骑行的时间长短并不是选择路线的主要原因。例如，沿着特拉维夫的海滩路线骑自行车很棒，但不一定是到达目的地最直接的方式。
- 每天都会使用的其他 App：邮件、日历、社交媒体和信息收发，但仅此而已，每天都会使用的功能很少。

如果我们每天只使用三五个功能，那到底为什么我们需要很多其他功能呢？答案很简单：我们不需要。复杂性的第一条规则是：多 = 少。更多的功能意味着使用更复杂，用户更难适应，并可能导致活跃用户更少。第二条规则是：App 面向消费者侧与后端服务器侧之间关系复杂，处理这种关系是一场零和博弈。如果你希望 App 使用简单，那就必须设计一个复杂的后端并在后端执行大量工作，以便保持用户端使用简单。

回到 App 的功能设置，我想分享一些你不知道的 Waze 功能。事实上，你可能会说："我甚至不知道，这款 App 可以做到这一点。"同时，你可能会想："等一下，我已经使用这款 App 很长时间了，我不仅不知道有这样那样的功能存在，而且没有这些功能，这款 App 也很好用！"Waze 的一项"隐藏"功能设置是，你可以为自己的汽车选择虚拟头像。虚拟头像不只是一个箭头，而是一长串不同的卡通虚拟形象。

"我为什么要关注这个？"你可能会问。如果你可以在 App 设置里选择自己的车辆类型，一般来说，如果你驾驶的是私家车，这个设置就并不重要，但如果你是出租车驾驶员，那就非常重要了，因为出租车可以在公共交通车道上行驶。如果你是骑两轮车的人，设置自定义头像也很有帮助，因为在很多地方不会被堵车困住，所以对你来说最快的路线可能与那些开车的行驶路线不同。

Waze 的另一个鲜为人知的功能是：你可以将它连接到日历上。你可能会说："虽然到目前为止我还没有连接，但一切都很好。"但是考虑一下它的优势，你可以收到出发提醒，App 根据你当下的位置、即将召开的会议的地址以及预计开车到那里所需的时间进行计算，然后通知你何时离开。只要你调用 App，它就知道你接下来的行程是去哪里。

Waze 最有用的一项功能是在你应该离开的时候发出提醒通知。如果你需要在当天晚些时候去某个地方，可以打开 Waze，输入目的地，然后不是点击"出发"，而是选择最佳出发时间。Waze 会告诉你需要多长时间到达那里，并根据你希望到达的时间和当时的交通状况提醒你何时离开。

但是，如果我想保持简单的设计原则，那么为什么 App 上会有这么多不常用的功能呢？有两个主要原因。第一个原因，在寻找 PMF 的过程中，你开发了很多功能，目的是寻找一个能让该 App 获得成功的杀手级功能。之后，一旦你找到了真正有效且与众不同的功能，你通常会将其他功能隐藏在设置或高级设置中，原因很简单，因为虽然有用户在使用这些功能，但数量并不多。同时，你也不想删除这些功能，也不想让使用它们的用户感到不安。第二个原因，总体而言，这些功能确实扩展了潜在的市场，如果没有出租车虚拟形象的设置，那么出租车驾驶员就不会使用 Waze。

如果你想让 App 使用起来更简单，删掉那些功能，删掉一个功能的最佳时机是在引入该功能之后，要迭代更新发行新版本的时候，也就是说，一旦你意识到删掉这项功能在使用上不会产生巨大的差异，并且没有很多用户，那么你就需要删掉它。

我正在使用的另一款 App 是 Moovit，它是全球领先的公共交通领域的一款

App，我不是每天在用，而是一个月使用几次。你应该还记得，在创立 Moovit 之前，我就是第一个加入该公司董事会的人，虽然我觉得这款 App 相对容易使用，但事实证明 Waze 要简单得多，因为它不会提供太多的替代选项。

然而，在公共交通领域，出行选项设置要复杂得多。因此，用户体验也有点复杂。特别是，为不经常使用 App 的用户选择正确的出行方式，你会觉得非常困难。如果 Waze 告诉你，可以在旧金山湾区的 101 号高速公路和 280 号州际公路之间选择出行路线，就算没有详细的导航指引，你很可能也知道该怎么做。但是对于公共交通，“步行 7 分钟 + 旧金山湾区捷运巴士 + 步行 12 分钟，总共 57 分钟”与“步行 5 分钟，然后乘公交车，然后步行 9 分钟，总共 72 分钟”之间的区别，用户不清楚哪一个更好。除此之外，你还需要加上公共交通的费用，还要考虑其他的问题，比如也许你有乘坐一种公共汽车的月票，但没有另一种的。或者尽管你计划当下立刻从家出发，但 5 分钟之后，一切都变了，因为那辆公交车已经开走了。

在 Moovit 的创业早期，我们意识到该 App 的开发和使用很复杂，特别是对于不常乘坐公共交通工具的乘客，但对于新用户也是如此。我们必须将经常乘坐公共交通工具的首次使用用户与不经常乘坐公共交通工具的用户区分开来。该 App 复杂性主要与人们多式联运的出行方式有关：即使你只乘坐公共汽车，仍然需要从你的起点步行到公共汽车站，在公共汽车到站之后，你还要步行到目的地。

在这里，我们能看到经常乘车与不经常乘车的用户之间在做法上的不同。经常乘车的人知道公交车站在哪里，某些情况下他们一上车就关掉了 App，当然下车后也会关掉。不经常乘车的用户会一直开着 App，直到距离目的地很近的时候才关掉。这种洞察力对于确定乘车人的不同类型至关重要，因此我们可以通过 App 更好地锁定用户。

为了提高用户转化率，在用户第一次使用、第二次使用、第三次使用以及更多次使用之后，后端计算流程必须不同。在使用该 App 三次之后，用户流失率非常低。但我们只能在你经常乘车的情况下，也就是说，如果你是通勤者，才能把你转化成忠实用户。

虽然 Moovit 是世界上最好用的公共交通 App，但它仍然没有克服公共交通的复杂性问题：哪个方案对用户更好？少步行而多换乘几次公交？换乘火车以便更快到达？出行成本会影响决策吗？用户有地铁月票还是按次付费？

对用户做基本假设

我是在两位女性的帮助下写完这本书的：阿迪·巴里尔（Adi Barill），她是我的公关和品牌经理，是这本书的合伙人、策划人和共同编辑；还有我的妻子诺加-皮尔·莱文，她是一位生活教练。在关于地图和用户体验的讨论中，我们 3 个人都在步行模式下展示了谷歌地图的不同应用实例。

假设你刚从地铁站出来，目的地大约在 4 个街区之外。你怎么知道该往哪里走？你应该先往哪个方向走？以下是我们的 3 种回答。

- 早期采用者表示，她使用谷歌地图的增强现实功能，可以在手机屏幕上看到准确显示的方向，因此她可以沿着正确的方向行走。
- 早期大众用户说，她先朝任一方向行走，然后在地图上看自己的位置。如果地图显示她在朝正确的方向走，那她就继续；如果方向错了，她就转身朝另一个方向走。
- 而我，作为早期大众用户，对虚拟现实功能一无所知。

因此，你是把你的产品“扔”给一位新用户。我特意使用了“扔”这个词，因为你不知道这位用户是怎么成为产品用户的，也不知道这位用户是早期采用者还是早期大众，也不清楚他们对你的产品会有什么样的印象。你对这位用户的基本假设是什么？这位用户可能通过你的市场推广活动或者从朋友那里听说过你的App。他们可能知道这个产品可以做什么，也可能不知道。这时你需要站在用户角度思考，考虑以下这些最基本的逻辑。

- 没有人会去阅读任何东西，不要为用户提供 7 个屏幕长的使用指南。如果你不确定要不要这样做，回想你最近下载的 10 款 App。有多少你阅读了使用指南，有多少你只想尽可能快地刷到最后一页？
- 你的用户是否了解这款 App 是做什么的，你不确定，因此他们并不愿意提供任何用户信息。如果你甚至不知道一款 App 有什么用或者 App 会用你的数据做什么，你会填写你的电话号码或者提供你的日历访问权限吗？当然不会！
- 大众用户不喜欢改变。对于新用户来说，这种“不喜欢改变”的心态就是不使用你的产品。但是现有用户呢，他们会怎么看待 App 的新版本？因为新版本有改变，所以他们也不喜欢！

在 Waze 创业的早期，我们还未完成地图绘制，甚至也未完成以色列的地图的绘制。所以，有很多道路、十字路口、转弯限制和行驶方向标记的绘制都不准确。作为创始人，我跟大多数员工一样，每次遇到地图绘制不完整的情况，都会开车四处转转，让系统“学习”。比如，当我们开车回家，如果发现有一条路或一条街没有出现在地图上，我们会放弃回家的那条路线，沿着那条街开过去，再开回来，接着再过去再回来，然后再来 1 次，因为 Waze 的系统需要 3 次行驶轨迹才能确认一条路。然后在这条街上，我们会尽可能多地转弯。如果这条街有一个十字路口，这就意味着有 12 种转弯的可能，我们在每个方向右转、左转和直行，然后每个转弯都要重复 3 次。

总的来说，一条没有显示在地图上的，中间有一个十字路口的 400 米长的街道，我们需要大约半小时来来回回地开车确认路线。这并不是说我们必须这样做，随着时间的推移，众包模式里的参与者会处理好这个问题，但是创造的乐趣肯定是一个主要的行为驱动力。一旦我们完成，地图就会在一夜之间更新完毕，第二天那条街道就会出现在地图上，每个人都能看到。

当我在网上把一些事情办砸时，会感到沮丧。我感到无助，觉得自己像个白痴，而这通常是由 App 或其设计者对用户的误解所致。你上学的时候，如果你遇到的一个安全问题是问你所在州的昵称，你怎么回答？好吧，以色列没有这样的问题。或者你正在填写一张税单，你要提供你的家庭电话号码？我也没有。或者你要在电子表里输入你的姓，我填了莱文，但是表单告诉我我的姓太短了。

我们每天都会遇到类似的情况，都会感到沮丧。我告诉自己，这就是产品经理脱离用户时会出现的情况，或者这就是产品经理没有观察到足够多新用户时会发生的情况。那些说“我们比用户更了解产品”的产品经理的态度经不起实践考验。我最近试图在以色列的小额索赔法庭发起一桩诉讼，后来发现可以在网上操作。我把所有的材料都写在一份 Word 文档里，然后尝试把电子档上传。一个半小时之后，我放弃了，然后亲自向法院递交了我的诉讼申请。

在 Waze，我一直在观察用户，公司通常的工作指导方针是每位员工都要观察用户。想象一下，一名研发部门的员工正在进行产品开发，突然，他在产品开发后端发现有用户在使用某个功能，但是在以一种与程序员预期或设想的方式不同的方法使用，或者用户甚至不明白程序员期望从自己这里得到什么样的反馈。所以如果你想让用户使用你的产品，那就没有捷径可走，你需要观察用户。

在打造 Waze 时，我们意识到驾驶员在路上可能会上报各种各样的事情。当然，这包括交通堵塞、交通测速点和道路上的危险，但也有超出我们预期的报告。因此，我们设置了一个开放式的选项，那就是“聊天地图”，你可以在这里聊天，上传任何相关的图片。除非有人回应，否则该报告的内容只能在地图上停留大约 15 分钟。

我们对常见应用实例有一些设想，但并没有为我们看到的意外情况做好准备。比如，在一些活动举办期间，门票投机商和非法经销商可以使用该功能在App上说："我有2张门票出售。"然后上传门票图片，Waze会将报告和图片正确地显示在地图上。或者有人会发布"我有好东西要卖"的报告在App上，一旦交易结束，他们会报告这个位置的交易已结束，然后转移到一个新的位置，并重新做一遍。这两种情况都不是我们预期的应用实例，但是请记住，当你创建功能时，会遇到很多不同类型的用户，他们会发现更有创造性的应用方式。

多从新用户的角度思考

在产品发布后的最初几个月，大多数用户都是新用户。一些对App开发者来说似乎显而易见或简单的事情，对用户来说并非如此，因为他们是新用户。在使用你开发的App时，你很清楚自己在做什么。但认为一位新用户和你一样了解App，这个假设就是错误的。更可能出现的情况是，他们所知甚少。

用户的身份和特征会随着时间的推移，在两个方面发生变化。首先，早期的用户更有可能是创新者或早期采用者。其次，你当前的用户大部分是新用户，一旦转化成功，你的用户就是经常性用户，这一点很关键。今天，用户很可能是早期采用者和新用户。明天，他们将是早期大众用户和新用户。未来，全都是回流用户。

今天和明天间的"时间差"是2～3年，今天和未来间的"时间差"是4～5年。现实和梦想之间的挑战是，当开始创业旅程时，你想以早期大众为目标用户，你对自己说："我的App是给大众设计的，谁都可以用。"你带着以早期大众为目标的想法开始App的开发之旅，但是最好的情况是第一批用户是创新者或早期采用者，几乎没有早期大众用户。早期大众用户需要早期采用者来指导他们，告诉他们可以使用该App，并帮助他们实现信念的飞跃。

理解你梦想中的用户与你现实中的用户之间的差距，在整个创业过程中至关重要，因为虽然你看起来找到 PMF，但这个 PMF 是满足早期采用者的需求。它仍然不适合早期大众用户。一旦开始获得早期大众用户，你就需要回到开发流程改进 App，争取到他们认为足够好用的反馈。在早期采用者中，你会有更高的用户转化率和留存率，所以这些指标可能会有偏差。因此，你应该对早期采用者做两件事：

- 对他们分开评估，进行单独的同类衡量。如果你不确定如何区分他们，那就把第一年的用户与其余用户完全分开。
- 总是尽早引入早期大众用户来收集反馈。回想一下，他们不会自己出现，你需要鼓励他们尝试你的产品。

如何做好难而正确的事
Fall in Love with the Problem, Not the Solution

- 要了解用户，首先要认识到你只是其中的一个样本，其他用户跟你不一样。
- 观察首次使用的用户。产品开发人员获得首次体验的唯一方法，是观察那些以前从未使用过你产品的人。
- 用户主要分为 3 类：创新者、早期采用者和早期大众。
- 理解用户最重要的方式是走进用户的内心，了解那些人为什么很快放弃使用你的 App。
- 想办法向用户展示他们没有发现的功能，否则用户不知道自己错过了什么。
- 思考一下简单这一特征，早期大众用户的心态是哪怕只是有点儿复杂就想干脆放弃。

Fall in **Love** with **the Problem,** Not the Solution

09

要么找到产品市场契合点，要么去死

除非用户留下来，
否则你就没有找到
产品市场契合点。

保持简单可能比保持复杂更难。你必须努力让你的思维变得清晰，让它变得简单。但最终努力是值得的，因为一旦你做到了，你就可以披荆斩棘了。

——史蒂夫·乔布斯

在所有创业旅程中，最关键的部分是找到 PMF。好消息是，如果找到了，你就走上了成功之路，你获得成功的概率会远远超过 50%。但是，如果找不到 PMF，你的公司就会倒闭。在这一章里，我会介绍如何寻找 PMF，以及你如何利用关键的工具对它评估并改善，直到找到 PMF。你会认识到这是一个不断迭代的过程，是一段旅程，并且不出所料，这又是一段充满失败经验的旅程。

没有找到 PMF 的初创公司都失败了，然而，大多数失败的初创公司并没有意识到失败的原因。它们在自信上吃了亏，认为自己确实找到了 PMF。你从来没有听说过会有公司找不到 PMF，因为它们中的大多数只是倒闭了而已，希望结束得很平静，但是请想一想那些成功找到 PMF 的公司。

想想你每天使用的那些 App 以及微软的整套产品。然后问问你自己，与第一次使用时相比，你现在使用的方式有什么不同？答案很简单：没有区别。你今天在谷歌上使用搜索功能的方式与你第一次使用的方式是一样的，即使是在1998年的时候。你今天使用Waze或优步的方式与你第一次使用时的一样。你在WhatsApp上聊天，就像你第一次使用时的那样。一旦找到了PMF，你就找到了价值主张，因此你不会再改变产品的使用方式。虽然后端程序可能会改变，业务模型会被精心打造，产品的规模化能力将需要大量的开发工作，但价值创造方式是不变的。

那么所有这些成绩卓越的公司花了多长时间才走到这一步？一般来说，找到PMF需要多长时间？对于Waze来说，这个过程从2007年持续到2010年年底，大概三年半的时间。对微软来说，花了5年的时间，当微软意识到自己要打造的是操作系统而不是计算机时，那时致力于制造计算机的是IBM，微软在很早以前就开始考虑PMF了。微软在1980年找到了PMF，但该公司是1975年创立的。对奈飞来说，它花了更多的时间：10年。我们知道的奈飞创立于2007年，但那是因为在2007年，奈飞才开始具备真正的竞争力。但请记住，奈飞实际上是在1997年创立的，公司花了整整10年才找到PMF，尽管他们之前已经有一个不同的PMF！

衡量产品市场契合点的两个标准

PMF就是价值创造，如果你创造了价值，你就会成功。如果你为很多人创造了巨大的价值，你就会非常成功。不出所料，寻找PMF又是一次充满失败经验之旅，因为你会做很多的产品迭代，直到做对，或者说，足够好为止。如果非要说有哪一章的内容会对你帮助最大，那就是这一章。如果能缩短你找到PMF的时间，那对于帮助你提高成功的概率，我已经尽了一份力量。

为什么有如此多的初创公司认为自己找到了PMF，但事实上并非如此呢？一番询问之后，我经常听到下面的说法：“我们销售自己的产品，甚至已经有了付费用户。所以，你怎么能说我们还没有找到 PMF 呢？”“答案很简单。”我告诉他们，“如果你讲述一个 PMF 的应用案例，那么用户就会来，企业也会签约，但只有当你的产品把故事里 PMF 创造的价值交付给他们的时候，他们才会留下来。”**本质上，最重要的衡量标准就是留存率。除非用户留下来，否则你就没有找到 PMF。**

尽管 B2C 与 B2B 的产品之间存在一些差异，但两者本质是相同的。如果用户回来了，这意味着你在创造价值。对于 B2C 业务来说，价值创造就是纯粹的用户留存，这意味着我们需要统计这个月首次使用产品的人有多少会在 3 个月后再次使用产品。对于 B2B 业务，价值创造就是用户采购更多，这意味着他们会更新年度采购合同或扩大合作和业务覆盖范围。B2B 关注的指标是同一用户有更多采购行为，而不是首次使用用户的首次购买行为。

我见过的大多数初创公司都认为他们已经找到了 PMF，但事实并非如此。人们是难以感知 PMF 的，因此需要通过衡量标准来确定。在这种情况下，如果可能的话，我想把一位自认为已经找到 PMF 的 CEO 拉过来，虽然我认为他还没有找到，但我想让他和我一起去看一家完全相同的孪生初创公司，这两家公司面临相同的境遇。我想那时 CEO 会告诉我：“他们还没有找到 PMF！”

是什么模糊了我们眼前的镜子，当我们看其他地方时能看得很清晰，但当审视自己时却看不清了？事情不都是这样的吗？我们似乎总是更清楚什么事情对他人有好处，但我们对自己很难做到这一点，不是吗？我们很难感知到自己公司的 PMF，但其他人可能会很容易感知到。事实上，如果你想在现实里确认一下，那就带上另一位 CEO 或一位朋友，花几小时来回答这个问题。

我们对新鲜事物的感知要比对自己的产品、服务或公司的感知准确得多。“其他人”衡量 PMF 时会很容易：他们会询问转化率、留存率和使用频率等指标数据。为了避免误导自己，我们必须进行衡量。而我们误导自己有几个主要原因：

- 你听到了潜在用户的反馈，这使你确认了产品的本质问题和概念性解决方案是正确的。
- 你已经考虑好了后续即将发布的修订或新版本，所以在你的头脑中，你100% 确定这个改变会脱颖而出。你认为产品的后续版本已经可以交付结果了。
- 你主要听取活跃用户和留存用户的反馈，他们会确认你的观点，但不听那些“搅局者”用户的反馈，也就是放弃使用你的平台或产品的用户反馈。

好消息是有明确的衡量标准可以让你辨别是否找到了 PMF，更好的消息是有一个过程可以引导你找到 PMF。衡量标准非常简单。只有两个：

- 转化率：用户能够从产品中获得价值，即使用 App/ 服务的主要功能，衡量这类用户中首次使用用户的百分比；
- 留存率：随着时间的推移，衡量持续使用该产品的用户的百分比。

你还会发现一些其他指标，但都是类似的标准。比如，MAU 是一个指标，NPS 是另外一个。NPS 可以反映你的 App/ 系统被人推荐或不推荐的百分比。通过转化率和留存率标准，你会得到一个相似的结论，但如果你关注的是用户数量或 App 在各种应用商店里的评分，那你可能会被这些标准误导。而 MAU 数据反映营销队伍的效率，NPS 数据展示留存用户的满意度。但 App 在应用商店里的评分和用户数量并不能帮助你改进产品。你的 PMF 之旅是要提高转化率和留存率，而不仅仅是衡量这两个数字。

不久前，我收到一封来自一位创业者的电子邮件，他说自己的公司已经找到 PMF，他想寻求我的帮助。由于我非常忙，目前没有打算进行新的投资，我告诉他：“如果你想了解我的观点，请把你的同类群组表[①] 发给我，并告知你需要我

① 同类群组表，即 cohort table，是显示用户在一段时间内的流失及留存情况。——编者注

做什么。如果你在寻找投资，遗憾的是我今年不会投资。”

他给我回了一封邮件，说他们没有太多用户，因为还没有做市场营销。然后我回复说：“我并没有问你有多少用户，你说你找到了 PMF，所以我想看看群组分析图。”结果是他们没有划分群组，也没有计算留存情况。然后，我问他：“你怎么确定自己找到了 PMF？”原来他想要融资，所以他认为应该告诉潜在投资人，他已经找到了 PMF，以提高获得投资的概率。然而我是第一个回应“给我看统计数字”的人。**PMF 不是一种直觉，而是一些数字。**

充分利用用户漏斗模型

你如何提高 App 的留存率？有两种方法：

- 充分利用用户漏斗模型。
- 从首次使用用户的角度思考。

在用户漏斗模型里，漏斗的顶端是总体目标市场，即所有的用户。漏斗底部是留存用户，那些回流的用户（见图 9-1）。

漏斗顶端和底部之间是用户使用的几个阶段。在某种程度上，你应该从一位首次使用用户的角度考虑，思考他从下载 App 或进入登录页面到获得价值的过程中，都做了什么事情。对于很多服务来说，用户经历的阶段都是相似的：注册，了解要做什么和期望获得什么，然后获得最终的价值。

我们之前讨论过：不是所有的用户生来平等，而你只是用户中的一个卓越例子。总的来说，你面对的是首次使用用户，而他们的首次体验是你需要记住的。在这个漏斗中，每一步都是一个障碍，只有一部分用户能够通过。如果他们没有通过，那么你可能认为他们会错过什么，但他们并没有。他们的生活一直过得很好，以后也不会改变。然而你却失去了一位用户！

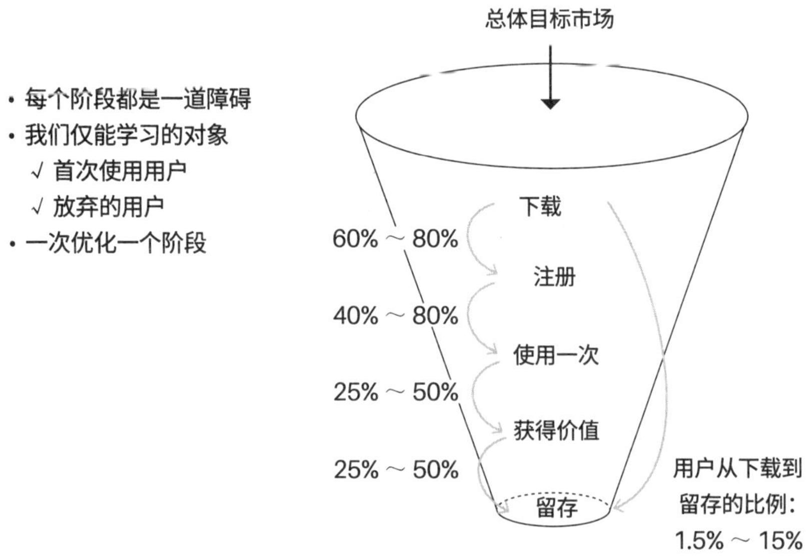

图 9-1　用户漏斗模型

这才是查看这个漏斗模型的正确方式。当你衡量所有用户时，你要考虑的是单个用户的思维过程。这里有一条非常简单的规则：用户在使用服务过程中会遇到各种各样的障碍。例如，如果你提供的服务需要注册，那么注册阶段就变成了一道关口或一个障碍，因为一些用户根本不去注册。如果注册在这个阶段是强制性的，那么你就失去了一位特定的用户。如果遇到很多这样的用户，那么这个障碍就造成非常严重的不良影响。

在很多情况下，我建议推迟用户注册的时间，直到用户获得了一些价值。如果在用户获得期望的价值之前，需要和用户有进一步的互动，那么每次互动都是一个关口。对于这个关口，你有一个关键的衡量指标：未能通过这个关口的用户流失百分比。从用户的角度来看，有 3 种主要类型的障碍：

- 了解你的 App 或服务的用途。
- 获得价值。
- 确定是否有足够的价值。

用户漏斗模型是一种方法，但要充分利用它，你需要掌握两样东西。一个是指标。随着时间的推移，你要用指标对每个关口进行准确、一致的测量。这样你就知道应该改善哪里，并确定是否正在改善。另一个是学习。在你衡量这个关口之后，你将它确定为障碍，为了理解为什么这是一个障碍，你需要与在这个关口放弃的用户交流，并问他们一个非常简单的问题：为什么？世界上没有其他人能告诉你答案。活跃用户或留存用户在这个关口不会出现问题，因此他们不知道如何回答这个问题，并且你或者你的产品经理也不知道原因，要是知道的话它就不是关口了。所以当你在对 PMF 进行迭代时，世界上对你最重要的人突然之间就是那个放弃你产品的人。只有那个人能向你揭示他的秘密：为什么放弃。因为这种学习是至关重要的，所以我认为公司里的每个人都必须弄清这些问题，尤其是理解用户。如果没有办法做到每个人都理解，我会从 CEO、首席技术官、产品经理及管理团队的其他人开始，然后是产品开发人员。

剩下的事情就更简单了：解决关口问题，发布新版本，然后一次又一次地测量，直到 App 足够好，或者直到你暂时不能再进一步改进了为止。在大多数情况下，你会发现只有几个关口，可能是 3 个或 4 个，指标会告诉你哪一个是最严重的。我看到过 2 种主要的解决方法：

- 根据 App 或服务的流程一个接一个处理，第一个先来。
- 根据影响的严重程度逐一处理，这样你就可以根据此处有多少用户放弃，先来处理用户流失最严重的关口。

不管哪种解决办法，最终用户获得的价值都会受到所有关口的影响。但哪种方法更好？我认为应该按照用户流失的严重程度依次处理，因为这样可能会更快看到结果。

当我们对 Waze 迭代更新的时候，我们一直在试图找到 PMF。在此过程中，我们最大的技术飞跃是彻底改变路线算法。一般来说，世界上所有的导航 / 路线算法的原理都相同：你在地图上搜索起点和终点，然后算法试图通过计算最短或最快的路线连接所有路段和路口。该算法的基本假设是基于相当完整和准确的地图数据，因此如果路口允许左转，那么地图数据会有这条数据收录。但是 Waze 的地图数据不完整，因为我们没有收集到全部道路和路口的信息。事实上，我们只完成了一小部分数据。

然后我们决定改变算法，新规则不再是“只有我们知道它是允许的，它才是允许的”，而是“除非我们知道它是不允许的，否则它就是允许的”。这种改变一夜之间产生了影响。突然，几乎所有的路线都变得合理了，尽管在某些情况下，即使在“禁止转弯”的十字路口，我们的 App 也会告诉驾驶员可以转弯。因此，我们需要做更多的迭代更新，但创建的新规则仍然是 Waze 走向“足够好”的旅程中最重要的一步。通常来说，我教育孩子们，事后说抱歉要比事前获得批准来得更好，因为你有机会做更多尝试，更加勇敢。寻找 PMF 的旅程也是如此：不要害怕惹恼你的用户，这样你会更快地找到 PMF。为了让产品更完善，你有 4 种方法来处理障碍。

处理障碍的 4 种方法

- 在用户体验时，消除关口或将关口移到后面的阶段。比如，用户能看到价值，并有希望能够理解为什么需要注册，那么他们会更愿意注册。
- 简化流程。假设注册需要 4 个步骤，你可以将所有步骤显示在一个页面上，也可以设置一个进度条，但是如果设置 4 个没有显示进度条的注册页面，那么这意味着用户在完成之前都要一头雾水。没有什么比不确定性更能赶跑用户的了。

- 简化内容。“更好”通常意味着“更少”。如果你认为提供了 7 页的指南，用户就应该能读明白，那如果你拿到一款产品的新版本，需要刷 7 次屏幕才能继续使用，你会怎么做？我告诉你大多数人会怎么做：如果使用这个产品是强制性的，那么这个人会简单地快速刷 7 次，一个字也不会看。但是，如果是一位首次使用用户，这是他第一次使用该 App，而且这款 App 不是强制性使用的，那么他很可能会放弃。
- 利用视觉语言。这一点影响较小，但仍然非常重要。产品设计师可以通过界面的设计来引导并影响用户决策。例如，包含关键信息的按钮和行动按钮应该进行特殊设计，强调希望用户优先采取的行动，比如用户注册或完成购买。如果“是”和“否”按钮颜色相同，或者“是”按钮是绿色的，“否”按钮没有颜色，大多数用户会选择“是”。如果你在按钮的颜色、文本大小和位置的选择上进行引导性设计，那么这对于提高转化率和获得更好的结果将非常有价值。

观察首次使用产品的用户在做什么

到目前为止，我已经描述了 2 种寻找 PMF 的方法：利用用户漏斗模型和从首次使用用户的角度思考。获得首次使用用户的体验需要一个复杂的方法，原因很简单，首次体验只有一次。那么，你要做什么呢？你要观察新用户，越多越好。你可以让不同类型的用户首次使用这个系统，利用这个机会告诉用户你在做什么，如果他们准备好了，那你就观察他们第一次如何使用你的产品。你什么也不说：不暗示、不指导，什么也不做。然后你问用户："你为什么这样做或那样做？"你可以组织焦点小组（focus group）来尝试这款产品，佐以美式比萨和啤酒或者玛格丽塔酒和玉米片。你观察他们，然后促进讨论。你可能得出的一个结论是，产品的功能太多了，并且少就是多，即更少的功能意味着更好的可用性。

另外，谁应该跟用户交流？谁应该去观察首次使用用户？从 CEO 开始，然后将初创公司里的每个人都包括进来。你需要有倾听用户声音的意识，这是组成你公司 DNA 的一个关键部分：每个人都需要与用户交流并观察他们。早期大众用户开始使用一种产品之初，他们会非常怀疑。对他们来说，转向新产品需要付出代价，而价值的证明应该是瞬间的。如果你向我推荐一个新的旅游网站，你号称"我能为你找到几个更优惠的旅游项目"，那我想看看，与我通常使用的其他旅游网站相比，更好的项目有什么。如果两者相同，就意味着新网站没有价值。

当创建 Waze 时，我们必须处理地图不准确的问题。用户往往做的第一件事就是查找回家路线。如果 Waze 通过了这个测试，他们就会继续用 Waze 查找到自己的工作地点的通勤路线。一旦我们处理好这部分用户数据，就可以继续下一组用户，下一组用户或多或少由普通驾驶员组成，混合了早期采用者和早期大众用户的驾驶员。此时，地图数据相当准确，因此 Waze 可以轻松通过前两次验证，但真正的考验是在路上：App 报告交通和其他"事件"的能力如何？

系统的基本原理很简单：如果系统报告了什么，那么结果它就出现在那里。比如，有一处交通拥堵，系统准确地报告了！然后，我可以信任 Waze 了。但是如果出现了堵车，而系统没有报告会怎么样？或者反过来，如果系统报告有交通拥堵，但是那里已经畅通了呢？

这就是我们必须做更多产品迭代更新的地方。驾驶员需要对他们的体验进行即时确认。所以，假设你堵车了，而我们事先并不知道。几秒钟之内，你的 App 就会更新显示那里有交通拥堵出现。这样，我们就维护了信誉。反之亦然。如果系统认为某个特定地点发生了交通拥堵，而你正以每小时 96 千米的速度开车，显然道路是畅通的，因此 Waze 会立即删除你 App 上的交通拥堵标记。这种即时验证对于建立用户可信度至关重要。大多数面向消费者的 App 都有所谓的“3 次使用”规则：如果有人使用一款产品 3 次，他们很可能会继续使用，所以在 3 次使用次数内，用户就会发生转化。你要确保这 3 次使用的结果对用户来说最终都是可靠和有价值的。

少即是多

当我们刚推出 Zeek 时，就遇到了这个问题。Zeek 是一个购货信用和礼品卡的交易市场平台，所以如果你在建材超市家得宝（Home Depot）有 100 美元的购货信用，并且你在那里没有想买的东西，就可以在 Zeek 市场上卖掉。你会得到一个低于票面价值的报价，但可以现金交易，最终某位有兴趣从家德宝购买产品的人会跟你交易。

你有一些购货信用而不打算使用，那就是放弃赚钱机会。大家都知道，我有多讨厌放弃赚钱机会！ Zeek 的产品经理表示，该产品使用起来将会非常简单，只有 4 个功能：

- 卖方：发布要出售的礼品卡。
- 买方搜索要购买的礼品卡。
- 买方购买礼品卡。
- 卖方和买方将你所有的礼品卡保存在数字钱包中。

当产品经理展示产品功能时，我回应道：“等一下，我们为什么需要钱包功能？如果我们是一个交易市场，那么你要么是买方，要么是卖方。很少有人真的有多张礼品卡需要管理的。”产品经理很坚持，他声称自己一定会用。

在完成产品部署之后，我们开始调查转化率、留存率以及人们实际在做什么。我们发现，只有 15% 的用户进入数字钱包，其中只有 2% 的人使用过数字钱包的某项功能。所以基本上只有 0.3% 的人在乎。对于买方，我们实际上有很好的市场影响力。大约有 60% 的人会进入交易市场寻找想要的商品。

我们进行长时间的讨论，我敦促他们删除钱包功能。我说，不仅钱包功能没有用户使用，事实上它甚至会让一些人感到困惑，并可能影响我们的转化率。我们决定遵循首次使用用户的规则，与几十位进入过数字钱包但之后没有做任何事情的用户进行交流。

我们向他们询问原因。他们的答复非常一致且简单。“我不知道这是什么，即便意识到它的作用，我也没有什么礼品卡可以放在数字钱包里，所以我不知道在这个功能里接下来该干什么。”当我们告诉他们，实际上在买或卖的时候他们并不需要钱包的功能，他们的反应是：“哦，我不知道。”在后来的版本中，我们删除了钱包的功能，因此搜索商品的买家比例大幅上升。

产品需要更多的迭代更新才能变得足够好。在交易市场中，开发者面临的挑战通常是需要提供足够的库存。一旦交易市场上达到了供需平衡的状态，你就找到 PMF 了。但是，简单的本质和“少即是多”的原则对于用户转化率是至关重要的。想一想 Waze，或者为了方便讨论，想一想所有你经常使用的产品，问问你自己：我今天使用了多少功能？昨天呢？你可能发现很少，最有可能你用了不到 5 个。

然后查看产品的所有功能，再问问自己：“如果从产品功能中删除一项会怎么样？我会注意到吗？”想象一下，如果 Waze 删除它的虚拟头像功能，你会因此停止使用 Waze 吗？你会介意吗？如果你是一位出租车驾驶员，Waze 的虚拟头像功能可以带你通过公交车道，所以如果它被删除，你可能就不再使用 Waze 了。现在，再想一想那些如果被删除，你就放弃使用 Waze 的功能。这些就是 Waze 的关键功能。

确定产品关键功能的 3 个要点

- 能显著提高产品使用率、转化率或留存率。
- 能开创一个新的总体目标市场，比如，新的语言市场或者除了支持安卓系统还能支持 iPhone 系统。
- 如果开发者删除它，能引起很多用户的抱怨。

开发出来的每一项功能都需要满足上面 3 个要点中的一个或多个，你需要衡量它。如果某项功能满足不了上述任意一个要点，那你开发这项功能就是浪费时间。事实上，在你找到了 PMF 之后再开发，也是浪费时间。

删除一些功能

要确定某项功能是否需要，最好的方法之一是删除它，看看用户是否会尖叫。我们在 Waze 上就是这么做的。Waze 中有一个速度计的功能，可以在一个圆圈中显示出你当下的汽车行驶速度。后来这个功能还可以显示你是否超速，但在以前，它只是一个普通的速度计，显示你当下行驶的速度。有一天，产品经理说可以删除这个功能，因为在汽车的仪表板上已经有一个速度计在做完全相同的事情了。沙巴泰和我不喜欢这个主意，但我们有一个非常好的产品副总裁，所以我们让她来全权负责这个流程。

我们删除了这个功能……然后用户开始尖叫。“新版本中有一个 bug，看不到速度计了！怎么回事？”这是典型的用户反应。顺便说一句，90% 的抱怨来自正在使用这个功能或者认为自己正在使用这个功能的男用户们。我们对这个速度计，还有两次迭代更新。有一次是在删除后的第二天就快速恢复了这个功能，然后另一次做了妥协，将速度计变成一个选项，用户可以在设置中禁用。当你在设置中添加内容时，你遇到的主要的问题是："默认的选项是什么？"我可以给你展示一下，但需要你的积极参与。下面是一份非常简单的调查问卷：

- 你知道自己可以在 Waze 中删除速度计吗？
- 你删除了速度计吗？

请将你的反馈发送至邮箱 fallinlove@urilevine.com，最后我将与你分享调查结果，即有多少人知道该功能，有多少人更改了设置。当你在研究这项功能的时候，我要告诉你一个秘密：你也可以在限速提醒出现的时候更改设置。你可以在设置界面的相同位置找到该功能，然后删除速度计：设置→地图显示→速度计。就像我们在这一章中讨论的其他内容一样，产品路线图是你经过一系列试验后得出的，直到你找到一个确实有效的产品功能，然后你就进入创业的下一个阶段。

WAZE 的 3.5 版本

Waze 已经开发出几十个 App 版本，直到我们做出合适的那个版本。虽然 Waze 在很多市场上已经足够好了，但我们仍在寻求增长突破，开发一个可以提升口碑和实现病毒式传播的 App 功能。我们为 3.5 版本设计框架，期望形成病毒式传播的现象：影响非 Waze 用户来下载该 App。这个版本的主要特色是"碰头位置"（meetup place）的功能。简单来说就是，如果你想去接某人，那么 Waze 会向他发送一个实时位置和实时更新的预计到达时间。

举例来说，如果你想接一位朋友去参加一场活动，你可以给他发送一条接人通知，这样那位朋友就可以知道你在哪里以及你的预计到达时间。这有点类似于优步乘客端的 App，可以让你看到驾驶员在哪里，以及他预计什么时候到达。我们认为用户会频繁使用这项功能，因此，很多收到接人通知或碰头通知的人会下载 Waze。结果我们错了！虽然这个故事真的很好，应用实例也很有意义，但现实是大多数碰头或接人通知都是父母发给他们的孩子的，孩子们不会开车，因此也不会下载或使用 Waze！

有趣的是，当我解释为什么这项功能是一个突破时，我用的恰恰就是这种亲子实例。我的小儿子当时大约 10 岁，有一天在他的课外篮球训练结束之后，我去接他回家。Waze 计算好准确的预计到达时间，有了 Waze 的提示，我正好在他练习结束前 2 分钟抵达训练场地。然后我在车里等着。过了 5 分钟，他打电话给我，问我在哪里。“在大门口等你。”我回答。“我没看到你。”他朝大门望去，说道。原来，我们各待在学校的不同门口。最终，我们通过电话解决了问题。但是我突然想到一个主意：如果 Waze 当时有了接人 / 碰头功能，这种情况就不会发生了。尽管这个功能可以减少父母接孩子时的一些挫败感，但它并没有给我们带来预期的结果，没产生更多的用户。这个功能仍然存在，但是为了能够客观地看待问题，我在生活中已经使用过这项功能 3 次了。

通过迭代实现增长突破

“等一下。”你会说，“如果我们已经找到 PMF，为什么还要从头再来？”这里有几个可能的原因：一个原因是 PMF 的市场体量不够大，另一个原因是 PMF 变得不重要了，或者也许是某些监管法规已经变了。在 Pontera，我们遇到过这两种情况。

我们在以色列创立了 Pontera，打算在提升金融服务费透明度方面提供相关服务，特别是针对一些长期储蓄产品。我们认为，大家不知道自己支付了多少费用，因此可能出现支付过多的情况，所以如果我们能告诉用户他们支付了多少，显然之后用户会重新决定。但这还不够。然后，我们会告诉他们，跟其他人相比，通过所谓的“傻瓜计价器”，这种有点像敲竹杠的计价器，他们支付了多少钱，并建议他们怎么做才能降低费用。我们展示了他们是如何被敲竹杠的，想以此来激怒他们，但他们仍然没有采取任何行动。只有当我们告诉他们“点击这里减少你的费用”时，产品才开始起作用。当用户点击时，系统代表用户向金融机构发送一封包含他所有数据的信函，并要求获得折扣。

我们在以色列找到 PMF 之后，Pontera 在以色列国内市场的发展就进入了增长阶段，同时我们认为是时候关注美国市场了，美国市场比以色列市场大 100 倍。我们花了一段时间才将产品转换成一款可以在美国使用的产品，主要是针对美国 401(k) 计划。与以色列相比，美国的情况完全不同，我们想要在以色列解决的问题在美国毫无价值。

当我们在艰难寻找适合美国市场的 PMF 时，我们意识到必须集中精力，在以色列的发展和在美国寻找 PMF 是不可能同时进行的，我们因此做出完全放弃以色列市场的痛苦决定。研发人员重新开发产品以适应美国的金融市场，创造出独特的技术，但真正的问题是美国消费者没有意识到自己多付费。当我们苦苦挣扎时，一个机会竟出乎我们意料地出现了。

奥巴马政府制定了一项新规则——劳工部信托规则（DOL fiduciary rule）。这是一项新法规，规定那些想在退休计划问题上提供建议的财务顾问必须为他们的用户承担信托责任，必须以投资人的最佳利益为出发点。换句话说，如果我是一名财务顾问，想让你把自己的 401(k) 转到我的金融计划中，甚至转到个人退休账户中，其中有一个前提条件是我的金融计划要更好。但是，如果我不知道你现有的计划是什么，就无法确定我的计划是否更好，可我根本就无法接触到你的计划。

可想而知，结果立竿见影。财务顾问和金融投资机构需要 Pontera 的平台以遵守这项新规则。这种感觉就像中了彩票，或者是在突然刮起的强劲顺风中奔跑。我们连夜找到了 PMF，开始向金融投资机构出售我们平台的使用授权。然后，奥巴马被新总统特朗普取代，特朗普政府不支持劳工部信托规则。准确地说，当美国法院裁定劳工部信托规则无效时，新政府并没有提起上诉。

奥巴马政府帮助我们发展得顺风顺水，特朗普政府又让我们从头再来，这种如坐过山车般经历的两个极端情况将我们置于一种特殊境地：我们拥有一种非常独特和复杂的App技术，其他任何人都无法提供，但这项技术却没有进一步的市场需求。我们不得不重新设计产品。因此我们失去了投资人的支持，我是唯一留下来支持公司的人。

我们与财务顾问和金融投资机构进行了多次对话，然后意识到我们仍然有希望，我们可能可以做一些特别的努力，能够让财务顾问向他们的用户提供针对401(k)和其他托管账户的金融建议。这对用户、财务顾问和我们来说是一个三赢的局面。财务顾问因此能够为用户提供更好的服务，不仅能更好管理他们的经纪账户，还包括他们的退休账户，从而让用户更容易实现“退休后更富有”的目标。我们在2018年夏天推出了新版本的产品，从那以后，我们实现了用户的快速增长，特别是在之后3年里实现用户零流失。Pontera的创业之旅经历了3次寻找PMF的过程。当前的PMF意义重大，这让我怀疑是否还需要再经历一次，但我以前也有过同样的感觉，后来事实证明我的感觉是错误的。

“足够好”可能在其他市场是“不够好”

2012年，我要在一场地理信息系统大会上发言，这是一场关于地理学和计算机科学联合应用的大会，并且当时Waze在很多地方已经做得足够好了。但在解释众包的概念以及地图如何创建的时候，我注意到Waze几乎在任何地方都可以运行，但并不是在任何地方都运行得很成功。

“你是说到处都有人在用Waze吗？”一个聪明的家伙从观众席中向我发问。“是的。”我回答。“南极洲有人用Waze吗？”他向我挑战。对这个问题，我说不知道。但是，在会议休息的间隙，我连接到系统，发现南极洲有 27 位用户。

他们究竟在南极洲做什么？那里没有路，很明显没有交通堵塞，也没有交通测速点。我跟他们取得联系，问了这个问题。原来，因为 Waze 可以通过追踪 GPS 轨迹创建“伪路线”，于是他们就能使用这种功能在地图上创建道路，使得他们能够利用 Waze 在大本营到各个研究点之间来回导航。因为如果在南极，指南针就不管用了：每个方向都是北方！

虽然在很多国家 Waze 的用户体验很棒，但在有些国家它仍然运作得不够好，并且可能会永远保持在这个水平。以日本为例。在大多数国家，房屋编码的编制有一个地理空间顺序。

例如，在以色列，街道的一边房屋编码是奇数，另一边是偶数，按顺序排列。在英国，房屋编码从街道的一边开始，然后再返回到另一边。在美国，每个街区的编号都在 100 个数字以内。这些地理空间的排序规律使我们的产品能够相对较快地达到“足够好”的水平。我们可以将你带到足够接近目的地的位置，这就是“足够好”的定义。比如，以色列的一条街道上有大约 300 栋房子。一边的房屋编码是 1、3、5……299，另一边的房屋编码是 2、4、6……300。现在，如果我们只有大约 10 个由活跃用户编辑的门牌号，我们可以将这些房屋定位在它们的确切位置上，并重新计算其他房屋的估算位置。这样就足以在 90% 以上的情况下做到足够好。因此，用 3% 的数据，我们可以达到 90%“足够好”的水平。

但是，在日本和韩国，房屋编码系统要古老得多，而且是按时间顺序排列的。所以在一个地段里，最老的房子是 1 号，第二老的是 2 号，而房屋可能坐落在任何地方。在这种情况下，3% 的数据能带给你的正好是 3% 的“足够好”。Waze 在那里运行得不够好。此外，日本几乎所有的汽车都有内置的导航系统，唯一拥有所有房屋编码确切位置信息的实体机构是日本邮政。我们连试的机会都没有。

什么是“足够好”的功能

我们试图将游戏化模式融入 Waze，这样用户在使用该 App 时可以通过各种方式收集积分。比如，如果你报告一条车祸信息，帮助其他驾驶员避免危险情况，那么你就可以得到分数。又比如在早期，当你开车去一个没人去过的地方时，你的虚拟头像会变成一辆压路机，你一边开车一边“铺”路。特别是，如果我们想让你开车去一个以前很少有人开车去过的地方，我们会在地图上放置一些诱人的奖励，这样，如果你开车去那里，你就会获得这些奖励，得到更多的分数。这种模式很酷，也提升了用户的使用率和留存率，但并没有带来飞跃式的用户增长。很多创业者都会想到采用游戏化模式，当他们发现这种模式经常行不通时，就会感到惊讶和失望。

回想一下，在 2009—2010 年，Waze 做得还不够好，然而我们尝试了很多方法来实现用户增长的目标。我们面临的挑战是首次使用用户弃用率非常非常高：大约 80% 的美国用户只会尝试一两次。但是我们需要提升用户的使用频率，不仅仅是希望能达到“足够好”的水平，尤其是因为 Waze 会在用户开车时收集道路信息，所以用户的每次出行都很重要。如果我们能让这 80% 试用过一两次的用户再多试用一次，我们就能极大地增加数据收集量。

我们意识到，真正的问题是我们的地图和交通数据不够好，于是开始寻找能够跨越问题的方法。我们试图告诉用户，系统正在学习，他们应该再试一次。这有点儿作用，但植入游戏化模式才是一件大事。游戏化模式对一些用户起到了作用，但愿意成为第一个在陌生公路上开车探路的人却很少。因此，我们决定利用游戏化模式来鼓励完成地图生成任务的用户。我们在地图上植入一个类似“吃豆人”（Pac-Man）的游戏。如果你在一个我们需要更多数据的区域里开车，你的虚拟形象会变成一个“Waze 吃豆人”，并且路上会布满分数豆，供 Waze 吃豆人收集。

很多人问我，驾驶员们是否会为了收集这些积分而偏离他们回家的最直接路线？这些积分能值多少钱？没错，驾驶员绝不会这么做。所以这些人是对的：大多数用户不在乎游戏化模式。但是那些在乎的人会非常在乎。因此，我们不是让用户再增加一次使用频率，而是让 10% ～ 20% 的用户增加 10 ～ 20 次的使用次数。这看起来很多，但还是不够。即使有游戏化模式，Waze 仍然不够好。功能足够好，但产品还不够好。

数据为王

你怎么判断产品是否已经足够好？看数据。我们的能力非常有限，看不到平均数或者总数，所以我们总是在推断。以 Waze 为例，计算以下关键指标：

- MAU：在过去一个月，所有用户中使用过 Waze 的比例是多少？
- 用户每月平均使用量：每位活跃用户使用 Waze 完成了多少次驾车出行？
- 90 天留存率：比如，在一月份首次使用 Waze 的用户中，有多少在四月份还在使用？

现在，请试着猜猜这些数字。正如我在演讲和一对一会议中经常做的那样，我会询问，你们认为这些数字是多少。通常，这是我听到的答复：

- MAU 接近 100%：毕竟，为什么有人安装了 Waze 却不使用它呢？
- 用户每月平均使用量：我实际上看到有人在计算，下面是他们的计算过程：从家到办公室来回每月 40 次 + 去健身房 + 去商店 + 接孩子放学，总共是 1 个月 80 次。再加上一些临时的出行，总数大概是 1 个月 100 次左右。对于住在美国郊区的人来说，这大约是汽车每月启动的次数。
- 90 天留存率：与 MAU 类似。为什么会有人放弃使用 Waze？这个数字也必然接近 100%，对吗？

对不起，你错得太离谱了！Waze 大约有 10 亿次的下载记录，但活跃用户只有 1.5 亿～2.5 亿。你接着问我们：等等，这会算上那些在一部 iPhone 下载了 Waze 然后升级成新款 iPhone 的人吗？他们现在有两个版本的 Waze。实际上，我们也许会这样算，这取决于手机的下载量。你又接着问：下载过一次 Waze 但从未使用过的用户也计算在内吗？还有那些不开车但在国外旅行时使用 Waze 打车的人呢？是的，我们也会算上这些人。下载就是下载，活跃就是活跃。但现实情况是，随着越来越多的非驾车出行的非目标用户下载该 App 并偶尔使用，MAU 的百分比将会随着时间的推移而下降。

你接着问它的使用频率如何？1 个月接近 100 次？事实上，我们发现相差甚远：1 个月 7～8 次。用户留存率曾达到约 40%，随着时间的推移下降到大约 30%。在 Waze 被收购时，留存率约为 35%，MAU 约为 27%，根据国家的不同，每位用户每月的使用次数是 6～9 次。所以，客观来看，如果你想要拥有每天一次的应用实例，那预计每个月要有 5～10 个应用案例，最多有 30% 的留存率。对于一款日常使用的 App，这听起来似乎不太可能，但你的天气 App 的使用数据也是如此，即使你可能认为自己每天都会查看，实际上 1 个月也就 6～9 次。

如果你的 App 绑定了每月账单支付功能，那么大约在每月的第一天，它会给你所有的账单发出支付指令。然后就结束了。但是，如果你正确使用通知功能，你可以改变这种情况。例如，如果你给用户发一条短信："该付电费了，点击这里付款。"你就更有可能提高使用率。

关于用户转化的经验之谈：需要 3 次使用记录才能转化用户，所以有 3 次使用你的 App 或服务记录的用户，比那些只尝试一两次的用户更有可能保持活跃。那些用户是你转化的关键。找到那些用户，跟他们接触，说服他们转化。你要衡量的是第一次、第二次和第三次使用记录之间的时间间隔，然后向第三次使用晚于预期的人伸出援手。但正如我之前提到的，最重要的事情是始终倾听和观察用户，这样你就可以了解他们在转化方面的问题，并在以后继续运用这些收集到的见解。

回到根本，你寻找 PMF 的旅程不需要任何的准备，但要在转换率和留存率上有所改进。你怎么做到呢？只需要观察首次使用用户，并向那些放弃的用户询问原因。因此，在某种程度上，你需要的唯一指标是用户漏斗模型转化效率，唯一的产品路线图是如何让产品变得更好。你逐个消除这些障碍，并采取必要的纠正措施来消除它们。观察用户的时候，要切记的是没有所谓的“错误用户”，最有可能的情况是，你需要以更简单的方式解释如何使用产品。

如何做好难而正确的事
Fall in Love with the Problem, Not the Solution

- 寻找 PMF 的主要方法，一是使用用户漏斗模型作为每次衡量、消除或改善一个障碍的方式；二是从首次使用用户角度思考，观察他们第一次如何使用你的产品。
- 你只能通过观察首次使用用户来学习，并通过询问那些在某个关口放弃的用户为什么放弃来汲取经验。
- 经验法则：用户在第三次使用时会转化。要确保这 3 次使用的结果对用户来说最终都是可靠和有价值的。
- 判断某项功能是否需要，最好的方法之一是删除它，看看用户是否会尖叫。
- 做几十次迭代更新的准备，提高转化率和留存率。

Fall in **Love** with **the Problem,** Not the Solution

10

努力提升盈利能力

“

要确保你创造了
足够的价值，
并且用户愿意为此买单。

”

管理是正确地做事，执行领导力是做正确的事情。

——彼得·德鲁克

构建好你的商业模式，就意味着你弄清楚了如何赚钱。你的用户付费是要买什么，愿意付多少钱？毫不奇怪，这又将是一段失败之旅。商业计划指的是基于这种商业模式你打算在什么时候、卖出多少产品。在特定的几个月和几年时间内，公司的预期收入和支出是多少？从这个角度讲，商业计划本质上是“预测的长期损益表”。

我看过的所有商业计划都预测在第二年获得初始收入，这个数字在第三年增长了 5 ～ 10 倍，然后公司在第四年开始盈利，最后在第五年收入达到 1 亿美元。如果你的计划不是这样，那我会感到惊讶。因为现实总是比预期要艰难得多，也需要更长的时间实现目标。在这一章里，我讲的是如何定义和构建一种商业模式，以及如何从中衍生出商业计划。虽然我们希望将商业模式视作自己的选择，但通常商业模式是由市场决定的：哪些模式是行得通的？你创造的价值和你可以期待的回报之间有什么联系？有哪些常见的黄金法则和黄金比例？

虽然我们已经建立“分阶段运营”的方法，并且在找到 PMF 之前，你没有什么是应该要做的，但是有两种情况例外。

- 如果你希望用户为你的 App 或产品付费，而 PMF 又是通过用户的续费情况来衡量的。那么确定商业模式与寻找 PMF 同时进行。
- 你需要创建一种商业模式和制作一份商业计划来获得融资，即使是在种子轮融资时也需要。

一位创业者最近找到我，对我说："我正在打造一款产品，因为产品包含硬件部分，所以我已经按照以下方式构建了商业模式和商业计划：先计算商品销售成本（cost of goods sold，COGS），然后把这个数字翻一番，并以此作为价格尝试在市场上销售。""你弄错了，"我告诉他，"你应该先考虑人们愿意出多少钱购买，然后问自己，'如果这是市场价格，我们能盈利吗？'如果答案是肯定的，那就去开发你的产品。如果答案是否定的，那你甚至就不要开始。"

他向我解释说，按照他的模式，可以实现盈利，而按照我的模式，可能不会。"说到底，你的价格不能超过用户愿意支付的金额，"我回答道，"你要么在这种约束条件下构建一种商业模式，要么你的产品就不会实现销售。价格由市场决定。"

到了为 Waze 筹集种子资金的时候，我知道需要讲述一个包含商业模式的应用案例故事，并且需要一份商业计划。所以，我编制了一份。在最初的那份商业计划中，我基本上是这么描述的："现在，地图绘制商靠出售地图，每年挣 10 亿美元。而市场还在增长，并且地图绘制商在此基础上还会出售交通数据信息。然而与他们相比，我制作地图和生成交通数据信息的成本几乎为零。所以，我会按照当前市场价格的 25% 出售这些数据。他们无法在这个价格上竞争，因为这样他们会赔钱。"

虽然这种商业模式的想法引起第一批投资人思想上的共鸣，但当我们启动 B 轮融资时，就陷入了困境，因为我们在寻找 PMF 的旅程中没有取得足够的进展，也就是说，我们做得还“不够好”。尽管我们知道如何处理 PMF，但以 Waze 当时的商业模式得出的销售数据要复杂得多，我们前进的道路也很艰难。

产品不够好的主要原因是数据不够好，那么要销售“不够好”的数据几乎是不可能的。有一次，我们遇到之前曾拒绝过我们的一位顶级风险投资人，无意中听到他说：“这些家伙根本不知道自己在做什么，他们连商业模式都没有！”

很少有投资人会把钱投给一家没有商业模式的公司。切记“他们没有商业模式”是风险投资人不投资的最常见理由。但是，如果你搞清楚了如何为大量用户创造大量价值，你就会找到一种商业模式来将你创造的价值货币化。但是，将这些告诉投资人导致的后果无法估计。**商业模式必须简单，并且需要反映出用户在购买什么以及他们为此付了多少钱。**

确保创造足够的价值

在构建商业模式时，一开始，也许你期望能付费的用户并不愿意买单。因此，这一环节最重要的前提是：要确保你创造了足够的价值，并且用户愿意为此买单。接着要搞清楚他们将如何支付，支付了多少。

构建商业模式的 3 个步骤

- 第一步，确保用户愿意为你创造的东西消费。
- 第二步，清楚用户如何支付。
- 第三步，用户会支付多少钱。

在模型中搞清楚所有这些要点之后，你还需要准备 3 个部分。

首先，要准备一个关于商业模式的故事：用简单的故事解释你将如何赚钱。这个故事需要简洁，并能与其他成功公司的商业模式有可比性，这样用户才会容易接受，并且投资人可以消化。

其次，明确一个公式：确保用户的 LTV 非常重大。然后用 LTV 与 COGS 的差除以 CAC，最终得出的商值必须足够大，这样你才能盈利，通常 3 倍就足够好了。公式看起来有点复杂，然而通过一个例子理解起来会更容易：假设你正在开发一款教育 / 学习类的 App，商业模式是每月 5 美元的订阅费。你在寻找 PMF 的过程中了解到，平均来说，用户会留存 4 个月。所以，你的 LTV 是 4 个月乘以 5 美元等于 20 美元。如果你的 CAC 是 50 美元，那就亏损了；如果 CAC 是 5 美元，那形势就很好，你应该在获取用户上加大投入。

最后，预设一个时间：假设我们需要大约 3 年时间来完成前两个部分。通常事实确实如此，而且在很多情况下，在 3 年期结束之前，你甚至不知道 LTV 是多少。

构建商业模式需要准备的 3 个部分

Fall in Love with the Problem, Not the Solution

- 一个关于商业模式的故事。
- 一个公式：$\frac{\text{LTV}-\text{COGS}}{\text{CAC}}>3$
- 一个时间：假设需要大约 3 年完成前两个部分。

你的用户愿意支付“多少”是一个非常有趣的问题，而真正的答案取决于你创造的价值。如果你创造的价值是 X，你应该得到 X 的 10% ～ 25%。如果 X 只是基于一次性事件，比如付费下载，那么你应该得到 X 的 10% ～ 25% 的一次性费用。如果 X 是持续创造的，那么你应该每年或定期得到这个数额。但是，你

怎么计算 X 是多少？而这就是你创业旅程的全部内容，就是创造价值，你应该能够衡量它。一旦你明白这一点，你针对用户做的所有推销都应该是这样的:“我们通过做这些努力为你创造了 X 价值。”

你怎么设定是 10% 还是 25% 的比例呢？这完全取决于你报价的竞争力。如果你是唯一能做这件事的人，那就把价格定得更高一些！

本质上，在用户感知价值与真实价值之间存在着差距，如果有一个用户认为你的价值应该是真实价值的 2 倍，但你报价只是 1 倍，此时用户有更高的支付意愿，那该怎么办？尽管“我们可以”的策略能够收取更多的钱，这似乎是正确的，但更好的长期策略是从你认为真实、公平的市场价格开始。

坚持公平的市场价格策略有两个主要原因：一是你不希望用户发现你敲了他们的竹杠，因为这样他们会很生气，并且会尽快转向其他供应商；二是利润率非常高的市场会吸引同类竞争，而竞争会将价格压低到你不确定能否维持的水平。

有些人会告诉你，应该努力成为一个垄断者，这样你的收费可以更高，你的产品更有利可图。只有在你能捍卫垄断地位的情况下，这种策略才是真的。否则你会更快地招致竞争，你正当的地位可能更难以维持。

此外，还有一个更具哲学性的原因。虽然企业的本质是随着时间的推移为股东创造最大利润，但你的初创公司不仅仅是一家企业，它还是你的梦想，是你和你 DNA 的一部分。是选择利润最大化，还是试图为用户或世界创造最大价值，这取决于你。

前端付费是非常有吸引力的做法，尤其是在涉及硬件设备的情况下。比方说，你提供一款监测健康的 App，除了 App 之外，还有一个感应手环，可以监测运动、心跳和其他生物信号。因为手环是独立的硬件设备，而且是装在盒子里卖的，你可能认为人们愿意为它买单。你是对的，他们会付钱。但是你怎么定价呢?

假设你发现人们愿意花 120 美元买这个手环，那么提前支付 120 美元的商业模式是否比按年度签约、10 美元包月费加上免费手环的模式更好？我可以说手头有现金流更好，因为有适当的现金流，就不需要为运营筹集那么多资金了：或者我也可以说，订阅模式更好，因为它能带来经常性收入和更高的 LTV。

在 90% 的情况下，我更喜欢订阅模式：更高的 LTV 加上经常性收入，这意味着衡量公司的是年度经常性收入（annual recurring revenue，ARR）[①]，而不是收入总额。

ARR 需要关注的两个问题

Fall in Love with the Problem, Not the Solution

- ARR 是上个月的收入乘以 12。
- 收入总额是看过去 12 个月的收入情况。

因此，如果你在增长阶段，那么 ARR 将会是一个更大的数字。但对我来说，喜欢订阅模式的最重要原因是，它迫使你尽快处理 PMF 问题。对于一次性销售，当你发现价值不足时，可能为时已晚。

ARR 有一个会计学上的定义：所有年度合同的年收益。因此，如果你的公司的业务模式是用户按月订阅产品，但订阅者可以随时取消订阅，那么在会计上 ARR 就是 0。坦率地说，在招募 CFO 之前，你不需要关心这一点。年化收入（annualized revenue，AR）适用于没有年度合同的公司。虽然本质上与 ARR 的计

① 年度经常性收入，原文是 annual recurring rate，此处原文有误，应是 annual recurring revenue，简称 ARR。——译者注

算方式类似，但从会计学角度来看，AR 的关键部分是它不需要年度合同。例如，奈飞的包月订阅可以随时取消，因此它就是通过 AR 而不是 ARR 来衡量收入的。

尝试不同类型的商业模式

尽管世界上有无数的成功商业案例可以参考，但你可能认为你的公司是独一无二的，公司必须有一种全新、独特的商业模式。但事实上，**采用现有的商业模式比构建自己的商业模式要简单得多。**

我想起一些已有的商业模式，它们可能适用于不同的公司和不同的价值主张。我们已经认识到，价格是价值的衍生物，所以你只需要决定如何给你的产品定价，而这基本上取决于你提供的是什么。

面向消费者的 App

面向消费者的 App 有 3 种商业模式：付费 App、出售数据、广告。

付费 App：这些 App 的风格和类型各异。比如，一次性付费购买、App 内付费购买，基本上是说你为用户创造价值，用户为之付费。要么是一次性付费，要么是偶尔付费，大多数游戏都是这种模式，要么通过订阅付费，比如奈飞、NBA 和当地的报纸，要么按次付费，比如优步、Fibo、Refundit。可能还有一种免费增值模式，即基本服务套餐是免费的，而更高价值的服务会收取与之相关的额外费用，比如 Spotify。如果用户愿意付费，这种模式通常会产生最高的预期收入。

出售数据：就是向第三方出售 App 的数据衍生产品。如果你有了一款成功的产品和一款免费的 App，那就意味着你有很多用户，产品使用频率很高，因而你可以向第三方出售数据衍生产品，并根据 B2B 模式收费。当创立 Waze 时，我们就是采用这种模式，该 App 是免费的，但数据衍生品是地图和交通信息，因而我们打算出售这些地图和信息。Moovit 的业务也部分基于这种模式：该公司向公共交通管理部门、规划部门和运营商等出售数据。如果一个交通规划部门想要决定一辆巴士一天需要在 A 点和 B 点之间运行多少次，或者在哪里设置车站，那么了解市场需求可以帮助他们更有效地进行规划，而数据由 Moovit 提供。

广告：这种模式只适用于用户多、使用频率高、使用时间长或用户意愿强的情况。对于大多数初创公司来说，这是最漫长的沙漠旅程，主要是因为你需要找到 PMF，然后实现增长，只有这样你才能验证你的商业模式，因为你要给内容广告商提供基本的关注度，即众多用户。

带硬件的面向消费者的 App

如果你有一款面向消费者的 App 和一套与之关联的硬件，比如一个追踪设备，或者拿 Engie 来说，一个连接到车载电脑的车载诊断端口，那会怎么样？这就变得有点棘手，因为如果你承担硬件成本，有可能会随着业务增长而流失现金。

你可做的选择很简单：补贴设备以换取更长的订阅期，或者按设备的成本或成本加成收费。总的来说，如果你不清楚自己更适合哪一种方式，两个都试一试，看看哪种有效。这就是所谓的 A/B 测试。在这个测试中，A 组是一种模式，B 组是另一种模式，你监控两组用户的接受情况。你需要进行大量的 A/B 测试，不仅是为了确定商业模式，还要确定价格。A/B 两组测试可以同时进行或者依次进行，比如这周尝试 A，下周尝试 B。

除非大部分价值都在设备上，否则用更长时间的订阅来补贴设备是一个更好的主意，这样做为提高用户参与度和实现 ARR 商业模式提供了更多可能性。想想威瑞森、德国移动运营商 T-Mobile 或美国电话电报公司的商业模式，它们补贴一部新 iPhone，以换取两年的订阅合约。如果这对它们有意义，那么很可能对其他公司也有意义。

关键问题是，如果你处在增长阶段，如何处理好现金流。假设你的设备价值 100 美元，你可以按 200 美元的价格出售。或者你可以采用每月 25 美元的年度订阅模式。很明显，25 美元 / 月 ×12 月 =300 美元，这比 200 美元多，但是这种模式存在一定的风险，就是订阅用户有可能取消订阅，你会因此亏钱。

一方面，以打印机或者咖啡机为例。这些设备本身并不昂贵，它们甚至可能会得到补贴，但是打印机墨水或咖啡是最赚钱的产品。当然，你可以进一步发展这种模式，让打印机完全免费，只要用户签署一份 2 年期的打印纸及墨水的使用合约。另一方面，前端收取 200 美元的费用比收取每月 25 美元的包月服务费更难。当然，还要考虑现金流方面的问题。

采取订阅的模式，你甚至可能在获取一名订阅者之前就产生了 100 美元的开支，然后只有在 4 个月的订阅期后才能收回这笔支出。因此，你可能需要为这些设备准备 6 ～ 8 个月的资金，也就是在第 X 月预付设备成本，在第 X+2 月发货，在第 X+4 月注册订阅，再加上 4 个月，直到你收回设备成本。

就其本身而言，这可能不是一个问题。如果你正以每年 4 倍的速度快速增长，这个数字就会令人惊叹，比如第一年有 10 000 名注册订阅用户，那么你的硬件资金需求大约是 100 美元 ×8/12×10 000 ≈ 670 000 美元。第二年的资金需求大约是 270 万美元。这意味着你需要现金流。

总结一下，如果你现金充裕，用补贴设备来换取长期订阅的模式更好。从为公司创造价值的角度考虑，获得经常性收入总是要好得多。

SaaS

对于 B2B 业务，最常见和首选的商业模式可能是软件即服务（Software as a Service，SaaS），SaaS 即你提供 App / 系统 / 解决方案 / 平台或任何交钥匙服务，并按月或年收取费用。这些定期费用有很多种形式，可以是简单的每月固定费用、每个座席的费用、用户内部的单用户价格、每次使用的价格，或按照价值提升收取。所有这些选项都很好。这种商业模式中，最重要的是重复性。一旦用户对你带来的价值感到满意，那么用户流失率就会非常低，而且这些收入几乎会永远持续产生。因此，收入增长是指数级的：今年的收入等于去年的所有收入加上所有的新增收入。

但是哪个选项更好呢？固定费用？按座席收费？按单次使用收费？还是按价值提升收费？刚开始时，你无法了解，也不在乎。但随着时间的推移，你会相应地调整你的销售宣传和商业模式。你在寻找一些简单、销售周期短、能将长期收入 / 盈利能力最大化的商业模式，在很多情况下就是指将你创造的价值和你得到的回报之间的联系紧密化。

B2B 硬件

如果你卖的是硬件设备，比如服务器、电脑、汽车、设备，甚至是发电厂，情况会怎么样？通常，你会说产品的价格必须与产品成本相关联，但它仍然需要与你创造的价值和市场竞争状况相关联。假设你有一款硬件网络安全网关，可以监控网络进出的所有流量，这样就不会有人恶意攻击网络。因此这是一款非常好的硬件！如果硬件的销售成本是 X，为了有足够的利润，你应该将它定价为 $2X$ 吗？不要！这完全是错误的观点。

价格由市场和用户的支付意愿决定。然后你对照成本，问自己："如果这是价格，这些是我的成本，那么我能用这些创建一家公司并实现可持续发展吗？这个商业模式真的能奏效吗？”好吧，设想一下，你的最终价格是 X（用户愿意支付的价格），这让你的公司能勉强维持。但是用户支持、维护等服务呢？这些代表了你可以获得经常性收入。

总的来说，如果你必须收回硬件成本，那么试着构建一种包括硬件成本加年费的商业模式，以便提供一些用户每年需要的服务以维持运行，如用户支持、维护、保险和升级。但是，不要对这些服务的价格打折扣，因为你的未来就靠这些。如果你需要与用户谈判，那就提供给你的用户一个更长的免费试用期，但不要在价格上打折。如果你不需要立即收回成本，试着将这种模式转换成 SaaS，这样，你就不是出售硬件，而是将服务出租给用户。

B2B 硬件 + SaaS

这种商业模式应该很明显了：如果你能承担硬件的成本，就把它转换成 SaaS。

帮用户赚钱还是省钱

大多数 B2B 商业模式可以表述成以下两种类型之一：

- 我们的产品帮你省钱。
- 我们的产品帮你赚钱。

哪个更好？换句话说，你可以讲一个不同的应用实例故事来支持同一款产品的销售，那么你应该讲哪一个呢？可能还有更多的卖点，比如节省时间、提高效率等等，但是试着将它们归结为这两种类型之一：赚钱或者省钱。这样你的推销会更容易，销售周期会更短。

还记得我爸爸曾跟我说过的话吗？变革只有一个理由："最终可能会成功"。这句话也适用于商业模式的选择。在两个选项中，采用有效的那一个！假设你可以任意选择一个。哪个更好？

省钱的价值主张更容易推销，也更容易证明，因而你可以很容易地调整商业模式来适应。对于省下的钱，你也许能获得相对较高的份额，但它的上限受制于用户支出总额。比如，你的平台优化了业务数据连接，并降低了用户 30% 的成本，而不需要他们做任何工作。你应该喜欢这个价值主张。如何省钱是一个简单、清晰、无须动脑的过程。然后你要求用户将省下来的费用给你 25%，并且用户同意了。因此，如果用户的数据连接支出是每年 100 万美元，而你可以节省其中的 30%，也就是 30 万美元，那么你向用户收取 75 000 美元。用户的净节省金额是 225 000 美元。这就是你能获得的收入最大值。你收入的上限取决于用户的总支出金额。然而对于每年在数据连接上花费 100 万美元的一家组织来说，节省 225 000 美元并没有太大的作用。这可能是由财务部某个中层管理人员决定的，不是 CFO，而是比 CFO 低一两个级别的人。

从消费者的角度来看：如果我目前的手机账单和互联网账单每月不到 30 美元，而你给我提供了一个节省 10 美元的方法，那么即使我讨厌浪费，但作为早期大众用户，我也不愿意为这么少的钱做任何改变。我担心的是，为了节省这么少的钱反而带来太多的麻烦。那帮助用户赚钱的模式呢？这个时候，天空才是极限。因此对于同样的产品，如果你能告诉用户，他们可以利用未被充分开发的生产能力，并在此基础上赚钱，那么对大多数潜在用户来说这种做法会更有吸引力。

此外，在 B2B 业务中，你是在向组织内的一个与众不同的部门销售：这个部门的预算要高得多。但是，这种销售模式的挑战是销售周期会更长，并且需要更长的时间来展示价值。设想一家提供优化广告和宣传片服务的公司。这家公司可以告诉你，与他们合作，你可以节省50%的营销成本，或者可以以同样的营销支出达到影响力翻倍的推广效果。如果你要选择讲述哪个故事，赚钱的版本还是省钱的版本，那肯定选择赚钱的版本。因为对于省钱的心态，用户会认为地板是你价值的上限，但对于赚钱，天空才是极限，用户会觉得这一价值主张更有力量。

在我职业生涯的早期，曾是美国康维科技的一名软件开发人员，然后担任产品经理。有一次我遇到了该公司的负责美洲销售的副总裁，他告诉我："对于B2B业务，要想成功，你只能做两件事：军火交易或贩毒。"然后他解释军火商会同时给你和你的敌人出售武器，因此双方需要买得更多才能保持威慑作用。同样，毒贩出售的产品会让他的用户上瘾，因此他们会一直购买。

为什么商业模式探寻之旅看起来很容易

商业模式探寻的旅程看起来很容易，那是因为你从一些用户那里获得最初的认可，但他们给你一种错觉，让你认为你的商业模式是可行的。在Waze创业的早期，我们与苹果公司达成一笔相当大的交易。苹果公司已经获得使用我们以色列地图的授权，跟苹果地图产品一起搭配使用。我们将这种合作视作对我们商业模式的认可和用户有付费意愿，也可以看作对商业计划和市场规模的一种概念证明。

2011年，我们在以色列完成小规模的交通数据交易，在智利和哥伦比亚达成数百万美元的线路数据交易，因此情况看起来不错。但事实并非如此。如果商业模式对了，用户就会来找到你。从这个意义上说，这一旅程与PMF之旅非常相似：付费用户需要快速转化，交易之间的销售周期需要缩短，并且只需要一两次推销就可以转化用户。

在早期与用户讨论时，应该出现这样的用户回应："是的，我想要这个，是的，我愿意付钱。"这种回应要么出现在第一次通话中，要么出现在第二次。过了很长时间，我们才意识到长销售周期对我们不起作用。我们与政府管理部门的对话进度异常缓慢，这与面向消费者的"社交 +"App 的模式相比差距太大。我们开始寻找不同的商业模式。对于如何寻找合适的商业模式问题，我们进行过多次内部讨论，甚至有人强烈建议让驾驶员付费使用 Waze。

时至今日，如果我问 100 位 Waze 用户是否愿意付费，很多人会说愿意。但在当时，虽然付费意愿已经在一些地区形成，但我们主要关心的是在几个主要市场达到临界规模。我们担心，如果潜在用户在一开始发现 Waze 是一款免费 App，然后又要求他们付费，用户就有可能流失，这样导致我们更难达到临界规模。我还认为，向用户收费的商业模式最终会输给免费模式，比如谷歌地图，因此是不可持续发展的。甚至有人声称，当初我们在德国不成功是因为 Waze 是免费的，而德国人认为免费的产品就是还不够好。这似乎是向用户收费的另一个原因，但事实是，与替代产品相比，比如专用车载导航系统，我们在产品方面做得还不够好。经过几年的反复试验，我们终于找到正确的商业模式：广告植入。

正确的模式

你怎么知道什么时候能找到正确的商业模式呢？你不试试就不会知道。之前你可以对多种商业模式保持开放态度，但只有正确的模式才是最终有效的。

在 Waze 进行内部讨论时，我们提出广告植入的想法。我们说服自己，因为我们有很多用户，使用频率高且使用时间长，所以广告植入模式对我们来说是正确的做法，并且在很多情况下，甚至能为 Waze 驾驶员用户提升价值。

我们试图搞清楚用户对于在 Waze 上做广告有多少付费意愿，尽管一开始

Waze 这个市场看起来太小，但我们知道“10 倍规则”，所以如果一开始你的商业模式似乎能产生 X 的增长规模，那么最终产品可能会达到 $10X$ 的体量。在寻找广告商业模式的旅程中，我们有两个任务。一个是在产品方面，我们需要了解市场上有什么，以及我们需要打造什么。另一个是我们需要验证模式，尝试吸引一些用户，并快速交付一些产品内容，以便能尽快收集用户反馈，这一点更为重要。

我们很快就打造了一些产品内容，并意识到之后需要将广告服务器和很多其他技术组件集成为一套完整的系统。我们在以色列市场投放 Waze 的第一套广告模式，由 3 个促销元素组成：第一个是启动画面，就是第一次打开 App 时，你在显示器上看到的界面；第二个是地图上的销售点（point of sale，POS），比如加油站或咖啡馆；第三个是搜索结果。

第一个使用我们广告系统的品牌是以色列最大的汽车租赁机构之一 Eldan。Eldan 也是一家非常大的汽车经销商，当时它在以色列有 27 家分公司，在两三年的租赁期结束之后，Eldan 会将这些租赁汽车出售。

用品牌大头钉和搜索结果在地图上突出显示这些分公司位置对 Eldan 来说似乎很有价值。当时，Waze 在以色列已经运行得非常成功，所以我们预计广告曝光率会很高。但我们没有预料到接下来发生的事。在广告发布后的第二天早上，我收到汽车租赁公司安飞士（Avis）CEO 的幕僚长发来的邮件。“我们 CEO 想知道，为什么 Eldan 会出现在 Waze 地图上而 Avis 不在？”邮件写道。这是一个触发器，证实我们正在做的一些事情是正确的，因为已经有人关注。那些用户正在朝我们走来。但这对我们来说还不够。我们要去接触用户，试图搞清楚我们的广告是否征服了他们。事实证明我们并没有。

2012 年，我们在以色列的广告植入模式获得成功，并开始考虑在全球市场进行推广，但这到 2013 年才开始实施。即使在今天，当我跟用户交流时，他们还会问我:“Waze 是如何赚钱的？”我告诉他们 Waze 在卖广告，很多人会说:“但是我在 App 里没有看到任何广告。”偶尔我会听到有人说：“但广告很少，这么少的广告怎么赚钱？”从此以后，我们踏上另一段寻找 PMF 的旅程：一方面打造带有广告植入模式的产品，另一方面尝试在市场上销售。我们的观点是，任何有 POS 的公司都应该能够通过品牌大头钉在地图上推广他们的业务，因此这是一个长尾游戏，而我们需要做的就是打造推广工具，然后用户就会不请自来。

事实证明这种想法是完全错误的！在那个时候，我们认为应该集成一些广告服务器，并使用它们的计算能力来感知地理位置，以提供基于地理位置的广告服务。这也被证明是错误的想法。由于用户的行为差异，基于地理位置的广告服务的想法是错误的。

比如，如果你在一座城市寻找最近的星巴克，只要在两个街区内且距离最近的一家星巴克就可以，无论在哪个方向上。但是当你开车寻找加油站时，如果最近的加油站是在你身后 30 米的地方，那么这条信息会让人沮丧，而不是有用。

驾驶员在乎的不是路有多远，而是这个“偏离路线的弯路”要走多长时间。因此，我们打造了自己的广告服务器，将焦点集中在驾驶员、目的地和方向这 3 个要素上，我们可以根据驾驶员的路线而不是他们的地理位置发布相关广告。

我们还意识到，驾驶员不会看、也不喜欢弹出窗口，除非他们被堵在路上，并且在车辆停稳之后，他们才看一下，当车辆行驶时他们就不那么在乎了。但我们学到的最重要的一点是，广告商在购买媒体发布渠道时需要帮助，他们无法确定该选择哪个。而这一点是我们无法提供解决方案的。因此我们与一些在不同地区有业务的广告公司建立合作关系，让他们在销售其他媒体渠道之外，还附带上我们的媒体发布渠道。自我实现（self-fulfillment）的广告模式虽然还在，但最终只占业务的一小部分。

商业模式之旅永无止境

当你处于寻找 PMF 的阶段时，一旦你找到匹配市场需求的产品，那么它就不会再改变了。但对于寻找商业模式之旅来说，情况不一样。一旦你发现有些模式有效，就应该努力去进一步发展。当然，也有可能存在另一种更好、更大的商业模式。

在 Moovit 实现用户增长之后，我们开始思考商业模式，而这是公司成立后的第 5 年。第一项讨论主题是研究 Waze 的商业模式是否也适合 Moovit。既然 Waze 的商业模式有效，而且非常成功，那我们为什么不复制它呢？但是 Moovit 缺少 Waze 应用实例的一个关键要素：使用时长。

Waze 的大多数用户在使用 Waze 驾驶汽车时，这款 App 是显示在屏幕上运行的，但 Moovit 的使用方法不同：用户打开 App 来确定他们的公交车在哪里以及什么时候到。一旦公交车出现，那么 Moovit 就会在后台运行，直到公交到站触发 App 弹出一条提醒下车的提示，App 才会重新显示在屏幕上。

在乘车过程中，用户可以用手机做很多其他事情，比如阅读电子邮件、观看奈飞视频或浏览社交媒体。因此，在 Moovit 植入广告商业模式的机会是有限的。但是，事实证明，Moovit 收集的数据对交通规划部门、市政管理机构和公共交通运营商等非常有价值。

事实上，在很多情况下，这些组织现在都在为数据付费，且价格非常昂贵，使用效率低下。想象一下，公共交通规划部门在进行起点 - 终点信息调查时，需要搜集关于人们从哪里来和到哪里去的信息。如果使用 Moovit 数据，甚至通过一个非常简单的问题“在某站上车的人，他们在哪里下车”，就能将需要大量人工调查的事情，变成一夜之间可以完成的任务。

然而，这些常见的事情并不总是如此。FairFly 的价值主张非常简单：为你节省差旅费用。其商业模式是价值主张的一个简单的衍生：用省下的钱作为费用付给我们。但是很多用户表示："这种模式意味着下个月的差旅费用不明确，而我们正在努力确保预算的准确性。我们可以改为每月支付固定费用吗？"

虽然大多数用户更喜欢将商业模式与价值挂钩，并根据节省的金额来付费，但有些用户更喜欢固定费用的模式。所以本质上，我们是一家公司，有相同的价值主张，却有两种不同的商业模式。这种情况并非完全不寻常，欧洲的大多数手机提供商既出售订阅套餐，也出售预付费计划，即按使用量付费。

与用户的购买周期保持一致

虽然你知道创业不容易，并且寻找 PMF 也真的很困难。但是从某些方面来说，寻找商业模式更加困难。其中，销售是最困难的部分，困难的原因是一个销售方案的验证与下一个销售方案的验证之间有很长的时间间隔。

假设你是一家 B2B 的初创公司，你的商业模式是 SaaS 每月订阅费模式。你的用户喜欢这个故事，并说："我们可以试一下，能不能再做个试点或者试用？"你可能认为"这就差不多了"，但前面还有很长的路要走。试用的时间可能需要几个月，并且可能需要多次的产品迭代更新，直到可以向用户交付实际价值。只有到那时，谈判才开始。

虽然从第一次约见，到达成交易，可能需要几个月的时间，但我们也知道只有续约才算是"板上钉钉"。在落实了第一家用户之后，你期望和第二家、第三家用户的交易过程会完全相同，但事实并非如此。他们的需求可能不同或存在细微差别，特别是，他们可能对价值有不同的理解，并因此需要建立另一种商业模式。结果，你找到的用户不多，但开发出的商业模式却不止一种！当商业之旅结束之时，正是几个要素拼到一起的时候：应用实例故事、价值和续约。

- 如果应用实例故事很简单，那么大多数用户会说故事很有趣，应用实例与他们相关。这也意味着销售人员可以向潜在用户讲述这个应用实例故事，并会看到类似的用户反应。
- 价值意味着你的产品提供了你在故事中描述的感知价值。
- 续约是指用户对他的年度合约续约。续约是最清楚的指向标，表明你正在提供价值，并且用户愿意买单。这是对你的产品和商业模式的终极验证。

验证间隔 / 迭代如此之长的原因中有一条是与你无关的，因为很多行业的销售周期都很长。多年来，当我与创业者交流时，我听到一个常见的观点："你不明白。在我所在的行业，销售周期非常长。"他们说的没有错。如果你认为向移动运营商销售的周期很长，那试着卖给汽车制造商。如果你认为向医疗器械公司销售的周期很长，那请考虑卖给保险公司。

不，忘掉保险公司，销售人员很容易说服他们。试着卖给农业企业，毫无疑问，这是一个漫长的销售周期。比如，你带来一种神奇的肥料，可以使产量每年增加 25%，并向一些农场主兜售这种肥料。首先，他们会嘲笑你，但随后他们被你的应用实例故事说服了，他们说："这样吧，我们可以试一试。你看到拐角处的那棵树了吗？拿它试验。"

你猜怎么着？确实管用！过了 6 个月，那棵树的果实产量增加了 25%。然后你问农场主："你现在准备买了吗？""到目前为止还不错。"农场主说，"我们已经在秋天试过了。现在，我们在春天尝试一下。"又过了 6 个月，农场主们仍然没有准备好要购买。他们想看看这种肥料在另一组树上的效果。这可能是一个 3 ～ 4 年的过程，直到最后他们说："明年，我们将用它来代替旧的肥料。"

每个人都认为自己产品的销售周期很长，他们都是对的。很少有人为因素能让销售周期加快。但恐惧，尤其是恐慌和竞争就是这样的人为影响因素。回想一下因接种辉瑞的新冠疫苗引起的恐慌和担忧，导致辉瑞的销售惨淡经营。然而那种恐惧是很难人为制造出来的。

相对而言，消费者市场的竞争更容易人为制造。在你的销售计划中，应该尝试让大多数行业玩家参与进来，这样你就有所借鉴，特别是因为只有这样才可以加快每个用户的销售周期，因为他们的竞争对手已经在跟用户交流了。FOMO 对公司也适用。

正如你在寻找 PMF 的过程中了解 PMF 一样，这个过程同样适用于商业模式。续约意味着有价值，意味着商业模式是正确的。虽然可能有更好的商业模式，甚至是同样的模式，但价格更高，但当你有更多用户时，你才可以实施这些调整，而且应该实施。

不同商业模式关键的要点是非常不同的。虽然有一段永无止境的旅程可以来调整商业模式，但用户满意度对于达成续约至关重要。因此，当你开始向用户销售时，应该把你的努力集中在 3 个要点上：

- 支持用户获得成功。招聘员工全力支持用户获得成功，甚至指派产品经理来执行。
- 衡量一切。知道如何调整产品、应用实例故事或销售工具包。
- 在完成续约之前，避免向越来越多的人销售。否则，可能导致多用户危机，将危机控制在少数用户身上。这是这 3 点中最关键的。

在这个阶段，让用户获得成功甚至比发展新用户更重要。一旦你看到有 80% ～ 90% 的用户续约率，那么建立销售队伍的时机就到了。

构建 5 年期商业计划

将商业计划想象成一张 5 年期的 Excel 表格，显示每一年你想要讲述的商业计划故事，也可能是最初几年的每个季度（见图 10-1）。正如我之前提到的，它本质上是一份损益预测表，从目标开始着手，比如用户数或部署的国家 / 地区数量。

季度	Q1	Q2	Q3	Q4	Q5	Q6	Q7	Q8	Q9	Q10
新用户数 / 个	1 000	2 000	3 000	4 000	10 000	20 000	30 000	40 000	60 000	90 000
当季流失率 /%	60	55	50	45	40	40	40	40	40	40
用户净增加量 / 个	400	900	1 500	2 200	6 000	12 000	18 000	24 000	36 000	54 000
季后流失率 /%	25	25	25	25	25	25	25	25	25	25
活跃用户总数 / 个	400	1 200	2 400	4 000	9 000	18 750	32 063	48 047	72 035	108 026
付费转化率 /%	10	12	14	16	18	20	22	24	26	28
付费用户数 / 个	40	144	336	640	1 620	3 750	7 054	11 531	18 729	30 247
每用户平均收入 $	5.00	6.00	7.00	8.00	9.00	10.00	12.00	15.00	15.00	15.00
收入 /$	200	864	2 352	5 120	14 580	37 500	84 648	172 965	280 935	453 705
AR/$	800	3 456	9 408	20 480	58 320	150 000	338 592	691 860	1 123 740	1 814 820

(a)

季度	Q11	Q12	Q13	Q14	Q15	Q16	Q17	Q18	Q19	Q20
新用户数 / 个	120 000	150 000	200 000	250 000	300 000	350 000	500 000	600 000	700 000	800 000
当季流失率 /%	40	40	40	40	40	40	40	40	40	40
用户净增加量 / 个	72 000	90 000	120 000	150 000	180 000	210 000	300 000	360 000	420 000	480 000
季后流失率 /%	25	25	25	25	25	25	25	25	25	25
活跃用户总数 / 个	153 020	204 765	273 574	355 180	446 385	544 789	708 592	891 444	1 088 583	1 296 437
付费转化率 /%	30	30	30	30	30	30	30	30	30	30
付费用户数 / 个	45 906	61 430	82 072	106 554	133 916	163 437	212 578	267 433	326 575	388 931
每用户平均收入 /$	15.00	15.00	15.00	15.00	15.00	15.00	15.00	15.00	15.00	15.00
收入 /$	688 590	921 450	1 231 080	1 598 310	2 008 740	2 451 555	3 188 664	4 011 495	4 898 625	5 833 965
AR/$	2 754 360	3 685 800	4 924 320	6 393 240	8 034 960	9 806 200	12 754 656	16 045 980	19 594 500	23 335 860

(b)

图 10-1 5 年期商业计划

注：部分数据合计原文有误，此处做了修改。

假设你制作了一款视频游戏。你从基本的假设开始，比如每个季度会有多少新用户，以及你预计会有多少用户流失。然后还有用户付费转化率和每用户平均收入（average revenue per user，ARPU）。这个简化的模型将计算未来 5 年的收入。

这份针对收入的商业计划显示，5 年后，你将拥有大约 130 万活跃用户和大约每月 200 万美元的收入。

这是一份好的计划吗？因为这是一款视频游戏，用户流失率很高，所以为了有一份更好的计划，你需要吸引更多的用户。在阅读图 10-1 的商业计划时，要注意：这是一份季度计划，所以第 1 季度（Q1）是起始点，计划将持续到第 20 季度（Q20），也就是 5 年后。

第一行是“新用户数”。每个季度你会通过营销活动获得多少新用户？刚开始时，这会是一个很小的数字，但是在 5 年后，你将会在每个季度有接近 100 万的新用户。你面临的挑战从第二行数据开始：“当季流失率”。这些新用户中，有多少会在同一季度流失？

记住，流失是留存的反义词。虽然最初会是 60%，但随着时间的推移，情况会逐渐改善，流失率会降至 40%。第三行是“用户净增加量”。也就是说，在季度末增加了多少新用户？第四行是经过一个季度之后的流失率。流失率相对较高，因为我们假设这是一款游戏，因此存在固有的高流失率现象。

经过第一部分计算之后就是活跃用户总数，5 年后达到 130 万左右。如果你不在 Q21 引入新用户，由于每个季度的流失率为 25%，那么此时你将剩下不到 100 万的活跃用户。你的营销队伍需要在每个季度引入越来越多的新用户以支撑增长。

计算的第二部分是收入模式，基本假设：不是所有的用户都会转化为付费用户，然后有一种将活跃用户转化成付费用户的方法，即免费增值模式。这里的每位付费用户每季度将会贡献达到平均金额水平的费用，随着时间的推移，费用会不断增加。这是好的商业模式还是糟糕的商业模式？

商业模式的二元性可能会令人沮丧。如果试图通过展示这份商业模式筹集种子资金或完成第一轮融资，那你是不可能获得投资的。你设的目标不够高，或者成功机会不够大。结果很明显，你的公司不会在5年内成为独角兽。因此，你的商业模式没有吸引力。但是，如果你获得投资，并且这是实际的业绩，你将会经历一段卓越且成功的旅程。5年后，你可能已实现盈利，月收入达到200万美元，AR同比增加2.5倍。那是一家非常非常成功的公司。

按照这种速度，如果你的LTV与CAC之比大于3，那么你可以很容易地获得资金，以继续加速增长。虽然看起来很糟糕，但如果从第4年到第5年能够实现2.5倍的增长，这仍然令人印象深刻。

虽然Excel表可以展示和计算所有的数字，但你的假设模型必须经得起推敲。投资人会看假设模型和最后一行数据，然后确定自己是否喜欢，而你也应该这样做：看看假设模型，然后看看最后一行，即5年后的结果，确定你的旅程是否值得，比如付出的努力、替代成本和做出的牺牲等。

你怎么判断自己创造了多少价值？事实上，你没法判断！你不断尝试，并与用户交流以找出答案。这个过程就像你寻找PMF或者你创业旅程中的任何一部分，你做了基本假设，然后试着用真实的用户体验来验证它。与用户交流，不仅有助于你了解他们正在使用哪些功能及使用理由，也有助于你对价值进行定性和量化。

构建商业模式的4个要点

打造一支成功的销售队伍，一台带来可预测结果的销售机器，你需要时间。销售能否成功有几个关键因素：产品的成熟度、销售故事以及是否准备好了销售工具包。以下是大多数初创公司会遇到的情况。

最初，前 5 笔左右的交易都是由 CEO 或某位创始人完成的，一旦你发现这个过程似乎在重复，比如价值定位或定价，你可能就会觉得已经准备好扩大销售队伍了。然后你请来一位销售副总裁，希望他能将产品销售出去。那是一个错误的做法。

销售队伍是一台工作流畅的机器，是为了让销售过程更高效。这个队伍有 4 ～ 5 个关键的功能，如果他们之间的配合不能像管弦乐队演奏那样协调，那么销售就不会有效果。而销售副总裁的角色是乐队的指挥。销售队伍的关键功能包括：

- 渠道输送器：这个角色是为销售机器输送信息，并确保为销售机器带来足够的销售线索。因此本质上，如果你认为销售人员一年可以处理 100 条销售线索，那么渠道经理每年有责任为每位销售人员提供 100 条合格的销售线索。
- 销售：这些人手上有合格的销售线索，通过销售，他们努力达成交易。
- 销售支持：他们的角色是满足用户的不同需求，比如数据、技术讨论和集成等，给予销售人员支持。
- 客户成功：也许是销售过程中最重要的部分。客户成功团队的目标是确保用户对产品产生兴趣并使用产品。这个功能是将用户变成你未来实现增长的输送器。
- 销售运营：提升整个销售流程的效率，提供管理销售流程的工具和行动支持。

如果你打造一支销售队伍的时机已经成熟，确保销售队伍能实现上述所有功能。如果你打算招募一位销售副总裁，那么这个人需要专注队伍的建设，而不是销售产品。

如果你还不确定自己是否已经准备好，而只是想确保推销工作已经准备好了，那么单独招募一名销售人员就没有意义。一个人没有线索来源，也没有达成交易所需的业务跟进能力或支持能力。

构建商业模式的 4 个要点：首先，寻找商业模式之旅是另一段充满失败经验的旅程，也是一段漫长的旅程，而且这段旅程尤其令人沮丧，因为迭代之间的验证间隔时间很长；其次，一旦你创造了价值，那么由这个价值衍生出的价格增长比例应该在 10% ～ 25%；再次，为了加速这段旅程，要着手先对创造出的价值进行定性和量化。调整商业模式，并将价格增长比例调整到价值的 10% ～ 25%；最后，如果你可以选择自己的商业模式，选择能带来经常性收入的那一种。

如何做好难而正确的事
Fall in Love with the Problem, Not the Solution

- 价格由市场决定，先考虑人们愿意出多少钱购买。然后问自己，如果这是市场价格，我们能盈利吗？
- 采用现有的商业模式比构建自己的商业模式要简单得多。
- 在帮用户赚钱还是省钱的两个选项中，采用有效的那一个。
- 用户的购买周期不由你决定，因此你必须与这些周期在时间上保持一致，而不是试图改变它们。
- 用户生命周期价值至少要比用户获取成本高 3 倍，否则你就没有形成可持续的商业模式。
- 没有人能替你找到商业模式。你必须亲自验证最初的 5 ～ 10 笔交易。

Fall in **Love** with **the Problem,** Not the Solution

11

获得 10 亿用户的增长

“

营销是一次带来一名用户，
而业务开发是
一次带来一群用户。

”

实现用户增长是打出本垒打：这是你经历的最艰难的一段旅程。

人们往往会问："有什么大不了的？我会打造产品，最终用户会来的。"或者："有什么大不了的？在《纽约时报》上发表一篇报道就行了。"再或者："有什么大不了的？在 Facebook 上打个广告，我想要多少用户就有多少用户。"如何实现用户增长是一件大事。这是最艰难的一段旅程，很少有人能成功地解决这个问题。在这一章里，我会讲述如何实现用户增长，阐明营销的作用，简述口碑与病毒式传播，以及讨论 GTM。

用户增长的两个关键问题

苹果公司于 2012 年 9 月 19 日推出了苹果地图 App。从各方面来说，这都是一次惨败。但他们的 App 就是不够好，因此苹果地图的失败导致了科技史上最引人注目的公开道歉。就在苹果地图 App 发布 9 天后，苹果公司 CEO 蒂姆·库克向用户发出一封令人震惊的道歉信，他说苹果地图数据"有所欠缺"，所以用户应该尝试其他选择。而 Waze 是他当时推荐的 App 之一。那时，Waze 在 PMF 方面已经做得很好，因此我们在全球范围内每天有 5 万～ 10 万名新用户，相当于每月约有 200 万名新用户。

在苹果地图失败之后，苹果 CEO 把 Waze 推荐给用户尝试，于是我们喜欢把那一天称作“蒂姆·库克日”（Tim Cook Day）。在库克推荐之后的第二天，Waze 的新用户数量比之前一天多了 1 倍，大约有 16 万名。新用户快速增长的现象持续了一周，然后增速逐渐减缓，因此第一天的新用户增长比例比平常多 100%，第二天多 70%，一周后每天多大约 10%。然而，尽管数据看起来令人印象深刻，但其意义仅是 2012 年的整个 9 月份，新用户比例增加了约 10%。这个日下载量的纪录持续了大约 1 年，当这个纪录最终被打破时，日平均新增用户数量比原来增加了 1 倍多。

用户增长不是单独的一个事件，而是与交付结果的一致性和展示长期增长能力有关。你的 GTM 需要交付可复制的结果，并随着时间的推移，能够提高产出效率。这份计划不是在《纽约时报》上发表一篇两个版面的报道来一次性吸引很多用户，而是一份会产生可重复结果的计划。

关键问题 1：以多快的速度增长

这个问题应该这样问：“你能以多快的速度增长？”2010 年底，Waze 在全球拥有大约 230 万名用户。一天，我和 CEO 诺姆·巴丁正在准备董事会会议，我们需要为 2011 年年底设定用户数量目标。巴丁问我，到 2011 年底我们会有多少用户。“1 000 万。”我说。“我们到底上哪儿去弄那些用户？”他回应道。“在拉丁美洲，计划有 200 万～ 300 万用户，欧洲 200 万～ 300 万，美国和其他一些地方 200 万～ 300 万。”我解释道。“好吧，但是我们到底要怎么获得用户呢？”巴丁继续追问。

我有很多想法。“但实际上，我不知道，”我承认道，“我只是知道市场就在那里，我们将尝试不同的方法，直到我们找到合适的。特别是，我知道我们需要表现出 5 倍的增速才能进入起飞跑道。” 2011 年我们最终实现了 1 060 万名用户的目标。2012 年底，用户数达到 3 300 万，过了大约 5 个月，当谷歌收购我们时，我们的用户数已突破 5 000 万。我们对 2009—2013 年的用户数据进行了汇总（见表 11-1）。

表 11-1　2009—2013 年 Waze 用户数据汇总

日期	Waze 用户数量	年度同期增长倍数
2009 年 1 月	34 417①	0
2010 年 1 月	538 077②	15.6
2011 年 1 月	2 600 000③	4.8
2012 年 1 月	11 900 000④	4.6
2013 年 1 月	36 600 000	3.1
2013 年 6 月	50 900 000	1.4

注：① 用户全部在以色列。② 用户仍然全部在以色列。③ 用户约一半在以色列。④ 用户分布到全球，找到了 PMF。

从第 0—1 年的增长系数是不确定的，事实上，也没有人关注，但了解之后的年化增长率是至关重要的：根据增长率反馈给你的信息，你能判断出自己是否已经实现用户增长，这个数据反映了一家正在成为市场领导者的初创公司发展状况的真正本质。

如果你看看那些知名、盈利的大公司，它们的业务年化增长率是 10%，这相当合理。增长率越高越好，越低越不好。如果你是一家初创公司，在实力达到一家知名、盈利的大公司的水平之前，你应该展示出一种非同寻常的增长速度。一旦公司启动，你就有望在未来 5 年以 10 倍、5 倍、4 倍、3 倍和 2 倍的增速增长。为了客观地考虑，我们假设当你启动时有 5 万名用户。过了一年，预计用户数将会达到 50 万名。在这个 5 年期结束时，你应该拥有 $10 \times 5 \times 4 \times 3 \times 2 \times 50\,000 =$ 6 000 万用户，这就是独角兽公司增长的速度。

如果你是一家 B2B 的公司，启动时的销售额是 100 万美元，第一年你需要达到 5 倍的金额，然后是 3 ～ 4 倍、3 倍、2 ～ 3 倍和 2 倍。这样，一开始的 100 万美元在 5 年后就会变成 1.8 亿～ 3.6 亿美元。我们之前说过，PMF 是创业旅程中最关键的阶段，也是第一阶段，如果你在这个阶段失败了，你的公司就会倒闭。找到正确的商业模式通常是最漫长的旅程，因为验证过程是缓慢的。但是 GTM 或者说实现用户增长之旅其实是最难的。这个阶段的失败次数会更多。

关键问题 2：什么时候开始 GTM

如果你是一家 B2C 的初创公司，那么你应该在找到 PMF 之后立即开始你的 GTM 之旅，但在这之前不要急于行动。原因很简单：如果你的产品还没有准备好，那么用户流失率会很高，并且留存率会很低。所以，如果你引入新用户，那么大部分甚至全部都会离开。这就像你要用一个漏勺盛水一样。要想成功，你要么快速行动，要么在盛水之前把洞堵住。而堵住漏洞的就是 PMF。但是，对于 B2B 的公司，PMF 与商业模式并不是完全分开的。一旦你找到了商业模式和 PMF，就会出现业务增长。

虽然衡量的标准不同，但 B2C 公司和 B2B 公司进入市场之旅过程基本相同：证明你可以实现高效业务增长，并成为市场的重要参与者。B2C 公司和 B2B 公司标准的主要区别是对“高效”的定义不同。如果你提供的是一款免费 App，还没有找到商业模式，那么以 0 成本或非常接近 0 的成本获得用户是有意义的，成本高昂则失去意义。如果你是一款 B2B 产品或付费 B2C 产品，你知道用户在第一天要支付 *X* 美元，在接下来的 1 年左右要支付 3*X* 美元，那么以低于 *X* 美元的价格获得用户是有意义的，但以高于 3*X* 美元的价格获得用户就没有意义了，因为你的整个 GTM 之旅都是为了提高收益效率。在刚开始，即使你的 CAC 没有意义，但在 GTM 之旅结束时，它必须有意义，要么过高，要么过低。

口碑和病毒式传播

我在这里先定义两个术语，因为我看到很多人对它们有点儿困惑。“病毒”是相对简单的一个。我无法使用这款产品，除非你也在用。如果我是这个星球上唯一使用 Messenger 或 WhatsApp 的人，那么这些 App 就无法真正帮助我，因此，为了使用这些 App，我需要邀请其他人一起使用。很明显，一款成功的进行病毒式传播的产品拥有巨大的增长机会，且赢家通吃。

请记住，不同的市场可能会有不同的赢家，比如美国的优步、中国的滴滴出行和东南亚地区的 Grab 打车软件。又或者美国的 Messenger，在美国以外地区使用的 WhatsApp。

口碑则是完全不同的概念。如果我问 100 个人，他们是通过什么途径听说 Waze 的，90% 的回答可能是“有人告诉我的”。这就是口碑。你可以针对优步、奈飞、Facebook 和你日常使用的大多数 App 向别人提出同样的问题。如果你正在创建的是一款面向消费者的 App，并且总体目标市场规模很大，如果你拥有了口碑，最终你就赢了。不幸的是，口碑只与使用频率高的 App 相关。我来解释一下原因。

正如我在第 4 章介绍的，如果你的产品的使用频率是平均每月使用几次，比如每月 10 次，而不是每天，那么口碑传播就是你的发展之路，因为人们有更多的机会告诉别人。如果只有 10% 的用户会在使用你的产品后告诉别人，然后被告知的人中，有 10% 最终会成为用户。假设你已经有 100 万用户。如果 10% 的人会告诉别人，那就是 10 万人。如果其中只有 10% 成为用户，那就是 1 万名新用户，即自然增长。

如果你的 App 使用频率是 1 年 1 次，这意味着每年仅新增 1 万名用户，但这种情况没有什么值得大书特书的，事实上，你可能会有相当高的流失率。如果你的 App 每月使用 1 次，那么一年就有 10 万名新用户，这种情况就没那么糟糕，但是新用户数量还是不够。如果你的 App 每天都被使用，或者一个月只有 10 次，就像 Waze 一样，那么你的用户会获得积极的体验，积极的体验促使他们推荐给自己的朋友，复合效应使得年底的用户数变成当下数量的 3 倍，而且没有任何用户获取方面的支出产生。

暂时不考虑用户流失的情况。我想让你意识到，使用频率对于用户数量自然增长的影响。我们将延续上面的假设，即只有 10% 的用户会将你的产品推荐给别人，而在这些被告知的人中，只有 10% 会使用它，所以用户数量本质上只增长了 1%（见表 11-2）。

表 11-2　使用频率对用户增长的影响

使用频率	1 月份的用户数	12 月份的用户数	增长百分比 /%
每年	1 000 000	1 010 000	1
每月	1 000 000	1 126 825	13
每周	1 000 000	1 677 689	68
每月 10 次	1 000 000	3 300 387	230①
每天	1 000 000	37 783 434	3 678

对于 Waze 来说，在我们进入市场计划的工具库中，最有效的工具就是口碑。一位朋友坐在你的车里，看到仪表盘上运行的 App，他不由得发问："那是什么？"我们说的就是这种情况。现实生活中的口碑传播是什么样的？靠口碑传播的增长曲线就像冰球杆一样，它呈指数级增长。看看下面 Moovit 和 Waze 的用户数量增长图（见图 11-1）。Moovit 统计的是通过 App 或网站使用该服务的人，而 Waze 统计的是下载并使用该 App 的人数。虽然用户数不同，衡量标准也不相同，但两者的增长曲线的形状完全相同。

① 原文计算有误，此处做了修改。——译者注

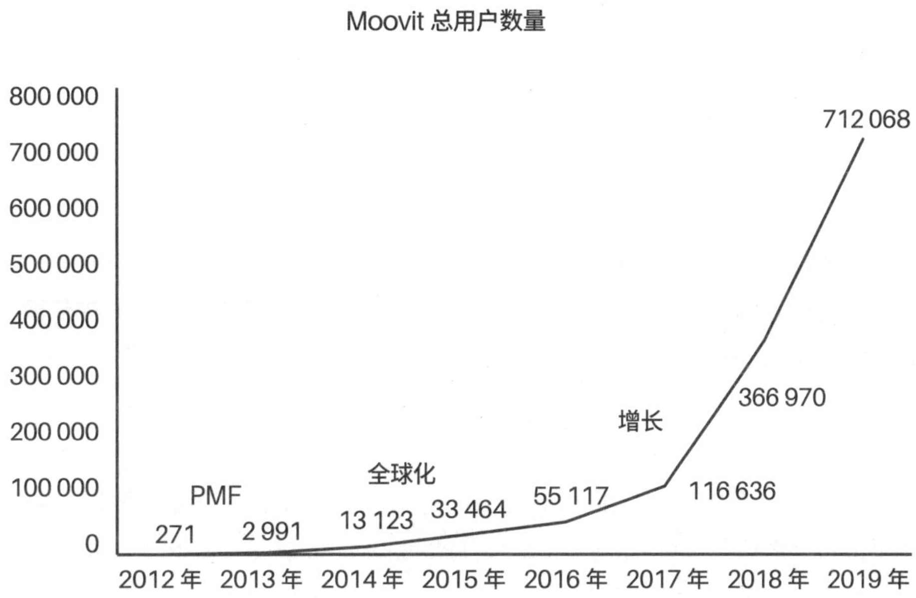

(a) Moovit 用户数量增长图

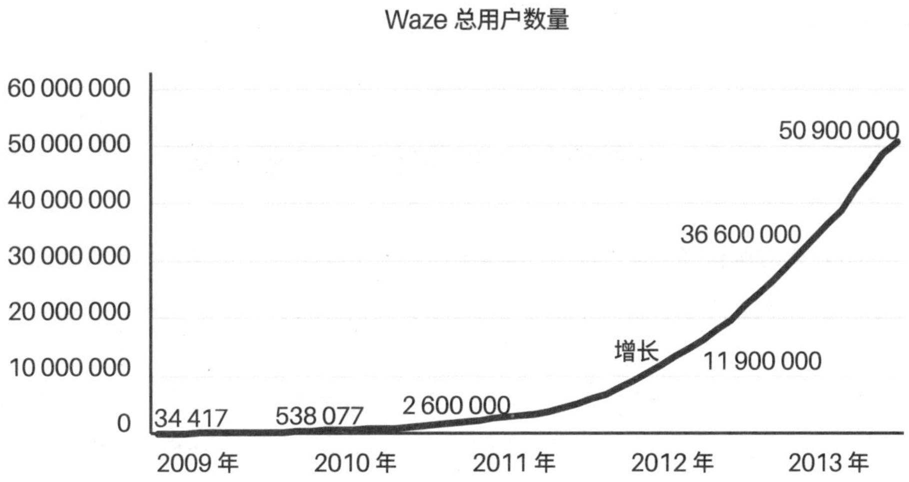

(b) Waze 用户数量增长图

图 11-1　Moovit 和 Waze 的用户数量增长图

WhatsApp、Facebook 以及世界上所有最成功的面向消费者的 App 都是这种模式。一旦有了口碑，用户数量呈指数级增长就开始了。在公司被收购之前，Moovit 用了 436 天达到第 1 个 100 万用户，用了 107 天达到第 2 个 100 万，用了大约 19 小时达到最后一个 100 万。

口碑是使用频率的衍生品。高频率的使用意味着你最终将采取口碑营销。所有前期进行的 GTM 活动，目的都是让用户数量达到临界数量，以形成口碑传播。你可能需要几年时间才能让用户数量达到临界数量，但是一旦达到，那么所有新增用户都将来自口碑传播。

从表 11–2 可以看出，假设你的使用频率为一个月 10 次。这种情况下，口碑传播或自然增长带来的年增长倍数约为每年 3.3 倍，也就是 2 年 10 倍，4 年 100 倍。如果你从几百万用户开始，那 100 倍就是几亿用户，这当然是处在市场领导者的地位。但是，如果你开始时只有 1 000 名用户，那么用户增长 100 倍后，仍然会得到一个非常低的数字。为了获得最初的几百万用户，你需要整个营销队伍来引入用户。

如何在营销和业务开发之间做出选择

我们来对所有事情重新排序，重新调整我们初创公司的战略。如果你的产品使用频率很高，那么你要开始寻找 PMF，实现用户增长，然后才尝试找出商业模式。如果使用频率不高，那先开始寻找 PMF，再寻找商业模式，然后实现用户增长。最后才寻找商业模式的原因很简单：如果你能实现高增长，那么你就会大幅提高公司的估值，让你获得大量的投资，然后使你找到商业模式。但是，如果你的产品使用频率不高，那就意味着你获取用户的成本会很高，因此你需要证明你有一种商业模式来支持产品。**产品的使用频率决定初创公司的战略，当然，也决定你的 GTM。**

现在，我们可以开始讨论营销的作用。多年来，我见过很多初创公司，当创始人开始考虑营销时，他们对这一重要职能的作用却产生巨大的困惑。因此，他们对如何建立团队、招聘和衡量营销效果是非常不清楚的。先从我听到的一些创始人对营销的期望说起：

- “我想在《纽约时报》上发表一篇双版面的报道。”这意味着公关是关键。
- “我希望在 Facebook 上购买用户。”这意味着营销工作完全是获取用户。
- “我想简化公司给人造成的观感，让形象更加清晰。”这意味着营销与定位有关。
- “我希望营销为销售人员提供销售工具。”这意味着营销和销售工具有关。

最后，几乎所有的 CEO 对营销的作用都有一个观点：推广。但是营销的功能很多，如果你的营销团队很早就组建了，那他们会先制定市场 - 产品 - 价格策略，然后才是在市场上推广。营销的工作是创造一个能加速寻找 PMF 进度的系统，分为两个阶段。第一阶段了解需求，以确定产品和市场，也就是谁是用户及他们在哪里，然后确定价格，价格是用户支付意愿的衍生物。第二阶段推广，主要目的是让用户使用产品。

这里有一个关键问题：你多早开始引入营销主管的角色？你是否需要尽早招聘一个能够进行集客营销（inbound marketing）的人，一个可能经验非常丰富、能力全面并且了解用户、产品和市场的人？或者在公司发展后期阶段，你需要一个完全不同的人，一个了解推广、出站营销（outbound marketing）和不同推广工具的人？这个人只要将市场 - 产品 - 价格视为理所当然即可，而这个策略对于公司发展早期阶段的营销招聘却非常重要。

这是两种截然不同的人。第一种类型的人相当罕见，没有多少人能制定产品 - 市场 - 价格策略。第二种类型的人更常见。所以，如果你说：“我在寻找一位营销副总裁或首席营销官。”那你想要的是哪一种？第一种还是第二种？

事实上，你收到的大部分简历更有可能是第二种类型求职者的，那些专注推广的求职者。然而，如果你雇用了一位第二类的专业人士来负责产品 - 市场 - 价格，那么这个人很可能会失败。反过来，如果雇用第一类专业人才去做推广，那么成功的可能性也很低，因为第一类人的能力远远超过了仅做好推广这部分工作，而且很可能他们不喜欢这份工作。所以，现在你明白营销能为你做什么，并且由你来决定是想早一点引入内部营销人员来更快实现找到 PMF 的目标，还是晚一点引入，只为加快用户增长速度。

大多数初创公司在吸引用户的时候都会通过营销实现，但我见过很多公司为了吸引用户，需要在营销和业务开发这两种职能之间做出选择。我认为，营销是“一次带来一名用户”，而业务开发是“一次带来一群用户”。所以，一方面，我会实施公关、线上及线下营销以及推荐计划等；另一方面，以业务开发的名义，我将与团体、企业主和团队接触，吸引他们的用户。

最重要的结论：如果你不知道怎么引入用户，那么别人也不会知道。不管你最终是通过营销直接获得用户还是通过业务开发间接获得用户，你都需要从直接获得用户开始。通常来说，你要考虑以下数据：

- 如果你的推销技巧是正确的，那么在销售周期结束时，你的成交率将在 25% ～ 75%。
- 在你的融资之旅中，成交率将在 1% ～ 2%。
- 在业务开发中，这个比例比在融资阶段要高得多，但比在销售阶段低得多，在 5% ～ 10%。

比如，如果你有一款像 Refundit 这样的免税购物 App，它简化人们在国外旅行时获得退税所需处理的所有流程，然后你决定自己去找线上或线下旅行社、航空公司，或任何旅游行业的实体机构，并跟他们说：“我们合作吧，为什么不向你们的用户推广我们的 App 呢？”那有 5% ～ 10% 的人会同意。但即便如此，部署也需要时间，而结果可能会令人失望。我跟你们分享一些能提供不同视角的故事。

Location World

Location World 是 Waze 在拉丁美洲的合作伙伴，在某种程度上它是我们在拉丁美洲的得力助手。他们遵循我们在 GTM 活动方面的指导原则，并进行一些本地化工作。而这几乎是唯一可行的模式：你编写 GTM 原则“食谱”，然后有人会跟随响应，并且他们还会做自己的本地化和调整工作。最后，除了巴西以外，Location World 负责其他所有拉丁美洲国家的 GTM 活动，于是我们一起合作尝试了几十种 GTM 方法。在一定程度上，他们帮助我们编写了 GTM 原则的“食谱”。

西班牙电信

西班牙电信（Telefónica）是一家全球化的西班牙移动运营商，也是拉丁美洲的市场领导者。他们与 Location World 合作，成为拉丁美洲多个国家的分销合作伙伴，同时通过西班牙电信的媒体推广 Waze，包括他们可以免费使用 Waze 的特殊数据等。经过大约 6 个月的时间，和西班牙电信的合作才步入正轨。Location World 和西班牙电信之间进行过很多次对话。为了让他们的合作运转起来，我甚至不得不去拉丁美洲不同地方出差几次。

当时，西班牙电信在该地区拥有超过三分之一的移动用户，他们致力于线上营销（ATL spending），即围绕更广泛的目标受众部署广告，如电视或广播用户群。相比之下，线下营销（BTL spending）的广告针对的是特定的潜在用户群。西班牙电信计划利用各种媒体渠道推广 Waze，而不仅仅是他们自己的媒体渠道。

我们预计，在计划进行营销活动的国家里，用户增长率将达到 20% ～ 30%。可结果令人非常失望，只有 2% ～ 3% 的增长。

GTM 活动的开发需要很大的耐心，而且很多活动根本不会产生任何结果，然而也有很多会取得一些效果，但只有极少数会带来显著的效果。问题是开始营销之前，你不知道哪个活动会有效果。所以，我建议你从 GTM 活动的开发开始。即使你有一些 GTM 的影响力，你知道什么活动有效、什么活动无效，也不要指望你的营销团队能从帽子里变出兔子来：他们是营销人员，不是魔术师！

和记黄埔

2011 年[①]，Waze 已经从维港投资和凯鹏华盈那里获得了融资。维港投资是李嘉诚的投资公司，他是香港非常著名的商人，也是和记黄埔的所有者，而和记黄埔又拥有移动运营商和记电讯。和记电讯当时在包括意大利在内的一些欧洲国家留下了宝贵的足迹。

维港投资告诉我们，他们可以提供帮助，并热情地给我们介绍和记电讯意大利分公司。我们开始与和记电讯意大利分公司接洽，他们说："我们知道如何推广你的 App。我们将启动一场短信推广活动，将推广内容发送给所有相关用户。我们通常会看到令人惊叹的结果。"大约过了 3 个月，他们启动了这场活动。

当时，我们在意大利的用户增长态势相当不错，每天有 3 000 ～ 5 000 名新用户，每月增加 10 万～ 15 万名用户。活动当天取得的成绩令人惊喜，吸引了大

① 原文 2012 年有误。2011 年，李嘉诚和凯鹏华盈在 Waze 第三轮融资时投资 3 000 万美元。——编者注

约10万名新用户，第二天大约有6万名，第三天大约有4万名，直到大约1周后，新用户增长数量回到每天 3 000 ～ 5 000 名。总计有大约 25 万名新用户。这些是惊人的结果，相当于两个月的自然增长数量，比我们预想的要多得多。

我们想将这一模式推广到其他移动运营商那里，包括意大利电信移动公司（Telecom Italia Mobile）、沃达丰意大利公司（Vodafone Italy）以及其他十几家来自不同国家的运营商。我还与奥地利、英国和其他国家的和记电讯运营商进行接洽，然而，它们中没有一家同意像和记电讯意大利分公司那样推出一场短信活动。这个结果真的很令人沮丧，因为我们发现一些对我们来说不费吹灰之力就能奏效的方法，却无法说服其他移动运营商，让其参与进来。

我向和记电讯意大利分公司建议再实施一次活动。那时距离上次活动结束已经有 6 个月了，Waze 当时正在以更快的速度成长。我们又花了 3 个多月的时间来实施一场活动，结果那场活动合计只有大约 5 万名新用户，这个数字仅仅相当于大约一周的自然增长量。我想表达的观点是什么？即使某种方法起作用了，你也不能确定它会再次起作用，或者在其他地方以同样的方式起作用。

意大利电信移动巴西分公司

在我与意大利电信移动巴西分公司接洽时，Waze 无法获取任何分销渠道，当时对他们来说还为时过早，而当 Moovit 出现时，我们告诉意大利电信移动巴西分公司的人："你们错过了与 Waze 一起创造卓越成就的机会，不要再错过 Moovit 了！"我的朋友奥马尔·泰勒斯（Omar Téllez）当时是 Moovit 拉丁美洲公司的总裁，他精心安排那次合作，而且那次合作带来了惊人的成果。活动实施一年后，在 Moovit 的所有用户中有四分之一在巴西。这场活动在一年的时间里吸引了大约 1 500 万名用户。相较于 Moovit 2021 年的 10 亿用户，虽然这个数字并不多，但在当时该公司拥有的 5 000 万的总用户中，这个数字是惊人的。然而，跟 Waze 一样，Moovit 也无法在其他地方复制这一成功的做法。

美国广播公司遇到了疯狂飞车

美国广播公司电视网（ABC）是 Waze 在美国启动业务的关键触发因素之一。2011 年，在美国独立日周末即将来临之际，洛杉矶的 I-405 高速公路安排了一起大型建筑施工，届时这条道路将会被彻底关闭和拆除。媒体称这条路为“疯狂飞车”（Carmageddon），在关闭前的几个月，美国广播公司找到我们，说我们是唯一可以报道实时交通状况的人，包括来自现场的报道。

美国广播公司喜欢我们的疯狂飞车周末报道，所以双方继续合作。整个 2011 年，我们跟一些其他地区的电视台合作，成为他们的交通报道工具。电视台非常高兴，因为他们实际上比竞争对手有更好的交通报道。我们也很高兴，因为获得了一个重要媒体品牌的免费推广和认可。

除了品牌认知度，我们从中得到什么？ Waze 为美国广播公司在底特律以及其他很多城市提供交通报道。如果你问我，在底特律晚间 11 点的新闻播出后，我们一次能获得多少新用户，那么答案可能是数量很少，只有大约 100 名。100 名听起来不算多，但是请记住，交通报道一天播出 3 次，1 个月 30 天，并且在 50 个不同的城市播出。事实证明，这个数字非常可观。

把数据当作跳板驱动增长

还记得 Waze 的“飞轮”吗？用户越多，那么能改善的数据就越多。更好的地图数据会增加用户留存率和使用率，从而带来更多用户。因此，除了通过业务开发带来新用户，我们还试图通过业务开发合作获取更多的数据，特别是来自车队管理公司的 GPS 数据和来自地图制作商的基础地图。事实证明这是一种更容易达成的合作，因为他们有数据，而且很容易说服他们合作。

同时，这种合作方式也没有任何风险。我给车队管理公司的公开要约很简单：你给我实时 GPS 数据，那么我就给你实时交通数据。有些情况下对方会答应，但也有一些公司会说："我们的数据是有价值的，并且其他人是付费购买，所以你需要付钱给我们。"我们最终每月要向每辆车支付 10 ～ 20 美分的费用。因此，一家拥有 5 万辆营运车辆的车队管理公司每个月可以拿到一张 5 000 ～ 10 000 美元的支票。

一旦我们收集到的交通信息达到足够好的水平，即使没有他们的数据也没关系，我们就会重新审视这些合作，最终结果会是以下 3 种情况之一：

- 合作伙伴同意用原始数据交换交通数据的合作模式。
- 合作伙伴选择给我们价格打 5 折。
- 合作伙伴决定终止协议。

交通数据获取的模式是我们的跳板。一开始我们需要通过它来改善我们的交通数据，但一旦我们有了足够多的用户，就不再需要它了。这一点很重要：在创业之旅的每个阶段，你可能需要不同的资产来实现增长，因此需要开发不同的业务合作。那些能带来用户的合作才是最难开发的。

少量的合作带来大量的用户

我为 Waze 能有更多合作伙伴跑了很多地方，试图从这些合作伙伴那里获取用户和数据。我可能跟几家潜在的合作伙伴见了五六次面，甚至更多，但最终一无所获。有时我会有一些收获，但很少，甚至不值得跑一趟。中头奖的机会很少，但是一旦中奖，那就能覆盖所有的损失。我们可以把业务开发想象成篮球比赛中的半场超远投得分。有 3 种方式来看待这样的“机会”：

- 如果不尝试，你就不会命中。
- 如果得分，你就赢了。
- 你总是认为下一球会是制胜球。

如果你决定通过业务开发来引入用户，会出现两种情况：一种是大量的合作都只带来少量的用户，另一种是少量的合作也能带来大量的用户。你要永远为第二个目标而努力，这才是真正的关键。

初创公司无法互助

初创公司都在寻找同样的东西，因此，他们并没有太多的东西可以分享。比如，在很多情况下，你遇到另一位 CEO，结果发现你们都瞄准同一个目标市场。再比如，你与另一位 CEO 建立信任关系，希望他帮助你获得用户。但是这位 CEO 看着你，并也在以同样的方式思考：你也可以帮助他获得用户。实际情况是你没有足够的用户来提升另一位 CEO 的用户数量，反之亦然。无论你怎么努力，都没有办法帮助他，他也没有资源来帮助你。所以想都别想！

找到你的用户在哪里

归根结底，当谈到营销和增长时，我们想到的是：引入用户。好消息是，如果你解决了这个问题，你就赢了。坏消息是，引入用户有难度。如果你的产品的使用频率很高，你的策略就很简单：投资获取用户，直到口碑传播能起作用。Waze 在营销上花的钱很少，但足够留在应用商店导航类别的第 1 页。但我们确实在公关方面进行了投入，以创造知名度并引入用户。Moovit 在用户获取方面的花费更多，直到产品形成口碑和实现搜索引擎优化（SEO）。

引入用户的方法有 50 种，甚至 100 种，这将是一段充满失败经验的旅程，不断尝试各种方法，直到找到一种有效的。为了找到有效的方法，你必须从回答一个简单的问题开始：谁是你的用户？他们在哪里？因为在驾驶员没有智能手机的国家，试图为 Waze 引入新用户是浪费时间，比如 2010 年的印度。如果你不知道如何回答这个问题，那么在你开启试验之旅时，就在不同地方针对不同类型的用户进行产品推广并观察结果。一旦你确定谁是你的用户，他们在哪里，这时你就可以开始考虑用其他工具来进行更有针对性的推广。

网络

抖音、领英、谷歌、Instagram、Facebook 和 Twitter 都是你可以投放广告或推广信息的网络平台，有些平台的投放可以针对目标受众。比如，“只有 30 ～ 40 岁有孩子的父母”才能看到你的广告。网络推广最重要的一点是，你可以实时衡量结果，并立即做出必要的调整。所以，如果需要弄清楚我的目标受众的年龄是在 20 ～ 30 岁、30 ～ 40 岁，还是 40 ～ 50 岁，那么在一天的投放结束之后我就会知道。出于这个原因，大多数初创公司会倾向网络推广，但并不能证明这种方式从效果和引入相关用户等指标上看就是最好的。好消息是，网络渠道能让你快速失败。坏消息是，它们会妨碍你跳出固有思维。网络营销和实时衡量结果用起来让人非常上瘾，很容易让人忘记尝试其他推广模式。

社交媒体

社交媒体是吸引用户的一个特别应用场景：接触那些拥有大量关注者的影响

者。你认为如果影响者推广你的产品，那么他们的关注者就会追随，但事实上，有些人会。有多少？我不知道，你也不知道，因此这种模式值得一试。

现实世界

如今，我们几乎忘记现实世界，但一旦你知道你的用户是谁、在哪里，现实世界的推广效果可能会比其他任何形式的推广更好。比如，加油站提供的“加满油箱送免费咖啡”的优惠活动。加油站前面 800 米处的广告招牌，会比 Facebook 广告效果更好吗？

公关

很多人觉得：“公关有什么大不了的？”比如，你在《纽约时报》上发表一篇两个版面的报道，顶多就这样。要做到这一点并不容易。你签约一家公关公司，他们会花 3 个月的时间来帮你获得这两个版面的曝光，有时需要的时间甚至更长，但还不保证你一定有机会。在某些情况下，这样行不通，你可能最终会在一份发行量小得多的出版物的一个小专栏上曝光，甚至完全没有曝光。记住：即使你的报道登上《纽约时报》，这也是一次性事件的做法。

拥有一台成功的公关机器意味着你正确地设定目标，坚持自己的方向，并意识到公关需要时间。最终，一次好的公关活动可能会产生很大的影响，而不仅仅是影响下载量。我们的经验表明，公关在一些地方行得通，而在另一些地方，不仅费用非常昂贵，而且效率较低。公关最重要的目标之一是建立可信度。当人们听到有新的产品上市时，有些人会去查找。如果他们发现关于你产品的信息只在网站和社交媒体上存在，那么他们觉得是很正常的。如果他们还能在多份媒体出版物上找到你的产品，那么情况就大不一样了。

这一切最终归结为了解受众是谁。一般来说，求职者、合作伙伴、政府和投资人更依赖参考信息，因而此时公关更重要，而引入新用户可能通过口碑传播或用户获取实现，而不是依靠公关手段。从本质上讲，公关是本地化的行为。在某些情况下，甚至可能是超级本地化的。所以公关也可能决定你的 GTM。

总的来说，对于全国性的媒体，公关效果会更好，而对于本地化的媒体，比如在美国的媒体，公关效果就不那么好了。你认为自己能做公关的事情吗？不要这么想。你需要一家公关公司。他们是专家，而你不是。即使你有一位非常好的朋友，并且他在一家媒体集团担任编辑，但结果也是依赖很多这样的关系资源，而不仅仅是取决于一个人。而公关公司与众多媒体集团建立了良好的关系。

线上广告

相对于公关，另一种推广选项是做线上广告，基本上就是购买传统媒体广告，比如电视广告、报纸广告等。因此，如果《纽约时报》对发表一篇双版面报道介绍你的初创公司不感兴趣，那么他们更有可能同意用同样的篇幅以广告的形式来刊登你的内容：也就是说，如果你能支付得起广告费用的话！

你怎么知道在美国超级碗（Super Bowl）盛会上花 *X* 美元在电视上做广告，会比投放 5 次报纸双版面广告的效果更好？或者会比通过 Facebook 广告触达 100 万用户获得的效果更好？你不知道哪一种更好，除非你尝试一下。但是，投放超级碗广告的费用非常昂贵，而且只提供一次性曝光。为了利用广告的曝光效果，你需要围绕它展开宣传活动。

另外，投放一个双版面的报纸广告费用也很高，同时也没办法做小范围的试验。因此，最有可能出现的情况是，你会尝试线上广告，因为你可以小规模地开始尝试，然后进行相应的调整。虽然这种方法仍然不能保证你会获得更好的宣传效果，但至少你可以立即尝试，而且成本很低。

CAC

获取一名用户需要多少成本？随着时间的推移，你会微调衡量指标并改进结果。一般来说，CAC 指的是在获取用户上产生的直接支出，因此不包括营销部门的费用或者与公关公司的签约费用。随着时间的推移，你会通过试错试验显著改善你的 CAC 数据。最终，通过衡量不同的营销方法，你可以优化回报，花更少的钱引入更多的相关用户。CAC 等于总的营销支出除以一段时间内获得的用户数量，包括自然增长用户数量。一旦自然增长用户数量能达到指数级水平，也就是说，获得的用户数比流失的多，你就可以开始减少营销支出了。

FTV

在用户第一次使用你的 App 或服务时，你能提供多少使用价值？如果是 Waze，那么这个数字接近于 0。如果是一款付费 App，比如，能帮助用户准备 GMAT 考试的 App，那么这个价值就是 App 的净价格。如果是一款按使用次数付费的 App，那么价值是从用户第一次付款开始计算的。你的产品或服务产出的首次使用价值非常重要，因为它会告诉你，你应该在营销上花多少钱。但是一般来说，对于高频使用或者订阅模式的 App 或服务，这个价值就不太重要，因为你可以相对容易地计算 LTV。对于使用频率低的 App 和服务，你不知道 LTV，你甚至不确定用户会不会使用第二次。当然过了几年，你可能会知道，但在最开始时你无法判断 LTV 是多少，因此你应该参考首次价值（first-time value，FTV）。

FTV 最好的应用场景是旅游市场。因为人们不会经常旅行，如果你新发行的旅行指南类 App 有一位新用户，那你也不确定这位用户什么时候会再次出现。

但一旦你算出 FTV，如果 FTV > CAC，那你就继续花更多的钱在营销上，因为你在赚钱。这公式商值的神奇数字是 3。如果你为每位活跃用户花费 *X* 美元的营销成本，而一位活跃用户在第一次使用时贡献超过 3*X* 美元的收入，那你就处在正确的营销轨道上。本质上，你已经找到了一台赚钱的机器。你现在要通过融资来加大营销支出，然后搞清楚 3 : 1 的投资回报率在更大投入的情况下是否会提升。

LTV

在用户的整个寿命期内，能产出的价值是多少？事实上，你无从得知你的 App 或服务的“寿命”有多长，但你可以在 1 年后根据流失率来做个估算。本质上，如果年流失率是 33%，你可以认为你的 App 的用户寿命是 3 年。

随着时间的推移，你会了解每年在用户获取上的花费和生命周期持续时间，然后你可以更准确地计算。最初在你的模式中，你假设生命期是 2 ～ 3 年，一旦这种模式运营 2 ～ 3 年，你可以再重新调整。事实上，这些预估取决于你的用户是否付费，以及你是否植入广告或出售数据。但是，如果你已经证明 FTV/CAC > 3，那就去花钱获取用户；如果你还不确定，那就继续微调商业模式，直到商业模式的结果符合公式。商业模式的微调是一个多次试验的过程。

自然增长

自然增长很简单。你什么都不做，用户就来了。显然，这是市场营销模式的圣杯，通常归功于口碑传播。本质上，当你不知道哪里有你的用户时，自然增长就是一切。最终，你衡量用户净增加量除以你的营销总支出得出的商就是你的 CAC。如果你自然增长用户量越来越多，那么这个比率就会显著提高。

媒体聚合

在很多情况下，你会发现当你需要进行多项试验时，跟一家提供媒体聚合的公司合作，试验会进行得更容易。提供媒体聚合的公司可以跨多种媒体类型分配获取用户的预算。这样的公司可以同时在多个广告平台上分配预算，并能更快地让你获得初步营销结果。最终，你需要将这一职能转入自己的公司内部，以建立专业知识、技术诀窍和实现规模化的能力。启用媒体聚合是一个绝妙的起点，但是要扩大规模，这个职能你不能一直外包。在某种程度上，这种模式可能与其他的业务职能的模式类似，比如法务、财务等。

推荐计划

很多 App 和服务相信口碑，因此他们试图通过奖励的方式来鼓励用户推荐。因此，如果你推荐给一个朋友，而他注册了，那么你可能就会得到奖励。优步就是通过这种方法来实现用户增长，结果证明相当有效。然而在有些情况下，效果要差得多。总的来说，我不喜欢推荐，这感觉像是在出卖朋友或者利用他们。但这是我个人的观点。如果口碑传播的效果不够好，那就尝试通过推荐计划来加快获取用户的进度，这种搭配可能会有效果。

SEO

SEO 是一种优化搜索手段，目的是让谷歌和其他搜索引擎在搜索结果中把你放在更靠前的位置。这样，当人们在谷歌上搜索相关词条时，你将排在搜索结果的前几名。Moovit 把 SEO 当作一个强大的工具来引入用户。实际上当人们搜索“怎么去……”这个问题时，我们给所有显示结果都创建了一个登录页面。因此，你可以搜索“怎么从时代广场去华盛顿广场”，“怎么乘公交车从 X 到 Y”或者“在明天晚上 7 点怎么乘地铁去我需要去的地方”。然后，我们为每一种可能的路线组合创建登录页面，在任意时间、从任意地点到另外一个地点。“等一下，”你可能现在就在想，“这是数百万，甚至数十亿个登录页面！”没错。每一个登录页面都会提供一个直接的具体答案，在这数百万种路线组合里，点击量会转化为用户下载一次 App。在我参与的其他几家初创公司里，我们也做了同样的事情，以获得最佳的搜索结果。

下一件大事或另一个伟大的创意

你的用户获取计划应该包括计划下一件大事或另一个伟大的创意，实际上创意有很多，然后你将准备好开始这段旅程，不断进行尝试。

引入用户的 50 种方法

一旦你开始考虑自己的 GTM 和用户引入计划，你要找一间会议室，准备一块白板，在上面写下你认为能够获取用户的所有方式。然后，让管理团队的其他人加入进来，把他们的想法添加到列表中。一直添加，直到在白板上写有 50 条要点，也就是说，有 50 种不同的方法引入用户。然后开始你获取用户的试验之旅。如果没有 50 条，那你还没有做好开始的准备。

要你列举 50 种方法的想法很简单：你不会爱上某一种方法，你是爱上了这段寻找方法的旅程，不停试验直到你找到一种有效的方法。想想寻找一个新的石油源的过程。虽然你可能需要钻井 50 次，但当你发现任何石油迹象时，你就开始越钻越深。在寻找方法时也要抱有同样的想法。刚开始，虽然这 50 种方法试验起来很不一样，但是一旦你有了一些初始的市场影响力，那你就开始越钻越深。

比如对于 Refundit 来说，如果事实证明最好的营销方式是在目的地机场进行宣传，比如，向抵达的乘客提供该 App 的纸质宣传材料，那么我们就会朝这个方向优化，在行李认领处、出海关处或出租车停靠站去接触潜在用户。

B2B 也能口碑传播

几年前，我与一家 B2B 公司的营销兼销售副总裁交流，我问他营销的功能是什么，销售的功能是什么。“那些能卖掉产品的，就是销售。那些不能卖产品的，就是营销。”他说。他进一步解释道：“我们已经建造一台运转良好的销售机器，它可以找出销售线索，销售人员进行拜访，然后对潜在用户进行资格审查，以便销售部门的高管可以尝试达成交易。然后，我们会跟进这些线索。”

“好，那太好了。”我说，“但是营销的功能是什么？”“美化销售产品。”他回答道。我向他展示了一些营销方法，使得营销可以改变整个销售流程并为他带来用户。他随后实施了其中的很多措施。过了一年，当我们见面时，这位副总裁告诉我，公司的销售周期已经缩短了，并且他不再需要去寻找销售线索，因为它们已经主动来找他了！

这就是我的想法，即使你是与用户面对面、一个接一个地达成交易，营销仍然可以发挥魔力。提高市场认知度、建立信誉、创造更好的销售工具包和制作用户互动材料，包括这些在内的十几种营销方式至少会达到以下的任一种效果：

- 缩短销售周期。
- 扩大潜在市场规模。
- 获取合格的销售线索。
- 提高续约的概率。
- 建立品牌知名度并争取市场份额。

B2B 有口碑传播吗？你最初的反应可能是“没有”，但这种观点是错的。假设你是一名销售人员，并且你的公司正在使用用户关系管理系统 Salesforce。过了几年，你跳槽到另一家还在使用微软 Excel 的公司里工作。你立即变成 Salesforce 的推广者。这是口碑传播的一个例子。

口碑传播需要更长的时间，在很多情况下，你已经制订 GTM 和用户获取计划。但随后你发现，你开始接到一些潜在用户打来的电话，但你以前从未联系过他们。实际上，这些潜在用户都是靠口碑传播产生的。

在开发者社区里，口碑传播发生得更快，原因有几条，其中包括开发者工作变动得越多，他们之间的联系和共享就越多。对于其他 App 和产品，口碑传播可能需要一段时间，但一旦你获得口碑，它就是一个助你成为市场领导者的飞轮。建立合适的营销队伍有什么诀窍吗？这取决于你的目标。

如果你在早期引入一名首席营销官来负责市场 - 产品 - 价格策略，那么这本质上就是一场一个人的战斗。这个人可能是你的产品营销负责人，但他仍然必须是一名营销人员，能了解用户，并具有类似的更丰富的市场经验。但你的首席营销官不能是一位来自外部的营销人员、公关主管、营销传播专家或媒体采购员。

如果你正在寻找一个能引入用户的人，那么先找一个能协调所有这些职能的人，包括对外营销、公共关系、市场传播和在线广告投放，并在面试中要求候选人提出 50 种能引入用户的方法。如果候选人做到了，那就让他开始工作。如果你的重点是通过网络获取用户，那就找一个以前做过的人。

最后，总结为一句话：第一个负责营销的人必须能亲力亲为，而不需要通过招聘更多人来完成工作。

- 是否已经实现了用户增长的判断标准是业务年化增长率，那些知名、盈利的大公司，它们的业务年化增长率是 10%。
- 产品使用频率决定了初创公司的营销策略，高频率的使用意味着你最终将采取口碑营销。使用频率不高，意味着你获取用户的成本会高，因此你需要先找到商业模式来支持产品。
- 营销岗位招聘的关键：前期阶段，招聘经验丰富、能力全面并且了解用户、产品和市场的人来领导产品 - 市场 - 价格策略。后期阶段，到了用户增长的阶段，之前的那个人不再合适，需要招聘了解推广、出站营销和不同推广工具的人。
- 通过业务开发带来新用户的关键是以少量的合作也能带来大量的用户为目标。
- 找到引入用户的方法前回答一个简单的问题：谁是你的用户？他们在哪里？
- 至少有 50 种方法可以引入用户，不要在列出方法清单之前就开始试验旅程。

Fall in **Love** with **the Problem,** Not the Solution

12

找到全球化的新路径

如果本土市场很小，
你必须从创业第一天就开始
考虑全球化。

12
找到全球化的新路径

印度智能手机的数量比美国的多，实际上是美国的 2 倍以上。

在编辑这本书的时候，我们多次删除了这一章，然而每次又将它放了回来。我们最终决定保留它的原因很简单：当你需要确定全球化战略时，这一章里的观点是有价值的，甚至是意义非凡的。

“全球化”作为一种战略，是否走向全球取决于你的本土市场在哪里。第一种情况，如果你的公司在市场体量大的国家，那么你可能在考虑进入全球市场之前就已经成为市场领导者了。第二种情况，如果你从一个小地方开始，比如以色列、爱沙尼亚或瑞典，那么你的本土市场太小，因此你必须在创业旅程非常非常早的阶段就考虑走向全球市场。第三种情况，你从俄罗斯、日本、德国、印度或巴西这样的大市场开始，并在这个市场花了太多时间建立本地的市场领导地位。在多年之后，你决定要成为一家全球化的公司。在这种情况下，默认的市场策略不起作用，因此你需要定义一个不同的策略。

在本章中，我们将讨论如何成为全球市场领导者。要实现这一目标，你需要占领多个关键市场。我们将帮助你搞清楚去哪里的市场，什么时候去，以及如何去。如果你的大本营是一个小国家，那么在你创业之前，就应该考虑全球市场。

你需要在其他市场上验证出要面对的问题，在你的本土市场找到 PMF，然后针对更大的市场进行微调。

以色列是一个非常小的地方，面积和人口数量跟美国马萨诸塞州相当，但以色列有更多的初创公司。在以色列创业，最重要的一点是，如果你的市场只针对以色列，那就没有风险投资人会投资你。如果只服务以色列市场，你打造一家成功的大公司的机会是很渺茫的。在瑞典、爱沙尼亚和荷兰等国家成立的初创公司也是如此。如果本土市场很小，你必须从创业第一天就开始考虑全球化。那么问题是：你的市场在哪里？

公司全球化面临的 4 个问题

我们通常认为顶级市场是在美国、中国、日本、德国和英国，但实际上还有更多、也更容易赢取的市场。回想一下最热门的互联网 App 或服务，然后问问自己："从用户使用量来说，哪个市场是最大的？"如果你回答的是美国市场，那么一般来说你是对的，但是排在第二位、第三位和第四位的市场呢？下列市场排序可能会随着时间的推移而改变，但前 5 大市场几乎总是相同的。

- 谷歌：美国、巴西、印度和英国。
- YouTube：美国、俄罗斯、巴西和日本。
- Facebook：美国、越南、巴西和英国。
- WhatsApp：巴西、印度、墨西哥和印度尼西亚。
- Instagram：美国、巴西、俄罗斯和意大利。
- Waze：美国、法国和巴西。
- Moovit：巴西、土耳其、意大利和美国。
- 优步：美国、巴西、墨西哥和英国。

看到了吗？可能你根本没想到，其中有一些国家会成为全球化扩张的目标。但是你想想，巴西的人口在 2021 年有 2.1 亿，印度在 2021 年人口接近 14 亿，印度尼西亚在 2021 年人口有 2.75 亿，墨西哥在 2021 年人口有 1.28 亿，所以这些都不是小国！在 2022 年，巴西的汽车数量超过了英国、法国、意大利，甚至德国的汽车数量。

小国和大国的文化有很大的不同。如果要用一个词来定义这种差异，那就是“适应性”。为了做生意，小国市场需要适应大国市场。相比之下，大国市场在商业上几乎可以自给自足，因此不需要去适应世界其他地方的市场，而世界其他地方更有可能要适应它们。结果几乎总是一样的：诞生在小地方的初创公司很早就意识到自己要全球化，而且有充分的理由。

如果你生活在一个市场体量很小的国家，一旦你找到了 PMF，甚至在还没找到的时候，就需要去一个新的更大的市场发展。如果你把公司创立在市场体量大的国家，比如说美国，那么你可以先在自己的家乡创立公司，然后去旧金山发展，接着一步步攻占各个大都市的市场。

或者你的业务是全美国范围的，那么整个国家就是你的“家乡”。在接下来的5年，每次你问自己：“我现在应该去哪里投资？”答案都应该是选择在美国内。只有这样，你才能开始考虑其他地方。

然而，如果你是在巴西圣保罗创业，然后依次考虑里约热内卢、贝洛奥里藏特、巴西利亚、萨尔瓦多、福塔莱萨和库里蒂巴作为你的后续发展市场，那么你在巴西建立市场领导地位需要大约 5 年的时间。

但试图获得全球市场的领导地位将是非常具有挑战性的。虽然在拉丁美洲获得区域性市场领导地位或许是可实现的，但 5 年后，从巴西走向美国或欧洲将几乎是不可能的。

问题 1：什么时候走出去

如果你来自一个小地方，目标是成为全球市场的领导者，那么产品在 2 ～ 3 次迭代之后，即使它还不够好，但开始看起来会变得足够好，你在进军大体量目标市场的过程中学习和改进将会变得更加重要，而不是针对国内小市场进行更多的迭代。你现在的目标是在大的目标市场找到 PMF。但是，如果你是在美国或中国，一旦在本国找到 PMF，你只需要考虑走向全球就行。更有可能出现的情况是，只有在你实现增长或确定商业模式之后，你才会开始你的“走向全球”之旅。

如果你来自另外一些大国，那么“走向全球”之旅就会面临挑战，比如德国、巴西、墨西哥、俄罗斯、印度、印度尼西亚、日本、英国或法国等。在这种情况下，往往你准备好要走向全球，此时想要成为全球市场领导者的时机可能已经太晚了。你在本国市场找到 PMF，然后给自己时间在国内成长壮大，成为国内的市场领导者，而你平均需要 5 年时间完成这一过程。

在这个时候走向全球会面临一个问题，因为你可能会遭遇目标市场业已存在的激烈竞争，并且你将要跟当地或全球的玩家进行激烈的竞争。在科技领域，创立于这些大国的科技公司很难成为全球市场领导者。在大多数情况下，当他们决定在全球跨国发展时，此时成为全球市场的领导者的时机已经太晚了。

问题 2：如果没有走出去

如果你没有在足够早的时候走向全球，那么可能会错过成为全球市场领导者的机会。有几个原因会让你错过这种机会。

- DNA：公司的 DNA 是来自本地的，关键领导者是来自本地的，你像本地人一样思考，因此，全球化需要你实现思维的飞跃。你可能需要更换一些管理人员，而这很困难。你要把向其他国家扩张作为首要任务，如果你没有认真对待这一点，并且整个管理团队都是本地人，那就很难在全球市场产生显著的市场影响力。

- 下一个国家：如果你作为一家专注本土市场的公司，比如专注德国市场，已经成立五六年了，而你现在决定去其他国家发展，应该选择去哪个目标国家？你最容易获得胜出的将是奥地利、瑞士和捷克的市场。如果你来自越南，那么泰国、柬埔寨和菲律宾的市场将是你更容易胜出的选择。在这些国家取得的所有成绩都将扩大市场体量、壮大公司。不幸的是，它们不会让你有机会接近成为市场领导者的目标。
- 并购战略：如果你在一个市场体量大的国家起步，可能在经历了一个漫长的旅程后，你成为本土市场的市场领导者，那么此时你走向全球的战略是通过并购争取全球市场。比如，如果你是团购网站 Groupon，在当地收购类似的公司，然后通过这些公司向全球扩张是非常容易的做法，因为每一家公司都已经证明自己有能力成为当地市场的领导者。

问题 3：去哪里

我要告诉你我的秘密策略：选择一个容易赢下来的重要市场。从本质上讲，一方面，你要想想让你更容易在 GDP 排名前 20 的国家里赢下市场的所有相关因素，比如公关的效率、市场痛点有多大以及市场的社会性 / 联动性如何等。另一方面，再想想会阻碍你赢下市场的一些困难因素，例如竞争能力如何，有竞争对手吗，他们在市场中的地位如何，以及考虑 CAC 有多贵。

结果很可能表明，就市场机会规模而言，美国和中国是第一梯队。但同时，在这两个国家里，想要赢下市场也是最难的。因为公关不管用或者想赢就要花很多钱，由于市场竞争激烈，CAC 非常高。

英国和日本在难胜出的国家里排第二梯队。如果你能在英国和日本获得成功，那么对投资人来说，它们都将是绝佳的投资决策参考。在巴西、墨西哥、意大利、西班牙、土耳其和印度尼西亚可能更容易让你在当地市场中获胜。此外，这些国家本身就是大体量市场。公关在这些国家能有效，市场是与社会关联的，并且通常很少或没有竞争。此外，CAC 可能会低得多。这是一条可以成功的模式！

我的一家初创公司相对较快地找到了 PMF。他们针对了关键市场痛点，所以创造的价值也很明显。当我们决定转向其他市场发展时，所有人就下一步应该转向哪里的市场进行大量辩论。我是墨西哥、巴西、意大利和西班牙市场的坚定支持者，但团队坚持去英国，说我们没有足够的资金进入美国，而美国几乎总是最重要的市场，但去英国开拓市场成本会更便宜，做法也更可行。

我建议 CEO 跟其他公司的 CEO 交流一下：“我该从哪里启动全球化？”CEO 问 Moovit 的 CEO 尼尔·埃雷兹。换句话说：“你是怎么决定去哪里开拓海外市场的？”“我同时去了巴西、墨西哥、意大利、西班牙和英国这几个国家发展，这是一个正确的决定。”埃雷兹告诉他，“我们最终在 4 个国家的市场里获得成功，但在英国没有成功，因为英国有一些特别强大的竞争对手。但我们赢得了其他市场，因为没有竞争，公关很成功，我们举办的获取用户的营销活动也很奏效。”在我撰写本书时，Moovit 在巴西和意大利的用户使用率仍然排名第一和第三。

尽管收到了建议，但 CEO 跟他的团队还是决定选择英国市场。部分原因是语言，因为以色列人在说英语的地区工作更方便，部分原因是投资人希望看到选择英国。遗憾的是，他们在英国没有成功。结果，他们融资之旅变得很艰难，因为他们在以色列之外没有市场影响力。后来该公司最终设法完成一些融资，然后它回到了巴西和墨西哥，并在当地市场取得了更大的成功。

除了语言问题，另一个需要记住的观点是资金问题。如果你在美国已经很成功，并且筹集到大量的资金，那么去英国是一个不错的主意。伦敦距离美国的多座城市只有一个航班的距离，而且他们说的是同一种语言。

要获得相同数量的用户，在英国的成本可能比在巴西、墨西哥、土耳其、印度尼西亚等国家的成本要高 5 ～ 10 倍。但如果坚持下来，你将在一个很难胜出的市场取得胜利：不仅是对你，对所有人都是如此。GTM 的制定也基于你的资金情况：

- 缺钱的初创公司模式：去一个容易从市场中胜出的体量大的国家。
- 有钱的初创公司模式：去一个能产生最大影响的国家，并成为一个重要的参考标杆。

不管你的初创公司适合在哪里的市场发展，不要忘记你必须快速犯错。这意味着，在假设没有市场细节差异的情况下，如监管或基础设施，你要同时多去几个国家发展。

问题 4：怎么去

答案很简单：在当地市场脚踏实地地发展，并且由一个创始人来提供支持。一方面，开拓新市场的先头部队可以是当地的合作伙伴，并且他们同意在这项活动中投入大量精力。你也可以招募一名国家经理，他的任务是让公司在那个国家的市场上取得成功。另一方面，设立合资公司是一个糟糕的主意。如果你想跟当地公司合作，那么这种合作应该包含两个关键因素：

- 你对当地合作伙伴很重要，所以他们真的希望你成功，设立合资公司不仅仅是他们的另一个试验。
- 如果合作失败，确保你可以离开，并且你有能力在同一个市场与不同的合作伙伴或采取不同的策略再次进行尝试。

虽然分享成功经验和双方共同努力的想法是好的，但合资公司的架构可能会产生一些问题，有以下两种原因。首先，合资公司的架构行不通。这家公司有两家股东，一旦股东间出现分歧，双方关系就会陷入僵局。双方谁也离不开谁，但又不希望这种关系持续下去。

其次，顾名思义，合资公司运作低效，有时跟非营利组织一样糟糕。合资公司的管理层没有为股东创造价值的动力，因为他们不是股东，而且合资公司的本地 CEO 与本地股东之间的关系比他与你的关系更密切。这个原因产生的问题更大。

这两种原因会导致合资公司花掉的钱可能比实际需要的更多。在以维持生存为首要目标的公司里，这种情况时有发生。成立合资公司的优势，很容易通过一份约定几个关键要素的协议来实现：

- 谁做什么？例如，本地合作伙伴提供本地支持和负责营销工作，而你的初创公司提供系统和系统本地化。
- 合资公司创造了什么价值，以及价值如何分配？例如，收入是五五开还是其他分配方式？为什么？
- 合作终止。如果你们不想在一起做生意了怎么办？你们如何终止？有时提前告知期很长，并且有时会有分手费。合作终止可能与目标有关，因此如果目标没有达到，合作终止就被视作是“按照意愿地”。
- 预算。双方将各花多少钱？花在哪些方面？

在上面的例子中，我们最终有两个选择：要么让我的员工担任国家经理，从头开始推动本地活动，白手起家，要么和当地的合作伙伴签订一份合作协议。但是选择哪一个呢？像你在创业旅途中进行的很多其他试验一样，你不得不去尝试和观察。你应该同时开始寻找当地合作伙伴和国家经理，并选择你先找到的那一个。但在很多情况下，你可能会两者都选！

挑战顶级市场

几年前，我参与的一家初创公司的 CEO 说应该去中国。我问他为什么。“市场巨大！”他说。“你说得对，市场巨大，”我回答，“但这也需要专注和大量的精力。”我们同意这是事实，但问题是：这到底意味着什么？我回答道：“在接下来的 12 ～ 18 个月，你或你的联合创始人会有 100% 的时间待在中国吗？”另一位联合创始人负责的是技术，而不是商业领域，所以很明显，公司和他都不可能搬迁过去，因为需要他和开发团队保持紧密联系。此外，走向全球的战略实施需要业务能力，而不是技术能力。CEO 的回答很简单。“在这个阶段，我不能把 100% 的时间和注意力放在中国，”他告诉我，“我们在这里还有很多事情要做。”我的回答也很简单：“那你还没准备好去中国。”

如果你在以色列创业，那么很可能你的主要市场和最有利可图的市场是在美国。如果是这种情况，并且你已经在以色列找到 PMF，那么 CEO 或创始人之一应该搬到美国去，让公司在那里取得成功。如果转移到美国市场，预计到时将会需要大量的资金。根据经验，你需要大约 1 000 万美元来创造足够的市场影响力，使你能够在美国获得更多的后续融资。但是，如果你是一家位于美国的初创公司，那么第一个市场是显而易见的：美国。而全球化的问题只有在多年后才会跟你有点儿关系。美国、中国、日本和英国这 4 个市场是最具挑战性的，原因如下：

- 规模大、影响力大，因此对很多公司来说是最有吸引力的市场。
- 强大的市场吸引力导致竞争激烈，因而 CAC 高。
- 所有营销工具都很昂贵。最重要的是，有些市场需要采用文化营销，而不同文化间差异巨大。

英国处于一个非常独特的位置。大多数美国初创公司在走向全球市场时，会自动选择英国市场，而且在大多数情况下，这些初创公司已经在美国市场建立了重要地位并因此筹集了大量资金，所以在此之后他们愿意花更多的钱去占领英国市场。总之，如果你是一家小型初创公司，正在寻找你的第一个海外关键市场，那么去英国将会面对当地激烈的竞争，遇到更加强悍的美国竞争对手，因为他们运作更加成熟，资金充足，并且能够在营销上投入大量资金。

从 3 到 5 个国家开始 GTM

这里有一个非常简单的方法来概括现实世界：查看人均 GDP，并假设拥有相似思维的国家有相似的商业 / 消费者行为。然后去寻找其他领域的相似点，比如相似的社会文化行为。最后，找到你特定的总体目标市场。

你可以从美国中央情报局（CIA）发行的世界各国经实年鉴《世界概况》（*World Factbook*）中获得这些数据，通过谷歌搜索也可以在网上找到。然后你需要创建一个 GDP 排名前 30 的国家列表。截至 2022 年，排名靠前的是美国、中国、日本、德国和印度，然后是英国、法国、俄罗斯、加拿大、意大利、巴西、澳大利亚、韩国、墨西哥、西班牙、印度尼西亚和土耳其等。①

虽然有些国家的排名可能出人意料，但你可以出于任意原因从列表中删除这些名字，比如，很难获得成功的国家或你不想去的国家。针对已经缩小的列表，研究总体目标市场的用户规模，而不是资金规模，研究竞争程度，以及你试图解决的问题是否在这个市场存在等。完成所有这些工作之后，选择 3 到 5 个国家开始 GTM。

在某些情况下，你可以尝试通过网络渠道获取用户，看看在哪个国家可行。选择那些 CAC 低廉的国家。也许还要看看从你的人脉网络中是否能找到一个当地的合作伙伴，他能为你做进一步的调查，并能做足够的调查研究来验证你的直

① 此处原文国家排列顺序有误，已做修改。——编者注

觉对错，就像你刚开始创业的时候一样。这种尝试应该能让你足够确信哪些市场可以行得通。然后开始同时专注在这 3 到 5 个国家里开拓市场。

当我撰写本书时，优步的市值约为 900 亿美元，其竞争对手 Lyft 的市值约为 190 亿美元。如果你住在纽约市，可能正在同时使用这两款 App。如果你发现其中一款的价格和等待时间很长，你就会试试另一款。但是，如果你想在巴西圣保罗叫一辆车，不要用 Lyft，因为那里一辆 Lyft 也没有。Lyft 在巴黎或墨西哥城也没有分公司。优步是在全球运营的，而 Lyft 是区域性的。如果你想成为市场领导者，你必须放眼全球。

如何做好难而正确的事
Fall in Love with the Problem, Not the Solution

- 是否选择全球化取决于你的本土市场在哪里。如果你的本土市场太小，你必须在非常非常早的阶段就考虑走向全球市场。
- 如果你来自一个小地方，那么产品在 2～3 次迭代之后，就要进军大体量目标市场。即使它还不够好，但可以在这一过程中学习和改进。
- 从用户使用量考虑，哪个市场最大就去那里。尽量选择几乎没有竞争、CAC 低的市场。
- 全球化的新路径是首先创建一个 GDP 排名前 30 的国家列表。可以根据任意原因排除一些国家。针对已经缩小的列表，研究总体目标市场。最后选择 3～5 个国家开始 GTM。

Fall in **Love** with **the Problem,** Not the Solution

13

终点就是起点

退出公司不是放弃它，
而是在给它自由。

结束仅仅是一段新旅程的开始。

——阿迪·巴里尔（Adi Barill）

2020年5月1日，就在Moovit计划以10亿多美元的价格与英特尔达成并购交易的前几天，英特尔提出了一项新的要求。“我们希望所有股东无一例外地签署交易文件，包括所有那些有代理人的股东，甚至那些只有0.01%股权的股东。”英特尔告诉我们。Moovit的CEO尼尔·埃雷兹认为这是很简单的事情。公司大约有十几位这样的股东，并且他们都已经签署了交易文件，但英特尔坚持让我们将已经行使期权的前员工也包含在内。Moovit的法务团队试图向英特尔解释这么做没有必要，因为他们都有董事会的代理人。但是英特尔不为所动。

在英特尔收购Moovit时，Moovit已成立8年，大约有200名员工，但在此期间，大约有70名员工离开了公司，并行使他们的期权。因此，他们拥有公司的“普通股”，而股权由期权计划的受托人持有。埃雷兹和Moovit的联合创始人罗伊·比克在周末分别给这70名前员工打了电话。在并购交易完成后，埃雷兹告诉我，那个周末给前员工打电话是整个创业旅程中最有收获的部分。他喜欢给那几十名前员工打电话，并通知他们Moovit在谈一笔交易，他们可以期待有一份非常丰厚的回报。对很多人来说，这是一件改变人生的事情。最后，埃雷兹告诉他们所有这一切都将在接下来的一周发生。

在这些员工里有一些最近刚刚离职，有些在收购前几年就离开了。不管他们当下的情况如何，他们都激动得说不出话。对于埃雷兹来说，和每一名员工通话都是一个令人惊叹的时刻，他将整个如过山车般的创业之旅提炼成价值创造的精髓，并作为收益回报给所有曾参与其中的员工。

谷歌收购 Waze 也改变了当时公司所有 107 名员工的生活，以及一些已经离职的员工。当谷歌向我们发出收购要约时，我们立刻通知了所有员工。我们还没有体会到一个接一个通知员工这件事本身所产生的威力。这次经历让我明白，当我宣布下一次退出的消息时，会像 Moovit 那样一个一个地通知员工，并让每位员工都有一个私人庆祝的时刻。

在前面的章节中，我们将用户的首次体验比作初吻，我们谈到了爱上公司要去解决的问题，并让自己投入到漫长、曲折、要求极高的如过山车般的创业之旅。但是，你的生活中没有任何事物能让你为第一次退出做好准备，也许除了你的第一个孩子以外。

当退出的时机到来的时候，你就体验了一趟情感的过山车。与此同时，你感到骄傲、忧虑和幸运，以及收获回报的喜悦。你的人生也像你的初创公司一样，经历了起起落落。你开始思考刚刚发生的这件改变你人生的事件。你想象自己的未来，然后又回头确认交易真的会发生。你想到所有参与这一段旅程的人，以及那些全程给予你帮助的人。你想到自己的家人，以及那些你之后会用自己近在咫尺的资源去帮助的人。你想到自己的下一次创业。说到底，这是一件改变人生的事件。没有什么会看起来跟以前一样，也没有什么能让你为此做好准备。

在本书的前半部分，我建议你去找一位导师，并跟其他公司的 CEO 一起分享你的孤独。现在，我会说，如果你的公司即将上市，那么你的名单上要加上以前有过这个经历并把公司带上市的人；如果你的公司要完成并购，那么你的名单上要加上以前卖过公司的人。他们也许能提供另一种批判性的看问题视角。

思考股权退出的影响

当你收到一份你喜欢的收购要约时，你要考虑这对你意味着什么，并开始想象接下来的生活会怎样变化。同时，你必须问自己："我现在需要做什么？"

通常来说，一旦收到收购要约，你最先做的事情之一，就是做一道简单的数学计算："我能获得多少？我的团队和员工能获得多少？"当 Waze 被收购时，感觉就像"哇，这是我以前从未经历过的"。收购金额是我当下完成的任何交易金额的 10 倍，足够退休，足够照顾下一代，足够做几乎我能想象的所有事情。

我是一个相当简单的人。我对乐趣的理解是在一个滑雪胜地的爱彼迎公寓里度过整个冬天，我不需要拥有一座度假村，也不需要那里的一栋小屋。但我有一些远大的梦想，我想通过一次又一次的创业，能够不断地影响到更多人，继续为更多人创造价值。

你是否会立即开始想象完成并购的第二天会发生什么？不总是。你可能会想到其他的一些问题，比如"我需要去支持和帮助谁？"以及"我还对自己做过什么承诺？"但是，当我们卖掉 Waze 的时候，让我们真正感到"哇噻"的事情是来自对其他问题的考虑。

- 以有史以来最高交易金额完成一款 App 的并购，你感觉如何？虽然那个交易金额纪录没有保持太久，过了几个月，Facebook 就以更高的价格收购了 WhatsApp。
- 认识到自己改变了世界的感觉如何？

- 能对这么多用户产生影响，有什么感觉？
- 是不是对自己家乡有自豪感，能成为以色列唯一一款进入独角兽俱乐部的面向消费者的 App？
- 成为一位创业名人的感觉怎么样？
- 当然，还有一大笔收入可以改变你的生活。

在此次股权退出之前，我一直做得很好。事实上，我之前完成过几次小额的股权退出交易。在康维科技，我持有股票期权，出售之后，我用它建造了我的第一栋房子。在 Waze 时，我们在 2012 年出售了一些老股，我拥有了一笔当时对我来说金额很大的收入并带回了家。然后就是在 Waze 11.5 亿美元的并购交易中，我出售了股权。

我经常遇到一种情况，那就是有些人认为，如果我以 10 亿美元的价格卖掉自己的公司，我的口袋里肯定有 10 亿美元，对吗？在收购的那天，我持有 Waze 不到 3% 的股份。尽管如此，最终还是获得了 3 000 万美元。这听起来是一大笔钱，的确是。对我来说，这是一件改变人生的事件。我从未见过这么多钱。当时我 48 岁。然后，我缴了税，离了婚，最终得到的会少很多。但对我来说，仍然足够让我退休了，但我从来没有想过这件事。我只想做能影响更多人的事情，在退出 Waze 之后，我打造了另一些初创公司，并已经将大部分钱投资给它们。

公司不再是你的

退出公司还有另一种影响：公司不再是你的了。我最近与一家美国公司的本地分公司进行了交流，这家公司此前两年收购了一家以色列初创公司。在电话中，他们说："我们曾经被称作某某某，但我们不允许再用那个名字了。"公司像你的孩子一样，虽然在你的孩子身上会发生什么也是与收购方谈判和交流的一部分，但其实只有两个选择：你的公司不再是你的，或者还是你的。Waze 被收购后，至少有 9 年时间仍然维持以前的模式。Moovit 仍然是 Moovit，埃雷兹继续担任 CEO。

但是，情况并非总是如此。英特尔收购了以色列移动导航公司 Telmap，过了两年，英特尔决定关闭 Telmap 业务。当英特尔 /Mobileye 收购 Moovit 时，自动驾驶汽车业务对他们很重要，所以作为交通出行的一部分，自动公共交通业务对他们也很重要。但是如果英特尔 / Mobileye 改变发展战略呢？

退出意味着赋予公司独立性。退出公司不是放弃它，而是在给它自由。为了讨论的方便，假设你的公司的身份和独立性在并购后不会持续。这是否会改变你对这笔交易的看法？如果是，那就不要卖。如果你认为这种情况需要过很长时间才会发生，那就不要担心，因为当它发生时，你很可能已经退出了。

你、家人、员工，然后是公司利益相关方

一件改变一生的事情发生了，那么你认为自己知道下一步想做什么。以下是你应该考虑的事情，并按照真实的重要性排序。你应该把自己放在第一位，说清楚一点，这指的是很多方面的组合：你的幸福、自我、名誉、后续 *n* 年和更远的未来。想象所有这些，然后问：“并购对我有好处吗？”然后考虑替代方案和与之相关的风险。接下来是你的家人。这对他们意味着什么？ Waze 的并购被媒体铺天盖地地报道，在某种程度上，报道有点过于详细。过了几天，我上高中的女儿班级里要组织一次相当昂贵的野外旅行，当时老师告诉全班同学，我女儿可以轻松地赞助全班的野外旅行。想想会有什么收获，会有什么损失。对家人好吗？

接下来是你的员工：那些帮助你实现目标的人。对他们来说，并购会是一件改变人生的事件吗？你照顾好他们了吗？你为此感到骄傲吗？如果没有，修改交易结构，当下解决这个问题还为时不晚。一定要做到。再读一遍这一章的开头，

你真的要为照顾好你的员工而自豪。一旦解决自己、家人和员工的问题，你还要考虑其他人：投资人。当然，他们应该高兴，但是当你在处理优先事项时，他们是你应该最后想到的。

情感极限过山车

你现在应该知道，打造一家初创公司的过程就像坐过山车一般，而且我们已经确定，融资就像在黑暗中坐过山车一样，你甚至不知道接下来会发生什么。当你考虑一笔并购交易时，要经历的波折和未知都只是基本的训练。

2013 年 1 月，以色列媒体坚称苹果将斥资 4 亿美元收购 Waze。但事实是，我们从来没有跟苹果公司交流过，但是很多人一面祝贺我，一面来寻求财务支持。事态发展甚嚣尘上，我一度很难说服我的母亲，为什么我不能借钱支持某个远房亲戚，因为我真的没有 4 亿美元。同时我需要想办法反驳那些惊人的论点“但是报纸上说……”。但是，当时我们正在与谷歌交流。他们出价 4 亿美元，却被我们拒绝了。拒绝的原因是我们认为自己可以做得更好。Waze 已经取得惊人的进展，所以我们认为应该继续前进。对我个人来说，这个收购要约意味着将近 1 500 万美元的收入，远远超过我在此之前的收入。这就是为什么并购是如此个人化和极端化。在融资阶段，你考虑的是公司的发展计划和愿景。而对于并购交易产生的影响，你的梦想和家庭成为受影响的一部分，因为并购将改变你和他们的生活。

在达成交易之前，你的股权都会被认为是“纸钱”：也许有一天它会转化为货币，但实际上你不能用它买任何东西。但是，当有一笔并购交易摆在桌面上时，这是真金白银的交易，但很可能，你会以不同的方式看待这笔交易。归根结底，出售一家公司的决定 99% 是带有个人色彩的。你、联合创始人和管理团队必须问一个问题：这对你们意味着什么？这个问题经常会推动你们的直觉感受和决定。

但是还有更多。奖励是可以量化的，但认可不能。并购交易是对整个创业旅程的奖励和认可，在这笔交易中，你的漫长创业旅程得到行业和创业社群的认可，基本上是所有人的认可。对一些人来说，奖励是最重要的部分。对另外一些人来说，最重要的是获得认可或带来影响。正是这两个部分的结合，才使并购的决定具有个人化色彩。

现在，理解这一点至关重要：个人化并不一定意味着理性。偶尔会有创业者来找我寻求我的看法，比如他们想知道自己是否应该出售公司。“你的直觉是什么？”我问他们，“因为我可以给你 5 ～ 10 条你应该出售的理由，或者 5 ～ 10 条你不应该出售的理由。你想听什么？”

股权退出的 3 种形式

以色列媒体报道苹果将斥资 4 亿美元收购 Waze，尽管消息不是真的，但这条消息本身就像坐过山车一样。员工们一整天都在问这对他们意味着什么，并且很多朋友打电话向他们表示祝贺。我的家人很好应对。尽管很难向他们解释，如果什么都没有发生的话，为什么报纸和电视台会报道这笔交易。但我告诉他们：“看着我的嘴，没有交易，就是这样。”

虽然苹果的收购要约没有出现在谈判桌上，但报纸当时发表的双版面报道可能促使谷歌在 2013 年 1 月向我们提出自己的收购要约。Waze 的 CEO 诺姆·巴丁打电话给我，他说谷歌邀请他和团队去硅谷谷歌的“密室”谈谈。阿米尔·辛纳和埃胡德·沙巴泰就在硅谷市区，所以他们准备同一天也去。我也很想去谷歌的“密室”，但我当时在以色列，我希望和谷歌的会议能尽早举行，即便我不在那里。

那天会议结束后，巴丁、辛纳和沙巴泰立即打电话给我，说谷歌同意以现金交易形式提出收购要约。过了几天，我们收到了谷歌的收购意向书，然后失望地发现实际报价为 4 亿美元。当时，我们走在正确的发展道路上，而且仍然有充足的现金流，这些现金是我们在收到要约前 6 个月融资获得的。我那时一直在考虑，应该以高于 4 亿美元的估值，继续融资 5 000 万～ 1 亿美元。最初讨论的是一轮估值为 7 亿美元的融资。

一份 4 亿美元的收购要约，对我来说是一件改变人生的事件，但我认为我们可以、而且应该做得更好。于是我们庆祝了这个欢喜时刻，庆祝我们收到了收购要约，然后决定拒绝谷歌。我们还决定不会以低于 10 亿美元的价格出售。客观来说，当时没有类似的收购案例。以前从来没有一款 App 的交易金额超过 10 亿美元。

然后我们收到了第二份来自另外一家公司的收购要约。2013 年 4 月，有一家跻身于全球排名前十的美国公司联系我们，他们没有地图业务，但认为地图和社区服务功能对他们的产品是非常好的补充，并表达他们可能有收购 Waze 的意愿，双方应该一起讨论未来。

当时判断他们有多慎重还为时过早，但过了一周，当我们认为自己对双方共同的未来有了很好的理解时，对方在桌子上放了一份收购条款清单，收购价格是 10 亿美元。唯一的问题是：他们主要是以股票形式支付。这是一家上市公司，所以股票相当于现金，但金额也可能会因股票市场的波动而上下波动。

我在办公室为巴丁的融资之旅提供援助，当收到收购要约时，我正在为尽职调查做准备。以下是我当时的想法。我将赚到的 3 000 万美元将会改变我的一生。我想到办公室里所有的人。“好吧，这家伙会欢喜这么一件改变人生的事件，那个家伙也是，她绝对是，没错。”我意识到，这份要约将影响办公室里几乎所有人的生活，包括那些此前 5 年就加入公司的人，甚至也包括那些入职刚满 5 个月的人。“哇噻，我能对这么多人产生这么大的影响，这会让我成为这个星球上最幸福的人，”我想，“我会很乐意答应。”

但也许，我自己的情况与很多员工不同。当时我已经意识到，收购之后我不会留下来，因为我已经开始创立 Pontera 了。我也在集中精力经营 Moovit，并且我还想打造更多的初创公司。我已经准备好继续前进了。与此同时，另一个声音说：“等一下，我们正在与一位投资人交流，并且他将给公司投资 1 亿～ 1.5 亿美元，这会为我们提供所需的资金，我们能变得更加重要和更有影响力。”

辛纳和沙巴泰对于并购非常兴奋。对我们所有人来说，这绝对是一件改变人生的事件。我们简单讨论了一下，然后大家都本能地同意了。所以，我们决定了。我们同意接受收购要约。我们很快召集董事会，以获得他们的批准，然后并购才能进入谈判和尽职调查阶段。最终以 10 亿美元的价格交易，他们欣然批准！然后交易之旅就开始了。我们想对谈判保密，甚至不让公司员工知道，但是，如果收购方需要进行尽职调查，公司里突然出现一群企业开发团队的人，那会发生什么事呢？我们的团队肯定会明白。但我们把这些人的来访目的说成是新投资人的尽职调查。

当我们与潜在收购方讨论条款清单的实质内容时，对方解释说，对他们而言保密至关重要。如果这笔交易的消息泄露出去，那么交易就结束了。然而作为沟通条款清单的一部分，我们告诉潜在收购方，微软是公司的投资人之一，根据投资协议，微软拥有优先谈判权。我们在法律上有义务通知微软，公司收到一份来自大联盟玩家的收购要约，但不向微软提供细节。实际上，我们非常确定微软因为没有合适的地图业务，所以也会竞购 Waze，但他们并没有这么做。

在条款清单的最终版本获得批准后，潜在收购方的尽职调查就开始了，他们来到我们的办公室，对我们所取得的成绩印象深刻。大约过了一周，这些人回到了美国。“这不是一家投资机构在做尽职调查，”负责销售的塞缪尔·科瑞特（Samuel Keret）跟我说，“这是针对一笔并购交易而做的尽职调查。”直到那一刻，也很少有人知道并购的事。然后我们决定与公司管理层分享谈判进展情况，不这么做是没有意义的。过了一周，收购方的企业开发团队回到以色列进行进一步的讨论，此时他们提出一些新的条件。特别是，所有关键员工必须从我们以色列的办公室搬到美国办公地。我们面面相觑，说道："这是不可能的。可能有些人会同意，但他们中的大多数人不会离开。"

我们拒绝搬迁。然后，他们想开始新的谈判，围绕有多少员工将会搬迁、哪些职能将会转移展开谈判。"这个问题我们问都不会问，"我们告诉对方，"因为我们需要告诉员工我们为什么要问这个问题，然后并购的消息就无法保密了。"经过大约 1 个月的谈判和尽职调查，双方似乎陷入僵局，主要是因为对未来，双方的观点无法达成一致。在我们看来，他们不知道该拿我们怎么办。在他们看来，我们很固执，因为我们坚持将公司的大部分员工留在以色列。

2013 年 5 月 9 日，以色列媒体报道称，Facebook 打算斥资 10 亿美元来收购 Waze，当下收购正处在最后尽职调查阶段，谣言或多或少是准确的，然而我们还处于沟通阶段。但媒体不知道的是，我们的沟通陷入僵局。收购方期望搬迁团队去美国，而我们想作为一家公司留在以色列，双方在这个观点上的分歧太大了，但让交易陷入僵局的是我们对共同未来的不确定性。就在此前一个月，我还想象过会有 2 500 万美元进入我的银行账户。现在我不想了。此前几周，启动并购计划看起来是收购方优先级最高的事情，当然也是我们优先级最高的事情，现在却变成次要的事情了。对我们来说，我们重新回到融资和运营公司的轨道。

这时，谷歌带着收购条款清单出现了。这一次，是一份比之前好得多的收购要约。价格更高：现金 11.5 亿美元。Waze 这个名字将会保留下来，而且双方都认同公司的愿景是帮助驾驶员避免交通堵塞，没有将 Waze 并入谷歌地图的计划。同样明确的是，Waze 将会留在以色列。Waze 的总部甚至不需要搬到谷歌在以色列的办公室，除非我们愿意这样做。尽管我们在美国加州帕洛阿尔托的办公室只有大约 10 个人，但需要搬到谷歌总部所在地芒廷维尤，然后我们同意了。

我们回头找当时与我们正在谈判的第一家潜在收购方，因为谈判里有一个禁售条款，所以我们将收到另一份要约的情况通知他们，并且告知他们这份要约是对方主动提供的。结果他们只说我们可以自由决定，接受要约。在谷歌提供的一页篇幅的条款清单上，有一项内容是说，他们可以在一周内完成交易。我们答应了，并希望这一次并购能够成功。对我们来说，谷歌是一家更好的收购方。他们了解这个领域，而且本质上，他们是我们唯一真正的竞争对手。谷歌也意识到，我们正在打造的产品很棒，无论是地图、交通数据、绘图功能还是 App 本身，都比谷歌地图好得多。

回想一下在一周内完成的如过山车般快速而波折的尽职调查。事实上最终是 10 天。我们中的一些人一周都没有睡觉，比如费吉·斯穆勒维茨（Fej Shmuelewitz），他负责管理社区，同时审核文件的每一个字。如果我们能睡上几小时，那也是躺在我们法务办公室的地板上。在某些情况下，我们会在尽职调查阶段发现真正的交易破坏者。

“只要给我们一张地图来评估就行了。”谷歌一开始告诉我们。所以，我们当然给了他们特拉维夫的地图。“这很棒，”他们回答，“但这是在你自家的后院。你能给我们一点儿其他地方的地图吗？”接下来，我们把旧金山湾区的地图发给了他们。“这也很棒，但世界上所有绘制地图的人都会将各自的湾区地图打磨到光彩夺目的水准。请给我们一点儿别的。”

我提议，我们提供一份国家名单给他们挑选，但是我们真正想要的，是让他们选择马来西亚，Waze 在那里非常成功。除了以色列的地图以外，马来西亚的地图是我们最好的地图，而且 100% 是由地图社区制作的。我们发了一份国家名单给他们，包括智利、巴西、哥斯达黎加、马来西亚、法国、意大利和瑞典。我们确定，在这些国家我们的地图都非常出色。他们选择了哪个国家？马来西亚。然后基本上，数据质量尽职调查就结束了。但后来又发生了别的事情。“你们在很多国家与当地合作伙伴都有合作协议，包括巴西、拉丁美洲的其他国家、印度尼西亚和南非等，”谷歌指出，“但是，我们在不同的国家有我们自己的地理信息合作伙伴，所以我们不需要你们的。”我们基本上同意了，但建议在交易完成之后再做修改，因为我们觉得时间足够。

谷歌接受了，但是过了 3 天，他们改变了态度：“我们希望你们能终止所有的合作协议。”这是从谷歌高层传来的消息。而提前终止合作将导致 Waze 支付数百万美元的提前终止费。谷歌同意即使并购交易失败，他们也愿意支付这笔费用。最后，谷歌要求关键员工和管理层留下来，并为他们制订合适的留任方案。这个方案很奏效：几乎所有人都在约定期限里留了下来。有些人随后就离开了。巴丁一直在谷歌工作到 2021 年。和谷歌的并购交易于 2013 年 6 月 9 日完成。

形式 1，接受并购要约

在 Waze 5 年 3 个月的正式创业旅程中，我们有两位员工去世了。第一位是我们的办公室经理，他死于车祸。过了几年，一名高级开发人员死于癌症。他们两人都是我们的第一批员工。为此我们建立了一支信托基金来维持他们两人的股权计划，受益人是他们的配偶。Waze 被收购后，这两位配偶都成为百万富翁，而且大约 75% 的 Waze 员工也成为百万富翁。Waze 的所有员工都有股票期权，包括基层员工，甚至是我们的门卫。如果说有什么事是我真正感到骄傲的，那就是这些年来追随我的所有人都得到了回报。在 Waze、在 Moovit，以及在我的其他初创公司，我都是这么做的。

如果你同意接受一份并购要约，那这就会极大地改变你的人生轨迹。以下是一些非常好的接受要约的理由，以及你需要考虑的事情：

- 这对你来说是一件改变人生的事件吗？如果是的话，积极考虑一下。
- 对你的很多员工来说，这是一件改变人生的事件吗？如果是的话，那就更积极地考虑一下这笔交易。如果不是，尝试调整交易架构，使它成为能影响员工的事件。

- 你如何展望未来，是否愿意为这段旅程再继续履行几年承诺？
- 你是否厌倦引领这段旅程？如果是这样，那么是时候退出了。

不要以“平均”的标准考虑这些问题。相反，只使用极端的答案。所以，如果你真的累了，并且这个并购也是一个还可以接受的交易，那你就有一条出路。如果对你来说这是一件激动人心的事件，即使你可以永远继续经营公司，我也仍然建议你积极考虑这笔交易。

形式 2，卖出一些老股

我再怎么重申这一点也不为过：只要有可能，一定要卖出一些老股，尤其是在你的溢价融资轮次。想象一下，你的公司有很好的市场影响力，大约 5 年后，公司估值达到 2.5 亿美元。你打算融资 5 000 万美元左右，并且这一轮获得了超额认购。在这种情况下，你应该考虑将持有的股权卖出 10% ～ 20%。

假设你持有公司 10% 的股权，那么 10% 的比例就是 1% 的股权，这意味着你可以带回家 250 万美元。现在，假设你的初创公司取得更好的进展，过了一年，你可以按 7.5 亿美元的估值完成后续 1 亿美元的融资。卖出 1% 意味着你带回家的约有 800 万美元。然后，再过几年，公司估值已经达到了 50 亿美元，在这种情况下，卖出 1% 意味着你可以带回家 5 000 万美元。卖出老股有 4 个原因，而且每个原因都非常重要：

- 奖励和认可：你已经创业 5 ～ 10 年，公司有很好的发展势头，你应该因为这个重大成就获得认可和奖励。你很特别，把公司带到这个位置，这值得庆祝。

- 继续下去的耐心：一旦你卖出老股，并把钱带回家，那么你期望有更大交易，你的胃口就会增加。与已经赚了一大笔钱的人相比，没有出售老股的创业者更有可能提前出售公司。
- 降低投资组合的风险：如果你是一位年轻的创业者，那么你 90% 以上的财富可能隐藏在对初创公司的投资里。如果我是你的财务顾问，那我就会告诉你：将 90% 的资产放在一个"篮子"里所冒的风险太大了。
- 追加：你的董事会希望你快乐、有耐心且有动力。如果他们认为你在游戏中没有投入足够的筹码，那就会用额外的股权或期权来追加你的股权。如果他们不这么做，下一位投资人也会这么做，你可能需要告诉他们这么做。

在某些情况下，当出售老股的机会摆在面前时，投资人实际上并不希望创始人真的出售。他们更喜欢看到饥渴的创始人，他们担心出售老股或小额股权退出会减弱创始人前进的动力。以我的经验来看，事实恰恰相反。尝试一次小额股权退出之后，你会更有动力，尤其是会愿意冒更大的风险。你应该在什么时候出售老股?

出售老股的 3 个时机

Fall in Love with the Problem, Not the Solution

- 当你可以出售并且出售是有意义的时候。
- 当你能获得对你很重要的一大笔钱的时候，并且不会让公司承担代价。
- 当你的公司已经发展了几年的时候，并且你意识到在遇到一次清算事件之前，公司发展还会持续几年。

在出售一次老股后，你还会有多大的动力和胃口？我曾经读过一篇研究报告，在报告里，该项研究的创始人被问到一个问题："你还需要多少钱才会觉得足够？”他们回答的数字相当一致，基本上是他们已经拥有的金额的一个倍数，通常是2倍。因此，有5万美元存款的人说，10万美元会让他们觉得足够了；有100万美元存款的人说200万美元；有3 000万美元存款的人说6 000万美元。而对于志向远大的人来说，这个倍数是10倍，而不是2倍。如果是这样的话，你的动力和胃口是不会减少的，在出售老股之后，你的动力和胃口只会增加。

员工的情况呢？事实上，是一模一样的。如果有出售老股的机会，那么你应该将员工包含进来，尤其是那些已经在公司工作了很长时间的员工。作为CEO，你的工作就是照顾好你的员工。这将是创业旅途中最有收获的部分。

形式3，行使期权

与美国的ISO不同，以色列的ESOP允许员工在行使期权时，所得收入不会产生任何税务上的影响，税务问题推迟到出售股权时才会处理。我们在Waze制订的计划，允许离职或雇佣关系终止的员工在雇佣关系结束后的90天内行使期权。在Waze，我们曾经有一名员工在很早的时候就加入公司，并获得一些股票期权，因为我们的模式就是每个人都能获得期权。但是大约1年后，我们解雇了他。然后，他有90天的时间来行使已经成熟的期权，换句话说，以原始协议中设定的价格购买该期权对应的股权。要行使这些期权，他就要自掏腰包大约1万美元。

“出于两个原因，我不会行使期权，”他告诉我，“1万美元现在对我来说有点太多了。但最重要的是，我不再相信这家公司了。”“有什么事情变了？”我问他。“你让我离开，所以我不再相信公司了。”他回答。“你加入的时候相信公司吗？”我接着问。“当然！”他说。“90天前你相信公司吗？”他再次做出肯定的回答。我接着问：“那么，发生了什么变化？”“我说过了，”他说，当下有点不耐烦了，“是Waze让我离开的这个事实！”

事实证明，大多数人都是自我驱动型的。如果他们选择自愿离开，那么就倾向继续相信公司，因此会行使自己的期权。但如果是公司让他们离开，那大多数人的脑海中会出现这样的想法：我觉得我做得真的很好。如果他们让我走，他们就什么都不知道，因此我不相信领导层，同时这意味着公司不会成功。最终，那个家伙错过一次获得价值约 25 万美元收入的机会，这在当时可能是改变他一生的事件。

作为 CEO，不要卷入离职员工是否应该行使期权这样的问题。根据公司所在地区规定的不同，向员工提供这样的建议甚至可能是违法的。你应该提供的是一个非常简单和透明的说明，并介绍当你招聘员工时公司每个人的股权状况。然后很可能你会每年更新一次这个数据。

一些公司对股权报酬的规定非常模糊，而有些公司则非常透明。我的建议如下：每隔一段时间，比如半年，随机挑选 10 名员工，问问他们："你有多少期权或限制性股票？占公司股权的百分比是多少？当下值多少钱？"在我看来，他们需要知道。

我的一位朋友在 Moovit 创业的早期曾在该公司工作。他帮助了公司一段时间，然后离开了。那时他的期权有一部分已经成熟，我敦促他行使这些期权。"大约需要 5 000 美元现金，我手头有点紧。"他告诉我。"我会借钱给你。"我向他保证。

于是我的朋友行使期权了，他也是埃雷兹在并购交易之前打电话通知的离职员工之一。他的 5 000 美元变成了大约 15 万美元：对这个人来说是一件戏剧性的事件。埃雷兹在和我朋友通话结束后，过了大约 30 秒，他打电话给我，说这个人非常兴奋，他能从电话里听到喜悦的泪水在流淌。又过了 30 秒，我的朋友打电话给我，说埃雷兹给他打电话了。

退出前，最好先有一笔交易摆在桌面上

如果你想讨论交易，先要有一笔交易出现，然后一切都会变得真实。当一份真实的收购要约摆在桌面上时，你可以开始考虑是否喜欢。即使时机不对，即使你的公司还没有取得重大进展，或者公司估值仍然很低，这些都没有什么比一份收购要约更能推动公司发展了。一旦拿到一份要约，你在融资、获得当前投资人的支持和招聘员工时，都会更加容易地应对，之后也是如此。

收购要约看起来是什么样子的？“我们收购你怎么样？”或者“你愿意讨论并购的事情吗？”或者与负责收购的企业开发团队会面，或者有一位投资银行家对你说：“我可以给你介绍一个出价不错的买家。”但这些都不是收购要约。收购要约是一份写满有意收购你公司的条款清单。无邀约收购实际上是潜在合作伙伴提出的尽职调查问题。

在 Waze 创业的早期，俄罗斯语言搜索引擎和网络提供商 Yandex 的 CEO 阿卡迪 · 沃罗兹（Arkady Volozh）访问了特拉维夫，我和他见了面。“如果我们出价 5 000 万美元收购 Waze，你觉得怎么样？”他问道。我告诉他，我们会考虑任何的报价，但很可能会拒绝。沃罗兹将这种方法作为尽职调查的一个方式，来了解我们对创业旅程有多坚定。过了几年，他再次访问以色列，并计划去 Moovit 跟埃雷兹见面。我提前给埃雷兹打了招呼：“他会问你是否愿意出售，然后试探性地出价 5 000 万美元，甚至更多。不管是什么样的报价，你直接拒绝，这只是一个尽职调查的问题。”

把交易摆在桌面上，这么做的主要原因是要加快收购的进程。你的公司非常独特，没有几家公司像它一样。如果有买家想要收购，那么他们想买的是你的公司而不是别人的。

只要你的公司是独立的，那就不需要急着做决定。收购方可以在今天、明

天、明年，或者任何时候收购你，而不考虑价格问题。但是如果有一笔交易已摆在桌面上，那么收购甚至投资你公司的机会可能会消失，因此，一笔已摆在桌面上的交易会加速这个过程。这笔交易可能是并购、一轮大规模融资，或者是申报首次公开募股（IPO）。

IPO 与并购

在商业领域里，人们常听到一句俗语："在成功之前，先假装成功。"但情况并非总是如此。在融资时，你的投资人希望听到你计划打造一家最终能够上市的大公司。这就是你需要告诉他们的。但是上市的实际决定流程是非常不同的。如果出现以下情况，那么你应该慎重考虑上市：

- 你认为自己的公司前景真的非常宏大，你想永远经营它，你确信自己的初创公司是你一生只有一次的机会。
- 你不希望任何人收购你的公司。
- 你以极高的估值完成了巨额的融资，这意味着潜在买家的名单现在小了很多。

经营一家上市公司是完全不同的经历，其中会出现很多令人头疼的问题，同时上市也是初创公司发展方向的另一次重大改变。如果你想公司上市，那么你需要跟两三位在此前 3 年里将公司成功上市的 CEO 谈谈，不是谈 IPO 路演，而是 IPO 之后会发生的情形。很多情况下，是否上市不是你能决定的。并购是一种机会，但申请 IPO 是默认选项。而来自私募股权的投资基金是介于两者之间的另一种机会。

虽然你取得的进展越来越多，公司的估值越来越高，但你以前拥有的一些机会会减少，并不再是一种选择。比如，以 1 亿美元的价格交易，很多公司可能会收购你；以 10 亿美元的价格交易，很少有公司会收购你；以 100 亿美元的价格交易，如果有买家的话，也非常少。

退出前要问自己的 4 个问题

Fall in Love with the Problem, Not the Solution

- 这是一件改变人生的事件吗?
- 你想永远保留你的公司吗?
- 你想解决上市公司的难题吗?
- 你有其他选择吗?

一旦你能回答这些问题，那么你的道路就将会变得相当清晰。

拒绝那些不想要的交易

为了获得想要的交易，你必须拒绝那些不想要的交易。有一天，我的一位CEO 找到我，说可能会有一场关于并购的沟通。对方是一家私募股权基金，他们试图将几家公司合并在一起，以获得更大的市场地位。“太好了，”我说，“那么，交易报价是多少？”过了几天，他带来了交易报价，报价基本上是金额为 X 的现金加上未来合并公司价值 $2X$ 的股权。X 是一个相当低的数字，所以即使是 $3X$，金额也相当低。

“如果有这样的交易报价，你愿意接受吗？”我问 CEO。他说不接受。我继续问：“如果是他们现有报价的 2 倍、3 倍、5 倍或 10 倍，你会考虑吗？”“如果是 5 ～ 10 倍，我会考虑，”他说，“那么，我应该怎样谈判才能达到这个目标呢？”“你直接拒绝就行！”我说。“就这样？”他问道。“你可以更有礼貌一些地说：‘谢谢你们的关心，但我们不接受。’”我回答。

“我是不是应该给潜在的私募股权投资人透露一点信息，是什么报价我们才感兴趣？”CEO 继续说道。“不行！”我强调，“简单地说不，就是唯一合适的答案。

如果他们想提出新的报价，他们会的。如果你给他们任何谈判的空间，那么他们会提出一个与 *X* 相当的价格；如果你直接拒绝，他们才可能会报出完全不同的价格。”

你能显著改变交易条款的唯一方法是通过竞争性投标，大幅提高交易报价。如果买家害怕失去这笔交易，那么报价可能会大幅上涨。失去一笔交易并不等同于“交易失败”，它意味着可能与其他人达成交易。因此，如果有一份收购要约摆在桌面上，而你拒绝了，买家最初会离开，但可能会在稍后，几个月甚至一年后带着新的收购要约又返回来。但是，如果摆在桌面上的是一份竞争性投标报价，那么买家未来就没有返回来的可能，因此，交易报价要大幅提高。

拒绝并不总是一个好主意

在高科技生态领域“史前时代”的某个时期，大约在 1999 年，我的一位朋友在电子邮件领域创办了一家公司。他收到了一份 1.5 亿美元的收购要约。当时，这是一笔非常大的金额，他持有该公司约 25% 的股份，因此对他来说，这笔收购意味着约 4 000 万美元的收入。该公司在此之前的最后一轮融资是 3 000 万美元，融资前估值为 5 000 万美元。当时是 1999 年，那是一个不切实际的高估值司空见惯的时期，有点类似 2021 年底和 2022 年初的那段时期，当时他被赚 4 000 万美元的机会惊呆了。他想答应。

我的朋友询问我的观点：“如果你喜欢这笔交易，这对你来说是一件改变人生的事件，并且你认为自己可以在公司更换所有者的情况下继续完成使命，那你应该答应。”但上一轮融资中的一位投资人否决了这份要约：“我们投资你，目的是打造一家 10 亿美元级别的公司，而不是仅仅赚两倍的钱。你有成为一位世界级的 CEO 的能力，没有理由不能在几年内让这家公司估值达到 10 亿美元。”

这位投资人说服我的朋友拒绝这份要约。然后，2000 年互联网泡沫破裂，他的公司接下来经历了一段漫长的如过山车般的波折之旅。后来，下一份要约直到 2005 年才出现，报价仅为 3 000 万美元，并且要约还附带有清算优先权。这对我的朋友来说意味着零收益。因此他又拒绝了。最后，过了几年，他完成一笔很小的交易，没有拿到任何的现金收益。只有一个留任奖励。我还可以列举其他的一些例子，在这些例子中，拒绝交易后产生了令人惊讶的结果，但最重要的是，你坐在驾驶座上，即使有人在后座尖叫，但开车的仍然是你。

聘请投资银行家

在 Waze 谈判并购交易时，我们就是否应该聘请一位投资银行家进行内部讨论。投资银行是银行业务的一部分，帮助公司进行 IPO、并购等，协助寻找交易机会，并在此类交易中担任顾问或协调人。反对聘请银行家的主要理由是，市场上与我们相关的玩家数量可能只有个位数。这些玩家财大气粗，愿意支付代价，并且其中一个玩家微软已经是公司的股东了。此外，如果一位潜在收购方没有考虑我们，我们也不会在短时间内接受他们。当下我的想法完全不同。要在短时间内核算出有竞争力的报价，你在这方面的能力是有限的，而银行家接受并完成这项任务要容易得多。特别是，通过谈判，银行家将为竞争性投标创造更多的时间。在你有其他选择之前，你不会参与其中，而全部由银行家负责。

我认为需要银行家还有另一个很简单的原因：你谈成交易的能力有限。你没有见过潜在收购方谈判过的其他交易案例，并且你刚刚开始与他们建立联系，所以你不确定是否可以像今天就是世界末日一样去谈判，因为毕竟还有明天。但是，银行家可以。关键的问题是，什么时候聘请银行家。答案是当你跟自己说“如果报价是上一轮估值的两倍，那么我就乐于考虑”时，这时你需要开始与银行家建立联系。

什么时机不合适？如果你已经收到一份报价，这种情况下把银行家带过来，希望他们代表你跟对方谈判，那么银行家不会喜欢这么做。当我在康维科技工作的时候，我们打算收购马萨诸塞州坎布里齐市的一家语音识别公司。我们提出一份收购要约，并且他们答应了，但很快又补充道："等等，过几天我们会告诉你谁是我们的银行家。"

实际的情况是，他们没有足够的时间制作竞争性报价，而银行家也无法创造出一个替代方案。到了谈判的时候，我们敲定最终的交易价格，而且实际交易价格比我们愿意支付的价格要低。

虽然总是有谈判的余地，但事实上，谈判的本质是通过沟通转移权力。没有替代方案，对你来说，这种权力就有限。如果你想要达成交易，而且知道自己几乎不可能拒绝，那就找一个能轻松拒绝的人，派他去谈判。

如果你想达成交易，你会发现自己通常是同时与多方谈判：收购方、你的家人、你的股东，以及其他群体的代表，比如你的员工。不过，这笔交易对你来说可能是甜蜜的，但对最后一轮投资人或早期投资人来说却是酸溜溜的。记住优先顺序：你、你的家庭、你的员工，然后才是你的投资人。

与收购方探讨共同的未来

并购交易看起来是什么样的？这里有几个审视要素。有些要素类似于一种投资，比如愿意出多少钱；有些与"日后"有关，其中并购的愿景和商业目的更为重要。你可以从 3 个方面审视并购交易：

第一个方面是共同的未来。你同意并购后的新愿景和新使命吗？你能弄清整合是如何实施的吗？谁在并购方那边致力于并购整合工作？你喜欢自己的新老板和你的新职位及头衔吗？你打算待多久？在此前 10 年间，你不仅经历人生中最具挑战性的创业之旅，而且现在你还要再待 3 年来完成整合。你对此有何感想？你公司的名字怎么样处理？你的品牌会继续存在吗？即使你不在乎未来，打算尽快离开，待在那里只是为了获得留任的现金奖励，但你仍然必须参与公司的未来发展，否则交易就无法达成。如果收购方不相信你会参与他们设想的共同未来，他们就会放弃交易。

第二个方面是交易本身。付多少钱？以现金还是股权方式？员工和你的留任奖励是多少？是否存在“或有对价”，即部分收购价格基于一段时间内的业绩？如果有，针对谁、什么时间、基于什么业绩指标？如何安排“剩余款项”，及资金托管，以确保在资金支付之前卖方满足某些条件？多少钱，支付给谁？在你谈论交易金额之前，先想想未来的情况。

第三个方面是你自己。你的愿景是什么？与公司的新愿景相比如何？你能成功吗？你能想象自己有一位新老板和体验一种不同的公司 DNA 吗？无论结果如何，你都必须在开始沟通时，就共同的未来以及你的初创公司在这个新未来中的职能问题上和收购方达成一致。如果没有未来，那这笔交易就没有价值。

并购谈判中的 3 个关键问题

- 你为什么想收购我们？
- 作为买方，这对你有什么好处？
- 你对交易完成 5 年后的未来有什么设想？ 5 天后的呢？

尽管已经在讨论或提出了交易的框架，但在最初几天的沟通里，双方应侧重于共同未来的议题。如果你喜欢这笔交易，但不喜欢未来，你就要考虑重新定义共同的未来，如果你仍然不喜欢双方共同的未来，在拒绝之前想想你的员工，你会为他们做这笔交易吗？我们回到交易上来。不是所有的钱都是一种形式的。

- 1 亿美元现金是一种交易形式。
- 价值 1 亿美元的上市公司股票是另一回事。
- 价值 1 亿美元的一家私有公司的股权，情况也完全不同。

在第一种情况下，你、你的股东和你的员工会拿到现金。第二种情况与第一种相当接近。即使假设有一段锁定期，作为一家上市公司的员工，你在一段时间内不能买卖这些股票，并且这个锁定期可能会持续几个月，但总的来说，你可以相对快速、轻松地套现。但是，第三种情况完全不同。你实际上是在用另一个潜在的结果替换当下这个潜在的结果，并且你不知道这个新的结果是否会实现，什么时候会实现，也不知道体量会有多大。

留任奖励

收购方明白团队非常重要。他们本质上是在收购团队以及团队创造的市场影响力。收购方主要担心的是，他们会在交易中投入大量资金，而你、你的管理层和你的员工在经历一次改变人生的事件后，都离开了。因此，收购方会期待你做出承诺，希望你说的话是可信的，但与此同时，他们会为你、你的管理层和关键员工制定一个留任奖励，让你们在整个整合期间以及之后的工作都得到回报。

这个留任奖励可能会持续 2 ～ 5 年。我们假设是 3 年期的留任奖励。那么它可能是这样的一个范例：交易总额为 3 亿美元，其中 2.5 亿美元给股东，5 000 万美元作为留任奖励给未来 3 年留任的关键员工。假设你在并购当天拥有公司 5% 的股份，那对你来说，这就是 1 250 万美元的现金再加上一部分的留任奖励。

留任奖励会有多少？收购方可以让它变得对你很重要，也许在接下来的 3 年里每年支付 500 万美元，这个数字可能足以让你愿意留下来，你当然要考虑一下！但是如果你因交易得到的现金更多呢，比如说 1 亿美元？跟 1 亿美元的现金相比，留任奖励的意义就不大了。

假设未来 3 年每年有 1 000 万美元的留任奖励。如果你拥有价值 1 亿美元的股权，但收购方可能会说，你现在只能获得 7 000 万美元的现金，而剩余的 3 000 万美元将作为留任奖励，如果你在未来 3 年内留下来，那么你就会得到留任奖励。因此，从并购的第一天开始，和现金相比，留任奖励变得足够重要。

在 Waze 和谷歌的并购交易中，谷歌的出价是 11.5 亿美元现金。其中，7 500 万美元用于团队留任奖励。我们管理层认为，这不足以在此后的 3 ～ 4 年留住关键员工。因此，我们与董事会和股东协商，将其改为 1.2 亿美元的留任奖金。谷歌显然同意了。

现金不是流向股东，而是以奖励金形式流向员工，这对谷歌更有利。但随后谷歌要了另一个花招：他们要求关键管理层放弃部分现金，而放弃的部分会在留任期内翻倍。比如，我们放弃 2 500 万美元的现金，然后在接下来的 3 年中就可以获得 5 000 万美元。

如果收购方想在未来几年取得成功，那就必须留住人才，不仅收购方需要如此，你自己也要如此，这样才能留住你的团队。你要期待留任奖励能成为交易的一部分，并假定没有这种安排，双方就达不成交易。谁不喜欢留任奖励？股东们！因为从本质上来说，留任奖励意味着我们拿走了一些股东的价值，并将其分配给员工，而且我们在清算日那天就这么做了一次。在某种程度上，留任奖励与 ISO 或你正在实施的其他任何股权激励计划是一样的。

如果你有一份慷慨的期权计划，然而其中大多数员工的期权仍未成熟，那么员工对留任奖励的需求就会很低。我见过的留任奖励金额范围从交易金额的 5% ～ 50% 不等，但经验法则很简单：必须足够到可以在相关时期内留住所有关键员工。但是，“足够”这个词很有挑战性。多少才是足够？

"或有对价"和"剩余款项"

虽然留任奖励肯定是需要的，并且没有它，交易就不会达成，但有一种完全不同的做法是"或有对价"。这基本上意味着，这笔交易的现金支付部分很小，但如果你逐步达到收购方设定的具体经营目标，那么留任奖励就可以翻倍，甚至增加 3 倍或 4 倍。

虽然"或有对价"听起来令人兴奋，但实际上相当糟糕。糟糕的原因，是有人会让你对未来的三年计划和目标负责，但不会承诺为这三年提供预算。让初创公司提供未来一年准确的年度预测或目标，这几乎是不可能做到的，至于提供三年的年度预测或目标，这简直是难以想象的任务。

假设你有一家 B2B 初创公司，今年比去年增长 2.5 倍。然后你有 70 家用户，ARR 总额为 1 500 万美元。根据你的商业计划，你预计明年增长 3 倍，后年增长 2.5 倍，第三年增长 2 倍。那么基于现金交易加留任奖金的交易支付结构可能是这样的：假设交易金额是 3 亿美元现金加 7 500 万美元留任奖金，如果你拥有公司 10% 的股权，那么你就获得大约 3 000 万美元的现金，外加留任奖金。

而基于"或有对价"的交易支付架构可能是这样的：假设交易金额是 1 亿美元现金，外加 5 000 万美元的留任奖金，那么如果实现了第一年的经营目标，奖金就再加上 5 000 万美元；完成第二年的目标，奖金再加 1 亿美元；实现第三年的里程碑目标，奖金再加 1.5 亿美元。虽然这看起来可能是一笔更大、更好的交易，但有太多的不确定性和风险。以下是一些最常见的风险：

- 你不清楚到了收取"或有对价"的时候你还在不在并购后的公司。
- 你雄心勃勃地做了一份三年计划，并假设公司会执行一个项目和拨付预算，但你不确定以后公司是只执行其中之一还是两者都会。
- 收购方可能会调整战略，因此你原来的计划就变得无关紧要。

请记住，“或有对价”是给所有股东的，所以你将在接下来的 3 年里努力工作来实现这些目标，但是你的回报只占交易总额的 10%。那些甚至不再与公司有关联的投资人将享受到最大的好处。或有对价的最大问题是，在大多数情况下，它是没有报酬的，就像创业旅程刚开始那几年的模式一样。

“剩余款项”是另一个令人讨厌的做法。这时，收购方基本上就是说：“我没有足够的时间进行彻底的尽职调查，不管怎样，如果出现什么大的问题，我们将面临多起诉讼，因此我们将把交易金额的 *X*% 放在一个托管账户中，以应对这些潜在的事件。一旦确定不会有新的索赔，我们将在遥远的未来支付这笔钱。”

这里有多重挑战。第一个挑战是，剩余款项属于谁？全体股东吗？还是普通股股东？还是除了员工以外的所有股东？第二个挑战是，收购方已经支付这笔钱，所以他们并不关心这些钱。而这笔钱的大部分本质上属于被收购公司的投资人，收购方也不在乎这些投资人。但是，收购方掌握着提取剩余款项的钥匙。最终，不要指望得到剩余款项，或者至少不是全部。

我见过的另一笔奇怪的交易，是收购方只收购了公司 70% 的股权。在这种情况下，问题是：剩余的 30% 股权怎么办，特别是这些股东怎么办？公司不会进行清算，因为 70% 的股权不会出售，而其余 30% 的股权也不会被收购。

一方面，这是一个获得购买 30% 股权折扣的简单方法。这笔交易有“看跌”和“看涨”期权。比如，当购买该公司 70% 股权时，收购方的价格为每股 *X* 美元，并且可以选择在 2 ～ 3 年内以略高于 *X* 美元的价格，比如 1.2*X* 美元，购买剩余的 30% 股权，但出售方可以选择以略低于 *X* 美元的价格，比如 0.8*X* 美元，出售剩余的 30% 股份。另一方面，最有可能的结果是，收购方将收购整个公司，但其中 30% 的股权交易金将在以后支付。

尽早聘请财务、税务和法律顾问

在这里，我要承认一件令人震惊的事情：我喜欢纳税。纳税意味着公司有利润，公司有利润就是好事。我不喜欢的是因为缺乏规划而多交税。大约此前一年，一位我认识多年的创业者向我寻求建议。他正在跟潜在收购方交流，但不知道该跟对方说什么。我们见了面，我给他介绍了交易的本质和交易的重要事项。我甚至给他介绍了一位律师。

过了几周，他回来找我。“交易就要完成了，”他说，“收购方今天将收购75% 的股份，并同意未来大家利润共享，因此剩余的 25% 股份将不会有看涨或看跌期权。”他告诉我，他的创业旅程已经持续了十几年，而且公司也经历了几轮融资。这位创业者所持有的 9.9% 的股权，几乎都来自大约此前一年完成的上一轮融资的期权。

我们一起快速计算了一下。“一笔 5 000 万美元的交易中，我有将近 10% 的股份，也就是 500 万美元，”他解释道，“其中的 75% 是 375 万美元，在按照25% 的税率完税之后，我将剩下近 300 万美元的现金，比我以前赚的还要多，这无疑是一件改变人生的事件。”

“等一下，”我打断了他，“你的期权不在资本利得税的应税范围内。在完成交易之前，你应该找个人来帮你，这样就能确保你可以按照最低的税率缴税。”

在这种情况下，一种选择是享受较低的资本利得税税率。在以色列，税收法规规定，获得股票期权的员工，基本上将按 25% 的税率缴税。虽然以色列的常规税率高达 47%，但以色列的税务当局有一项特殊规定，即如果你在股权授予日的 2 年后出售股票，你可以将它们作为老股股票出售，或者作为并购的一部分，享受较低的资本利得税税率。

在并购交易中，这些期权的所有收益都可以按较低税率缴税。所以本质上，即使你是在同一天行使期权和出售股票，仍然可以享受长期资本利得税的税率。但是，这在美国行不通。如果你在同一天行使期权并出售股票，比如卖老股，你要按照高得多的短期资本利得税税率缴税。

另一种选择是股票行权，然后在出售股票前至少持股一年。“但是等一等，”你可能立即会问，“我怎么知道一年后会有买家出现呢？”这些故事的要点是：你需要一名税务顾问来提前规划，而不仅仅是在交易的时候临时抱佛脚。我建议你找一名财务顾问，时间要尽早，或者至少在你的股权有价值的时候。原因很简单，因为顾问到时会告诉你把百分之百的金融资产都集中在一家公司上是个疯狂的行为。事实上，还不止如此。你的薪水和你的 401K 也是与一家公司相关：那就是你自己的公司。那么你应该做些什么呢？出售老股。一次、一次，再一次地出售。

法律方面的问题呢？一般来说，无论何时讨论交易，你都应该有一个人提供法律方面的观点，而且一旦谈判开始，你需要有 24 小时的支持。如果你的团队中有一位交易撮合律师，让他们帮你谈判。H-F 法律事务所的尼赞 · 赫希 - 福尔克（Nitzan Hirsch-Falk）是我们在 Waze 和 Moovit 两起并购交易中的首席律师，他也将参与我未来的并购交易。他是一位交易撮合者和冒险家，同时也是一位优秀的谈判专家，这正是我想要的。

让其他人去谈判

根据定义，整个并购交易是一场重大利益冲突的集中体现。最大的挑战是，在谈判和交易过程中，这些冲突会转移、重塑和变化。考虑一下最基本的事实。你的投资人关心这笔交易给他们带来的结果。他们会拿钱离开，但你需要留下来。需要留下来应对未来的是你，而不是他们。与此同时，你正在与收购方谈判，试图为你的初创公司和股东争取最好的交易对价。但是稍等一下，一秒钟之后，收购方就成为新公司的新股东，而你们实际上必须在接下来的几年里一起工作。

你的员工呢？你希望员工在交易中获得尽可能好的结果，并能在接下来的几年里一直支持你。谈判是你确保他们得到丰厚回报的机会。试图兼顾所有人的利益，同时又让每个人都开心，是一件非常具有挑战性的工作。但你不必让每个人都开心。你只需要确保完成交易，然后每个人都会高兴，并且你要对公司 DNA 始终坚信不疑。你可以利用一些杠杆来平衡今天与明天的关系，以及平衡你、你的员工与股东之间的关系。你要小心地推动那些杠杆。任何做法过头了，都可能会破坏交易，然后每个人显然都不会高兴。你能推动哪些杠杆？

- 留任奖励与现金。虽然高留任奖励对公司未来和员工都有好处，但对投资人来说却不是好事。最佳做法：将足够多的交易现金纳入留任奖励预算之中，以便在未来 3 年为员工提供可观的奖励。
- 谁涉及剩余款项的提取？你想将员工排除在外。投资人希望将自己排除在外。此项最佳做法是把“剩余款项”分配给所有股东，包括你自己和创始人，因此没有人能轻易从“剩余款项”中提取资金。
- 留任奖励与“或有对价”。在“或有对价”中，每个人都参与，包括所有的股东。在留任奖励方面，只针对留下来的员工。

但是，最大的挑战来自其他地方。如果你想讨好每一个人，你就没有谈判的优势。所以，让其他人来谈判吧。这个人可能是你的律师或者一位值得信任的董事会成员，假设你有的话。你应该假设收购方也会这么做。

一方面，收购方通常有一个业务部门会关注交易的进展情况，并且以后你会成为这部门的其中一员。另一方面，谈判代表是收购方企业发展团队的一员，完成收购后，他们第二天就不需要跟你一起工作了，因此这些人在谈判中处于更有利的位置。

通过流程管理你的投资人

如果这是一个产生利益冲突的问题，那么你和你的投资人还没有达成共识。你需要通过流程管理他们。让我来阐明一下情况。你的投资人会让他们自己的律师来谈判交易中与他们相关的部分，以便为股东争取最大利益。但是，我们不要忘记，这些人都是你的股东。他们在你需要的时候投资你，同时他们的利益有权受到保护，作为CEO，你应该对他们的利益负有责任。但是他们在这家公司没有未来，因为交易完成之后他们不需要留下，但是你需要。为了以后公司整合的成功，你需要你的团队，你需要他们留下来。

因此，给自己留下与各方谈判的空间：收购方、董事会、投资人和你的员工。你要始终考虑谈判中的不确定性，比如，你可能还没有收到留任要求，或者可能不清楚是否存在“或有对价”条款。归根结底，当前股东在谈判中处于最弱势的地位。如果他们打算赚一大笔钱，就不会反对并购。同时，他们也不能强迫你接受一笔并购交易。

交易后的极端转变

阳光依然灿烂，但这是完成交易后唯一不变的事情。交易结束了，我们这趟极端的过山车之旅现在已经到达终点，一方面你仍然处于一种兴奋状态，另一方面，也感到筋疲力尽。第二天早上醒来，一切都变了：你的公司的名字，已经结束又重新开始的创业旅程，你的银行存款余额，你的老板，很多关心你的人给予的认可。但最重要的变化是，你不知道要向谁汇报工作，你的新目标是什么，或者谁在新公司中有影响。实际上，你和你的整个团队被突然丢进一家运营中的公司，而现在你需要开始一段新的旅程。

你首先做什么？召集员工，然后告诉他们发生了什么。你可以这样说：“并购是有意义的，下周你将成为某某某公司的员工，我们并购是有原因的，并且公司有新的愿景，我将在接下来的几周内努力理解这一切对我们的意义。同时，请保持耐心。”接下来，你和你的管理团队去找你们的新老板，制订一份百日计划。然后你回家告诉你的家人：“还记得我是如何在漫长的谈判旅途中迷失的吗，并且最近 3 周完全不回家？你猜怎么着？这种情况还会持续几周。”

一旦你确定计划，你就回到你的团队，向他们解释新的目标和指标。你重温交易，然后与员工进行一对一的对话。最后，你把他们送到人力资源部和 CFO 那里，让他们彻底了解这个新世界，以及这笔交易对他们意味着什么。

我在康维科技开启职业生涯时是一名软件开发人员，然后转到产品和营销部门。1994 年，我移居美国。到 1997 年，全球语音信箱市场的第二大公司康维科技与第三大公司波士顿科技公司（Boston Technology）合并。康维科技在国际市场实力强大，擅长和移动运营商打交道，而波士顿科技在美国国内市场实力雄厚，并且和固定电话运营商联系紧密。他们在市场占有率上相当互补。

在两家公司宣布合并那天，我在康维科技的纽约办公室。公司总裁召集所有员工，跟我们宣布这笔交易。他在给我们展示一段 15 ～ 20 分钟的演示时，突然停了下来，说道：“虽然公司合并很重要，但我很确定每个人都关心一件事，我会怎么样？”“你完全搞错了。”我立刻当着所有人的面回应道，“我们真的不关心你会怎么样，我们关心的是我们会怎么样！”当发生变化时，人们首先关心的是自己。你必须马上解决这个问题，因为谣言会传播得很快。

康维科技与波士顿科技合并的交易过程相当简单：两家上市公司之间的股权置换。因此对员工来说，这次交易没有清算问题。然而，人们唯一关心的是他们自己将会怎么样。接下来是著名的“非本地发明”（not invented here，NIH）难题，这是很多并购事件遇到的问题。比如，康维科技打造了一套语音邮件系统，波士顿科技也是如此。哪一套系统仍将作为未来的平台，在另一个平台上工作的所有人会发生什么?

1998 年，我搬回以色列，但我仍然经常往返于美国和以色列之间。我们花了将近一年的时间才与波士顿科技的一些技术人员实现关系“破冰”。我了解到他们对这笔交易持怀疑态度。我想知道为什么。在这笔并购交易的方案中，条款约定波士顿科技的员工在第一年都不会被解雇。但这导致波士顿科技的员工想到一个未经证实的观点，即一年零一天后，他们都会被解雇。只有当他们看到事实并非如此时，才开始分享更多信息，并停止戒备状态。

我给你分享另外一个看问题的视角。谷歌地图有自己的导航 App、地图制作技术和交通数据源。我们想知道：他们要多久才会彻底将 Waze 吞下，吸干我们所有的知识产权，并赶走我们所有的人？事实上，在 Waze 所有员工的脑子里都闪现过这些问题。

而实际上，很多人都问过我同样的问题：“他们为什么不把所有产品合并成一款单一的产品？”我换个方式问同样的问题。对于谷歌地图的人来说，问题恰恰相反：“我们究竟为什么要收购另一家与我们做同样事情的公司，为什么我们要向他们承诺我们不会吞并他们？”

当谷歌收购 Waze 时，它认为 Waze 是一款更好、功能更强的 App，其使用率是谷歌地图的 7 倍。如果我当时在谷歌，我可能会问一个跟我在康维科技时一样的问题：“我会怎么样？”那么，为什么谷歌仍然有两款地图和交通服务 App，而不是一款？虽然我不知道来自谷歌内部的答案是什么，因为我在出售后没有留在 Waze，但我可以想象以下内容。

如果你有市场上排名第一和第二的产品，你把它们组合成一款单一的产品，那就没有人能告诉你哪个更好，或者哪个将保持市场领先地位。如果你对你的产品进行了重大的改动，那你的产品甚至有可能会变得不再“足够好”，用户就会流失并转向其他产品。当人们习惯了一件事后，就不想去改变。如果你强迫他们改变，那么你不清楚你是否会有好的结局。

交易两天后

现在，你经历整合后的第一个 100 天。你已经确定目标、计划、预算以及薪酬和留任激励。恭喜你！你现在运营着一家大公司的一个部门，而不是一家初创公司。虽然所有的业务目标看起来都没问题，而且你确定可以实现，但 DNA 不同了。你现在是一家更大实体公司的一部分。这导致了以下几个变化：

- 你不能跟媒体直接交流，公共事务部负责此事。
- 未经法务部门“净化”，你不能向用户发布新闻稿。
- 你针对空缺职位招聘候选人时，必须确保符合收购方的招聘政策。
- 你发现自己在打仗，而你讨厌这些。你开始重新考虑整个并购交易。

你可能会想：“我该如何摆脱这一切！”我不在谷歌的时候，我确实跟那里工作的朋友聊过。有一天，其中一个人走过来对我说：“就这样了，我受够了！”“怎么了？”我问他。“这就好像我需要书面批准才能放屁，而我只能放一种类型的屁。”另一位朋友告诉我，公司浪费了太多的钱，但当他试图提出意见的时候，似乎没有人关心。

过了 3 个月，第一位朋友告诉我，他要走了。我们一边骑车一边聊天。“留任奖励怎么处理？”我问他，“如果我没记错的话，为了让你留下来，他们给了你一个不错的留任奖励，对吗？”“太对了！”他回答道。每年将近 75 万美元，这对他来说意义重大。我问：“也就是一天 2 000 美元，对吗？”“是的，”他说，“或者大约一小时 100 美元，即使在你睡觉的时候！”我继续问：“所以在这次骑车旅行中，你赚了 100 美元，现在我们在沙滩上喝杯咖啡，你也赚了 100 美元，对吗？”他点头表示认同。

“太好了，所以我们周末继续骑车，过 3 个月再讨论这个问题。”我说，“如果你还是想走，那就走吧，不过到时你会多带走 20 万美元的留任奖励。”他留下来了。你也应该留下来。毕竟，如果你不在那里，没有人能够照顾你的团队，也没人能交付预期的结果。你说过你会留下来，你的话仍然算数。在 1 ～ 2 年后，再开始找人代替你，这样你想走就能走了。**没有正确或错误的决定，只是需要做出一个决定。**

留下来的承诺

这是一件容易做但不容易坚持的事情。一旦你决定接受这份收购要约，也许因为这是一件改变人生的事件，也许因为你在旅途中变得疲惫不堪，不管是什么原因，承诺留下来是交易的一部分。但它也是一把双刃剑。如果你告诉收购方你不想留下来，他们就不会收购，因为他们需要你。如果你告诉他们你会留下来，但只会留任 2 年而不是 4 年，那你就做出了一个暗示，表明你不相信公司的愿景或自己实现愿景的能力。

所以，不管他们要求什么，你最终都会答应。这里有一些关于谈判和留任的终极建议。首先，找人代表你谈判。除了承诺之外，你不应该做出任何暗示，但是要传达的主要信息应该是，在这个世界上，没有什么是你在 4 年内能够实现的，也没有什么是你在 3 年内无法实现的；其次，不要担心在新组织中留任。如果不想留下来，你会找到出路的；最后，创建多样的留任计划，否则在留任奖励期结束后，将会出现重大人员流失的情况！没有什么能让你为创业旅途中的这个重大转折做好准备。一部分原因是你的人生已经永远改变了，另一部分原因是这就像是在很短时间内经历了 3 个完全不同的时期：报价之前、交易期间和交易之后。每个时期各不相同，而且好像没有什么联系。

- 什么时候退出：如果对你来说是一件改变人生的事件，如果你也想看到公司在并购后将会变成的样子，如果你厌倦了这段旅程，那就应该积极地考虑退出。
- 退出的影响：你的漫长创业旅程得到了行业和创业社群的认可，但公司的身份和独立性有可能在收购后不会持续。
- 退出前要考虑的事：你、你的家人、你的员工和公司利益相关方的现在和未来。
- 如何判断是否该出售公司：问自己，你的直觉是什么？
- 更好的报价：找到一位投资银行家，他不但能在短时间内核算出有竞争力的报价，而且能通过谈判为竞争性投标创造更多的时间。
- 关于谈判和留任的终极建议：首先，找人代表你谈判。除了承诺之外，不作出任何暗示。其次，不要担心在新组织中留任。如果不想留下来，你会找到出路的。最后，创建多样的留任计划。

坚持做难而正确的事

写这本书的愿景是帮助创业者提高他们成功的概率，并且理由很充分：这个世界需要创业者！需要越来越多的成功创业者，因为他们肩负着解决问题、让世界变得更美好的使命。

我希望你能从这本书中找到一些对你的创业之旅有用的见解。在这里，我总结一下前几章中的要点。

- 创业是一次不断遭遇失败的旅程。你尝试了一些事情，但没有成功，然后你又尝试了另外一些事情，还是没有成功，直到最后你尝试了一件成功的事情。因此，提高成功概率的最重要原则是多尝试，而多尝试的方法是快速失败。
- 拥抱颠覆、鼓励失败，并将它作为推动公司前进的一种方式。
- 有一些与用户相关的重要原则，是你和你的产品团队必须要接受的。第一个重要原则是，用户属于不同的群体。创新者、早期采用者和早期大众用户是对你很重要的 3 个类别。一个群体的用户无法理解另一个群体的用户的情绪和心态，因此，你必须与不同的用户接触，了解他们的问题和看法。第二个重要原则是，事实上，在创业最初的几年里，你的大多数用户都是新用户，你体验首次使用的唯一方法是观察首次使用用户。

- PMF。这是创业旅程中最重要的部分。如果你找到了 PMF，你就走上成功之路。如果没有，公司就会倒闭。就这么简单。PMF 有两个衡量标准：用户留存率和转化率。对于 B2C 产品来说，留存率的衡量很简单，就是用户回流后使用的次数。对于 B2B 产品，或当用户付款时来说，留存率通过续订情况来衡量。在评估留存率之前，你需要搞清楚用户转化率：用户如何获得价值？转化率是产品简单易用原则的衍生物，留存率是价值的衍生物。没有这些，公司就会倒闭。
- DNA = 人。最终，如果你为公司确定合适的 DNA，这将是你一生的旅程。如果没有，那将是你人生的噩梦。不要告诉自己："下一次创业，我会以不同的方式做事。"现在就改。
- 解雇比招聘更重要。如果有人不适合你的公司，越早与他撇清关系，你的情况就会变得越好。请记住，如果有人不合适，每个人都会知道，但通常你是最后一个知道的人。一旦你采取行动，大家就都放心了。但是你怎么确定是哪个人？对于你招聘的每一个人，一个月后问自己一个非常简单的问题："如果当初掌握了现在了解的信息，我还会雇用这个人吗？"如果答案是否定的，那就直接解雇这个人。如果答案是肯定的，那把这个答案也告诉他。如果这名员工不向你汇报工作，就去找他的直属经理，然后问经理同样的问题。能快速解雇员工的公司才是优秀的公司。
- 退出。当有股权退出的机会时，回过头来读一读第 13 章。现在可能感觉退出很遥远，但是一旦机会靠近了，清楚如何退出将是至关重要的。

通常，当我讲述 Waze 的故事时，我会从听众那里听到更多的故事，于是我便添加到我的清单上。我很确定，其中有一些也是你想讲的。例如，我在加拿大曾被称作“道路上的摩西”。有几次，我听到有人说:“你给了我自由。”或者“你赋予了我开车的能力。”曾经有一个家伙给了我几千美元，他说是欠我的，因为我帮他避免了被开超速罚单。我甚至被认为是婚姻顾问，因为我阻止了夫妻双方在开车时因选择走哪条路而发生的争吵。

但最好的故事来自我的一个儿子。几年前，他刚开始开车。他真的很喜欢开车。有一次，我让他开车送我去机场。“我不能送你，爸爸，”他忧郁地说，“我的手机坏了。”“你不能送是什么意思？”我反驳道，“钥匙在这里，车在这里，然后开车送我去机场！”“不、不、不，你不明白。我的手机坏了，”他回答我，“我不知道怎么去机场。”我挠了挠头，然后说：“你知道吗，我会跟你一起待在车里。我会告诉你怎么走！”然后他补充道：“那我怎么回家呢？”

你看，我们不认识方向，但还知道逻辑！

虽然这些年来我听到很多Waze用户的故事，但我听到更多的人问的一个问题是：“我能投资你的初创公司吗？”或者“我能跟你一起投资吗？”

我已经投资了十几家初创公司，当公司有进一步发展时，我会继续追加投资。我遵循一条非常明确的哲学准则：做有意义的事情，并且把事情做好。其实本质上是解决问题，让世界变得更美好。

我已经建立了一套非常具体的实践方法，在初创公司小有名气之前就加入进来，并专注3个关键要素：问题、CEO以及我的指引和辅导，这套方法应用在从产品试上线到公司开业的各个阶段，并且贯穿整个创业旅程。归根结底，我的目标是提高初创公司成功的概率，为公司增加价值，一方面这是需要我发挥作用的部分，另一方面这也是我最享受的部分。

在此前10年的时间里，我尝试了多种投资模式。我是Pontera、FairFly、Engie等公司前种子轮的投资人。然后，我作为种子轮的领投人，与一些朋友及其他投资人联合投资了SeeTree和Refundit等公司。

我和合伙人阿里尔·萨塞尔多蒂（Ariel Sacerdoti）一起创建了一个名为"The Founders Kitchen"的投资基金，我自己投资的所有初创公司都是通过这个基金完成的，包括Pontera、Refundit、Kahun、Engie、SeeTree、Zeek、Dynamo（一个社区管理平台）、WeSki、Fibo、Livecare（一家护理设备开发商）等。

如今，我又回到了联合投资模式，并将其引入我的初创公司。这个模式很不一样。我没有其他投资人那样的项目源，我只投资我自己的初创公司：那些已经打造起来的和我将来要打造的公司。

如果你觉得这本书有价值，如果它真的帮助你变得更加成功，那么我想请你再做两件事：

- 将你的见解与其他创业的朋友分享，尤其是你的管理团队。
- 将善意传递下去：当时机合适时，找一位有需要的年轻创业者，对其进行指引和辅导。

未来，属于终身学习者

我们正在亲历前所未有的变革——互联网改变了信息传递的方式，指数级技术快速发展并颠覆商业世界，人工智能正在侵占越来越多的人类领地。

面对这些变化，我们需要问自己：未来需要什么样的人才？

答案是，成为终身学习者。终身学习意味着永不停歇地追求全面的知识结构、强大的逻辑思考能力和敏锐的感知力。这是一种能够在不断变化中随时重建、更新认知体系的能力。阅读，无疑是帮助我们提高这种能力的最佳途径。

在充满不确定性的时代，答案并不总是简单地出现在书本之中。“读万卷书”不仅要亲自阅读、广泛阅读，也需要我们深入探索好书的内部世界，让知识不再局限于书本之中。

湛庐阅读 App：与最聪明的人共同进化

我们现在推出全新的湛庐阅读 App，它将成为您在书本之外，践行终身学习的场所。

- 不用考虑“读什么”。这里汇集了湛庐所有纸质书、电子书、有声书和各种阅读服务。
- 可以学习“怎么读”。我们提供包括课程、精读班和讲书在内的全方位阅读解决方案。
- 谁来领读？您能最先了解到作者、译者、专家等大咖的前沿洞见，他们是高质量思想的源泉。
- 与谁共读？您将加入优秀的读者和终身学习者的行列，他们对阅读和学习具有持久的热情和源源不断的动力。

在湛庐阅读App首页，编辑为您精选了经典书目和优质音视频内容，每天早、中、晚更新，满足您不间断的阅读需求。

【特别专题】【主题书单】【人物特写】等原创专栏，提供专业、深度的解读和选书参考，回应社会议题，是您了解湛庐近千位重要作者思想的独家渠道。

在每本图书的详情页，您将通过深度导读栏目【专家视点】【深度访谈】和【书评】读懂、读透一本好书。

通过这个不设限的学习平台，您在任何时间、任何地点都能获得有价值的思想，并通过阅读实现终身学习。我们邀您共建一个与最聪明的人共同进化的社区，使其成为先进思想交汇的聚集地，这正是我们的使命和价值所在。

浙江省版权局图字：11-2024-208

图书在版编目（CIP）数据

做难而正确的事 /（以）尤里·莱文著；桂曙光，桂羽勤译．-- 杭州：浙江科学技术出版社，2024. 10.（2024.12重印）
ISBN 978-7-5739-1517-7

Ⅰ. F241.4
中国国家版本馆 CIP 数据核字第 2024G7M742 号

书　　名	**做难而正确的事**
著　　者	[以] 尤里·莱文
译　　者	桂曙光　桂羽勤

出版发行	**浙江科学技术出版社** 地址：杭州市环城北路 177 号　邮政编码：310006 办公室电话：0571－85176593 销售部电话：0571－85062597 E-mail:zkpress@zkpress.com
印　　刷	天津中印联印务有限公司

开　　本	710mm×965mm　1/16	**印　　张**	23.5
字　　数	368 千字		
版　　次	2024 年 10 月第 1 版	**印　　次**	2024 年 12 月第 2 次印刷
书　　号	ISBN 978-7-5739-1517-7	**定　　价**	129.90 元

责任编辑	柳丽敏	**责任美编**	金　晖
责任校对	张　宁	**责任印务**	吕　琰